Sexe et sentiments
Version homme

Dr Sylvain Mimoun et Rica Étienne

Sexe et sentiments

Version homme

Nouvelle édition, revue, augmentée

Illustrations : Philippe Savary

Albin Michel

Ouvrage publié sous la direction
de Mahaut-Mathilde Nobécourt

Sommaire

AVANT-PROPOS

Cette nouvelle édition de *Sexe et Sentiments* inclut les données les plus récentes de la science, les traitements les plus modernes, les thérapeutiques les plus innovantes et les plus efficaces, celles qu'il faut éviter absolument et, enfin, les chiffres de la nouvelle sexualité des Français, quarante ans après 68.

Ce livre traite de la relation homme-femme sous tous ses aspects : sexuels, psychologiques, voire culturels et sociologiques, et de ses effets psychosomatiques. Il aimerait traduire les sentiments des hommes et les faire parvenir au cœur des femmes, ceux des femmes et les faire parvenir au cœur des hommes. Il entend préserver le fil ténu de la relation et du dialogue entre les deux ; ce n'est pas du luxe par les temps qui courent, avec un taux de divorces qui grimpe inexorablement (quatre fois plus que dans les années 1960).

On peut lire ce livre dans l'ordre que l'on veut, et zapper en fonction de ses préoccupations du moment ; chaque chapitre est indépendant des autres et, au sein d'un même chapitre, les questions le sont aussi.

Ces questions, justement, sont un recueil des interrogations de patients en consultation chez le médecin, elles ont pu être posées par écrit lors de conférences données au grand public ou épinglées sur les *chats* Internet, avec les avantages inhérents à l'anonymat (on ose poser toutes les questions, les plus naïves, les plus intimes, les plus crues, parfois les plus douloureuses).

Chacun le sien : *Sexe et Sentiments, version homme, Sexe et Sentiments, version femme*[1]. Dans l'idéal, ces deux livres se complètent et pas seulement pour faire plaisir à l'éditeur. Seuls les deux premiers chapitres consacrés au couple présentent des similitudes, avec des nuances tout de même, ce qui peut aisément se concevoir. Les autres s'intéressent aux spécificités de chacun des sexes et mettent en relief les points communs et les différences d'approche, inhérentes au fait biologique ou à la psychologie féminine ou masculine. Une femme qui lirait la version homme comprendrait pourquoi les hommes ne pensent qu'à ça et pourquoi ils s'estiment souvent à l'aune de leur pénis. Inversement, un homme qui lirait la version femme comprendrait pourquoi, chez elles, l'acte sexuel est l'aboutissement d'une parole et d'une complicité indispensables avant de se donner.

Enfin, cet ouvrage est un petit traité pratique d'andrologie, où la psychologie et la sexualité tiennent une place prépondérante. Il s'adresse aux hommes bien portants qui s'interrogent sur leur fonctionnement, à ceux qui souffrent de maladies de la sphère masculine, qui ont des problèmes sexuels ou dont la compagne en a, avec les répercussions que l'on sait sur la relation de couple.

Rica Étienne et Sylvain Mimoun

1. Dr Sylvain Mimoun et Rica Étienne, Albin Michel, 2004.

1

L'INSOUTENABLE LÉGÈRETÉ DU SEXE

Pour les hommes, tout avait pourtant bien commencé, depuis des milliers d'années. Ils rapportaient leur salaire – ou le produit de leur chasse aux temps héroïques – et les femmes gardaient les enfants. Ils étaient dehors, elles restaient confinées au foyer. Ils se sentaient forts et indispensables, elles n'avaient pas le droit à la parole ni à la reconnaissance sociale. Le monde appartenait aux hommes. Il était donc normal qu'en échange de ce qu'ils apportaient, ils aient des compensations (foyer bien entretenu, enfants élevés, disponibilité sexuelle). Une vie de pacha qui répondait à la pression d'avoir à réussir socialement. Et, en plus, les femmes n'exigeaient pas d'orgasme. Et puis, il y a eu le sursaut libérateur des premières féministes, le droit de vote, la libération sexuelle, la pilule, l'IVG, le travail hors du foyer, l'autonomie financière qui a permis aux femmes de divorcer plutôt que de rester ligotées à leur compagnon, faute de moyens.

Jusque-là, les hommes pouvaient suivre, comprendre, se dire que ce n'était que justice, et qu'après des siècles de phallocentrisme, elles pouvaient bien réclamer de la reconnaissance, elles aussi. Mais les femmes ne se sont pas arrêtées en si bon chemin. En quelques décennies à peine, elles ont rattrapé le temps perdu et se sont mises à avoir des exigences hyperboliques. Que réclament-elles à présent ? Des hommes forts, mais pas trop sinon ce seraient des machos ; des tendres, mais juste ce qu'il faut, sinon ce seraient des lavettes ; des qui les fassent rire, mais sans excès, autrement ce seraient des guignols ; des charmeurs, mais pas outrageusement, sinon elles seraient constamment jalouses ; des qui les respectent, mais qui les excitent, des qui les rassurent, mais fassent preuve de fantaisie et d'aventure. Bref... elles attendent sécurité et sentiment, confiance et réciprocité, avec une bonne dose d'humour et de sensibilité. La quadrature du cercle en somme. Et certaines souhaitent même le droit à la stabilité, avec un mari qu'elles aiment, et celui au frisson, avec un amant qu'elles choisissent et qu'elles jettent rattrapant ainsi les hommes sur leur propre terrain comme le suggère déjà l'enquête sur la sexualité en France publiée en 2008. Le mouvement du balancier est peut-être allé trop loin, s'inquiètent les mâles, encore tout estourbis. Leurs points de repère sont éclatés, dispersés, piétinés. *Pater familias,* chef de famille, patriarche, tous ces mots se sont vidés un à un de leur sens... Fragilisés, hagards, les voilà partagés entre le regret du paradis perdu et la tentation de laisser émerger leur part de féminité comme les y exhorte la société tout entière. « Même pas peur des femmes ! » avait inscrit en lettres rouges un trentenaire sur son T-shirt. De la dérision contre la menace... c'est déjà mieux que la méfiance et la guerre des sexes. Aux États-Unis, celle-ci est déjà bien entamée, avec la pression d'un féminisme radical très influent. Les hommes n'osent plus faire la cour aux femmes ou leur proposer de coucher le premier soir, de peur d'être taxés, au réveil, de viol ou de harcèlement sexuel. La judiciarisation galopante a faussé les rapports de séduction. Comment faire pour être constructif et éviter des dérives à l'américaine ? Il faut déjà prendre acte des changements opérés, autrement dit, faire l'état des lieux, et avoir, ensemble, une réflexion sur la manière de retrouver l'harmonie du couple. Après une domination masculine de plusieurs siècles, il n'est pas souhaitable que s'installe une domination féminine. On ne vit qu'une fois. Dans quelques décennies, l'équilibre sera peut-être rétabli entre les deux camps, mais on ne sera plus là pour le voir. Mieux vaut être heureux, ici et maintenant, plutôt que de se lancer dans une nouvelle guerre des tranchées et, après coup, essayer de recoller les morceaux.

La nouvelle donne en 2008

Les résultats de la grande enquête Contexte de la sexualité en France (enquête CSF 2008) ont été publiés sur plus de six cents pages [1]. Les deux sociologues, Nathalie Bajos de l'Inserm et Michel Bozon de l'Ined, ont exploré avec leur équipe toutes les représentations amoureuses actuelles et les pratiques déclarées, abordant aussi bien l'âge du premier rapport sexuel que la difficulté à atteindre l'orgasme en passant par l'influence des maladies chroniques sur le désir, les relations hors mariage ou les violences conjugales. Pas moins de 12 364 personnes âgées de 18 à 69 ans ont été interrogées au téléphone en 2006.

Cette troisième grande enquête nationale sur le comportement sexuel des Français fait suite à l'enquête Simon en 1970

1. La Découverte.

(contemporaine de la diffusion de la contraception) et à l'enquête ACSF (Analyse du comportement sexuel en France) de 1992 alors que la société se mobilisait massivement contre le Sida.

Les tendances les plus surprenantes de l'enquête CSF concernent sans doute les femmes, encore que les jeunes trentenaires réservent aussi leur lot de surprises. Dans le domaine de la sexualité et des rapports amoureux, les pratiques féminines rejoignent petit à petit celles des hommes.

Les femmes déclarent désormais plusieurs partenaires sexuels au cours de leur vie, même si elles demeurent nettement en deçà des hommes. Celles qui annoncent n'avoir eu qu'un seul partenaire ont considérablement diminué : 68 % en 1970, 43 % en 1992, 34 % en 2006 (contre 18 %, 21 % et 16 % pour les hommes). En 1970, celles qui avaient 30 à 49 ans rapportaient peu ou prou 2 partenaires, 4 dans l'enquête de 92 et 5 aujourd'hui. De ce point de vue, les hommes n'ont pas franchement évolué avec 12,8 partenaires en 70, 12,6 en 92 et 12,9 en 2006.

Pour le début des rapports sexuels, énorme évolution aussi. À la fin des années 1950, les femmes perdaient leur virginité deux ans plus tard que les hommes. Aujourd'hui, l'écart n'est plus que de quelques mois et tout le monde s'y met vers 17 ans. « Les plus grands changements se sont produits dans les années 1960, avant mai 1968 et avant que les moyens de contraception ne se diffusent », déclarent les auteurs de l'étude. Et puis, analysent-ils, dans les générations précédentes, les premiers rapports sexuels avaient des significations très différentes. Pour les femmes de 60 à 69 ans, 70 % des premiers partenaires étaient ou sont devenus des conjoints (c'est vrai pour 33 % des premières partenaires des hommes du même âge). Aujourd'hui, parmi les femmes âgées de 20 à 24 ans, elles ne sont que 10 % à avoir eu leur premier rapport avec quelqu'un qui est devenu leur conjoint. Comme les hommes.

Autre grande tendance évolutive, les femmes se montrent plus inventives et multiplient les pratiques (fellation, masturbation, fréquence des rapports, expériences homosexuelles, Internet...).

Toutefois, malgré cette « libération sexuelle » des femmes, les sociologues observent qu'un clivage net persiste entre les deux sexes. La sexualité féminine reste avant tout associée à « l'affectivité et la conjugalité », tandis que la sexualité masculine demeure liée à l'idée de besoins sexuels plus forts. Comprenons-nous bien, une femme peut faire l'amour sans amour, mais au niveau du dire en tout cas, elle reste plus attachée à la nécessité du sentiment que l'homme. Comme insistent Nathalie Bajos et Michel Bozon : « Les jeunes aussi sont une majorité à penser que « par nature les hommes ont plus de besoins sexuels que les femmes ». De fait, l'enquête CSF confirme ce qu'on observe en consultation, de plus en plus de femmes ont un comportement sexuel autrefois attribué à l'homme. Performances, résultats. Elles disent : « Je n'ai pas d'orgasme à chaque fois, c'est normal ? », « Comment faire pour jouir plusieurs fois d'affilée ? »... Elles sont parfois même plus hardies et audacieuses que leurs partenaires.

Est-ce pour autant que les comportements sont devenus unisexes ? Non, en particulier quand elles se mettent à vivre en couple. Les chasseuses des années 2000 peuvent adopter des conduites très libérées avec des partenaires de rencontre, mais avec leur conjoint, elles rentrent dans le rang. Comme s'il fallait malgré tout revenir à l'ancien système. Le couple est constitué de parents potentiels plus classiques et fantasmatiquement « vertueux ». En consultation, une femme à la sexualité très libre confiait « ne certainement pas imaginer une vie conjugale aussi délurée, avec un mari, des enfants, et un chien ». Sa vie de famille serait plus rangée. De même, côté masculin, lorsque le couple est constitué, il n'est pas rare de voir des hommes plongés dans le dilemme de la sexualité pour le plaisir et de la sexualité conjugale plus sage. La bouche maternelle qui embrasse ses enfants ne peut être aussi la bouche qui leur a prodigué une fellation.

Autre sujet d'étonnement de l'enquête CSF, c'est le recul des mâles. Parallèlement à la montée de la demande sexuelle féminine, certains hommes sont devenus moins demandeurs. Entre 18 et 35 ans, la proportion d'abstinence sexuelle est deux fois plus élevée que chez les femmes (6,2 % d'abstinents contre 3,5 % d'abstinentes). À cette période, pour qu'un homme trouve une partenaire, il devra se montrer particulièrement actif. Il ne pourra se contenter d'attendre que « l'occasion se présente ». Cette passivité résulte probablement de la peur de ne pas « être à la hauteur » avec une femme qui sait ce qu'elle veut, qui se plaint ouvertement de sa frustration, et qui n'hésite pas à lui dire qu'« avec l'autre c'était mieux ». Au moins, les aînées avaient la délicatesse de soupirer sans revendiquer.

Autre tendance intéressante dessinée dans cette enquête, elle concerne la sexualité jeunes / vieux. Toutes les générations se rapprochent et les clivages sont moins marqués. Les plus âgés considèrent maintenant que rester dans le coup, c'est continuer de faire l'amour. On est passé du credo « il y a un temps pour tout » au credo « pourquoi j'arrêterais, moi aussi j'y ai droit ! ».

Les plus jeunes, eux, veulent à la fois le plaisir (même sans expérience) et la sécurité du couple (même sans la durée).

Mais, finalement, faut-il croire ces chiffres fondés sur les déclarations des uns et des autres, voire sur leurs fanfaronnades ? Dans *Le Nouvel Observateur*, François Caviglioli, avec son humour habituel, se montre sceptique : « La difficulté d'une enquête sur la sexualité, c'est que tout le monde ment. Les hommes par vantardise ou, au contraire, par prudence instinctive, les femmes par omission, ou plutôt sous l'effet de la perspective déformante et sélective à travers laquelle elles regardent leur vie sexuelle[1]. » Il est vrai que quand on demande à un homme combien il a eu de partenaires, habituellement, il n'oublie pas un point à son tableau de chasse, tandis qu'une femme aura tendance à ne comptabiliser que les hommes qui ont vraiment compté ou pour lesquels, du moins, il y a eu un début d'histoire et de sentiment. Exit tous les autres, ces hommes sans visage, avec lesquels elles n'ont pas vibré ou n'ont pas ri !

Et pourtant, malgré quelques incertitudes probables ici ou là, les statistiques de cette grande enquête seraient bel et bien fiables. D'abord, rassurent les sociologues, « les analyses menées a posteriori attestent une grande cohérence des réponses pour un même individu tout au long du questionnaire, et au regard des résultats obtenus dans d'autres enquêtes en France et à l'étranger ». Ces résultats viennent aussi confirmer ce que l'on observe dans le cadre des consultations.

On peut donc retenir que les hommes et les femmes se rapprochent, certes, mais demeurent tout de même diffé-

1. Publication exclusive des résultats de l'enquête, *Le Nouvel Observateur*, 6-12 mars 2008.

rents. Ou mieux encore, complémentaires ! Le stéréotype classique « l'homme adore le sexe et la femme adore l'amour » reste d'actualité, même s'il est nettement moins vrai qu'autrefois. La femme emprunte parfois la route du sexe et l'homme le chemin des sentiments.

Hommes et femmes différents mais si complémentaires

On pourrait s'amuser à dresser un petit inventaire des décalages habituels entre hommes et femmes. Bien sûr avec précaution. Toutes les femmes ne réagissent pas de la même manière, tous les hommes non plus, et heureusement. Il n'existe pas de règles universelles ni de lois psychologiques gravées dans le marbre. Les femmes peuvent avoir des comportements que l'on prétend « masculins » et inversement. Le sens des responsabilités, l'agressivité, la violence, le pouvoir ou la domination ne sont nullement le privilège des hommes, pas plus que la passivité, l'écoute, la tendresse, l'accueil ou la bienveillance ne sont celui des femmes. Il faut renoncer à une vision angélique des femmes et à une diabolisation des hommes. Comme l'écrit Élisabeth Badinter, « il n'y a pas une masculinité universelle, mais de multiples masculinités, comme il existe de multiples féminités. Les catégories binaires sont dangereuses parce qu'elles effacent la complexité du réel au profit de schémas simplistes et contraignants [1] ». Message reçu… Toutefois, nous pensons que la féminité, même si elle ne se résume pas à la maternité – et de

1. Élisabeth Badinter, *op. cit.*

loin –, entraîne des comportements spécifiques. La psychologue Yolande Mayanobe en est persuadée. Elle inaugure son cours en demandant à ses étudiants de répondre à la question « Qui suis-je ? », spontanément. Que constate-t-elle le plus souvent ? « Les hommes se définissent par ce qu'ils font, métier, sport pratiqué, études suivies, projets... Les femmes donnent leurs prénoms, parlent de leur situation familiale, épouse, mère de x enfants, fille aînée, cadette... puis se décrivent par leur caractère : sensible, énergique ; ou leur état : amoureuse, heureuse... Ce que les hommes n'écrivent jamais. La femme reste dans l'être et fait primer ce qui concerne son affectivité. L'homme reste dans le faire : il se sent homme parce qu'il agit [1]. »

Autre « différence de style » essentielle, pointée cette fois par des études de psychobiologie : dès le plus jeune âge, il se met en place des modes de communication bien distincts entre filles et garçons. Les premières ont un langage « collaboratif », les seconds un langage « confrontationnel », selon l'expression du psychiatre Alain Braconnier [2]. Lorsqu'elles discutent, les fillettes utilisent déjà des formules exprimant leur accord, elles marquent des pauses pour laisser la parole aux autres. Elles viseraient un double effet : être agréable et sociable, tout en défendant énergiquement leur point de vue. Les garçons interrompent et interpellent davantage leur interlocuteur, cherchent à diriger l'échange, veulent contrôler la discussion et, par-dessus tout, à s'affirmer. À l'adolescence, puis à l'âge adulte, malgré la forte attirance pour le sexe opposé, ces différences continuent de se manifester.

---

1. Voir *Psychologies*, dossier « Qui êtes-vous vraiment ? », juillet-août 2003.
2. Alain Braconnier, *Le Sexe des émotions*, Odile Jacob, 1996.

Le principal « décalage » des sexes tient à la parole (et à son usage) et de lui découlent tous les autres. Les femmes sont davantage dans l'affectif et l'échange d'émotions, les hommes dans l'action et l'échange d'informations. Elles se montrent attentives et sociales, ils ont besoin de s'affirmer et de convaincre, surtout en présence d'autres hommes, car il s'agit cette fois de protéger leur statut de « mâle dominant ».

En cas de conflit, elles se refusent tout entières, ce qui signifie qu'elles refusent aussi de faire l'amour. Ou alors elles explosent et expriment vivement leurs émotions. Les hommes ont plutôt tendance à prendre leurs distances et ne manifestent surtout pas leurs sentiments, ce serait une preuve de faiblesse. D'où l'escalade symétrique dans le silence, la colère, voire la violence. Dans le meilleur des cas, la crise permettra de mettre sur la table ce qui ne va pas et de se retrouver ensuite ; dans le pire, elle conduira au ressentiment, à l'éloignement ou à la rupture.

Les émotions féminines ou masculines se déclarent souvent sur un mode différent. Vouloir l'ignorer peut conduire à la catastrophe. Au contraire, s'appuyer dessus et s'en servir comme d'un tremplin pour communiquer et pour s'aimer est possible. D'où l'intérêt de mieux cerner ces décalages.

« Juliette rentre du travail tout excitée de ce qui lui est arrivé dans la journée. Elle raconte à Roméo ce qui s'est passé, ce qu'elle a pensé, ce que ses collègues ont dit. Elle a plaisir à le faire, elle veut absolument qu'il partage son univers. Lui écoute distraitement et, voyant qu'elle n'attend aucun conseil, se sent peu concerné, il lui demande si le garagiste n'a pas téléphoné pour la voiture en réparation. Juliette en reste bouche bée, bloquée dans son élan. Elle se sent incomprise et amère. Comment peut-il être si distant ? S'il ne s'intéresse pas à ce qu'elle raconte, c'est qu'il ne s'intéresse pas à elle. C'est un égoïste qui ne comprend rien, un macho exclusivement branché sur sa voiture et son repas du soir. Cette scène banale illustre parfaitement l'une des grandes sources d'incompréhension entre les deux sexes : les femmes ont besoin de partager leurs émotions et de parler pour nourrir leur relation, les hommes échangent des informations et attendent qu'on leur demande des conseils ou des stratégies.

Prenons une autre situation. C'est le week-end, Juliette a décidé de le sacrifier à son péché mignon, mitonner un bon petit plat pour Roméo et les invités du soir. Il entre dans la cuisine alors qu'elle prépare le repas, lui jette machinalement un baiser en passant, soulève le couvercle et dit : « Des petits pois ! » Juliette réagit vivement : « Quoi, des petits pois ? Ils sont bio, avec des petits oignons frais, du lard fumé dégraissé et des épices. Si tu n'es pas content, tu n'as qu'à faire les courses et le repas par la même occasion. Quand je pense que je me mets en quatre pour tes amis. Quelle injustice ! » Roméo n'en revient pas de cette tirade. Il voulait simplement dire « des petits pois », pas davantage. Elle en avait déjà fait la semaine précédente, mais, il adore les petits pois... Il tente de la calmer, puis hausse le ton à son tour : « Tu fais une histoire de tout, c'est toujours pareil. Tu es comme ta mère. On ne peut pas te faire la moindre réflexion, je n'en ai rien à faire de tes petits pois. » Bref, c'est l'escalade symétrique, il claque la porte et s'en va. Cette fois, que s'est-il passé entre ces deux-là, à ce moment précis de leur histoire ? Une simple parole malheureuse a-t-elle provoqué cette spirale de conflits ? Sans doute pas. Il est vraisemblable que les non-dits, les incompréhensions et les frustrations mutuelles se sont peu à peu additionnés. L'épisode des petits pois n'est que la « goutte d'eau » qui a fait déborder le vase. Cependant, vient s'y greffer un mode relationnel décalé dans les deux sexes. Juliette, comme bien des femmes, s'est sentie remise en question et non reconnue pour ses qualités, toutes ses qualités dont, bien sûr, celles de cuisinière. Et puis ce baiser machinal dans la cuisine, comme si elle était un meuble, une bonne à son service. Le vieux démon féminin remonte en elle : suis-je vraiment particulière pour lui, est-ce que je compte vraiment ? Est-il conscient de mes qualités ? Suis-je (une cuisinière) interchangeable ? Cette idée-là n'est pas supportable pour une femme qui s'investit dans ce qu'elle fait. Si Roméo avait imaginé une telle remise en question de sa part, il n'aurait sans doute rien dit, rien.

Les femmes expliquées aux hommes

Encore une fois, par commodité, nous dirons « les » femmes sont... « les » hommes font... mais, d'évidence, rien n'est aussi tranché ni définitif : certaines femmes « portent la culotte » et certains hommes ont la fibre féminine très développée (surtout ceux qui ont pris le temps de se découvrir), voilà pourquoi il est difficile de se reconnaître à chaque fois. Et dans cette lecture, l'humour reste le meilleur rempart contre la caricature.

→ Les femmes communiquent leurs émotions

Les mots servent à tisser du lien affectif, à échanger ou communiquer des émotions. Lorsqu'elles sont heureuses, ou tristes, ou angoissées, ou inquiètes, les femmes le disent, expliquent, en parlent, et cela dilue toutes leurs tensions (positives ou négatives). Elles ne se sentent pas remises en question parce qu'elles ont pleuré. Une fois soulagées, elles peuvent même sourire et passer à autre chose. Pour bien des hommes, cette attitude est incompréhensible, à la limite de l'hystérie, elles ne savent pas ce qu'elles veulent, elles pleurent, elles rient, elles changent de conversation... Il est vrai qu'ils ont toujours été habitués à camoufler leurs affects comme si ceux-ci étaient un signe de faiblesse. Lorsqu'ils craquent, ils se sentent fragilisés, vulnérables, exposés, honteux, et tout cela ne rime pas vraiment avec leur idée de la virilité. Pour rester crédibles, ils devraient se montrer maîtres d'eux-mêmes. Les hommes qui ont réfléchi sur eux-mêmes ou ont engagé une psychothérapie parviennent mieux à parler de leurs émotions et sont plus disposés au dialogue. Les femmes apprécient, à condition qu'ils ne restent pas autocentrés sur leur ego.

→ Les femmes n'aiment pas jouer aux devinettes

Dans une relation de couple durable, il est essentiel que les hommes dévoilent un peu mieux leur affectivité, qu'ils livrent les clés de leurs intérêts et de leurs émotions. Si ça va bien, les femmes aiment le savoir et participer à ce bien-être, si ça va mal, elles s'attendent à ce qu'on le leur dise aussi, sans qu'elles aient tout à deviner. Prenons la vie professionnelle, l'un des piliers de l'existence des hommes, il est important qu'ils ne tiennent pas systématiquement leur compagne à l'écart de leurs préoccupations (pour les protéger des soucis ou garder ce jardin secret). Les femmes ne sont pas des oiseaux fragiles à protéger. Comment pourraient-elles alors comprendre leur compagnon si elles ne soupçonnent ni ses tourments, ni même ses satisfactions ? Comment pourrait naître une relation complice dans la durée ? Idem dans la vie amoureuse. Les hommes qui parviennent à exprimer leurs sentiments, leur peine et leurs doutes du moment facilitent le dialogue et la relation. Alors, mieux vaut qu'ils « plient » comme des roseaux de temps en temps et montrent leur trouble, plutôt qu'ils craquent un beau jour comme le chêne, sans avoir jamais rien exprimé auparavant.

→ Les femmes aiment être entendues

Pour les femmes, le simple fait de pouvoir se raconter et être consolées les rassure, même s'il n'y a pas de solution à leurs soucis. Les hommes sont parfois en décalage face à cette demande : elles attendent soutien et écoute, ils répondent solutions et consignes concrètes (« Secoue-toi », « Fais ceci »). En revanche, eux, sollicitent rarement de l'aide ou un conseil. Lorsqu'ils ont un problème, ils préfèrent ruminer leurs pensées jusqu'à ce qu'ils trouvent leur solution. Ils se plongent dans leur journal, regardent la télévision et, pendant ce temps, l'obstacle est mis de côté ou franchi. De la même manière, ils demanderont rarement leur chemin en voiture lorsqu'ils sont perdus... ou alors, il faut vraiment qu'ils soient à un stade avancé de perdition.

→ Les femmes aiment bien exagérer, surtout dans les disputes

Lorsqu'elles discutent, elles n'hésitent pas à en rajouter (« Tu as une demi-heure de retard », au lieu de dix minutes), du coup, elles deviennent moins crédibles aux yeux des hommes, qui décodent textuellement ce qu'elles ont dit et considèrent qu'elles ont tort. Pas seulement pour le retard, mais pour tout en bloc. Même si la forme laisse à désirer, elles ont parfois raison sur le fond, mieux vaut entendre ce qu'elles ont à dire.

→ Les femmes reconnaissent plus facilement leurs erreurs

Lorsqu'elles se sont trompées, elles font plus volontiers amende honorable. Elles ne se sentent ni diminuées ni dévalorisées par cette attitude. Au contraire, elles se trouvent « grandes » d'en être capables et estiment que le monde tournerait mieux si les hommes en faisaient autant. Hélas pour eux, la donne est différente. Il leur est bien plus compliqué de dire « Tu as raison » ou, encore pire, « J'ai eu tort ». Cela serait un aveu d'impuissance, dans toute l'acception du terme.

Les hommes doivent pourtant entendre ceci : dans un bras de fer, quoi qu'on en pense, il y a toujours deux perdants. Le perdant perd... mais il va faire payer l'addition au gagnant d'une manière ou d'une autre. Voilà pourquoi il est bien plus intéressant, là encore, de plier comme un roseau. Les hommes peuvent devancer leur partenaire et s'excuser d'eux-mêmes, ou, si c'est trop difficile, s'en tirer par une pirouette : plaisanter, rapporter des fleurs, reconnaître en pleine dispute les qualités de la femme (« Tu es tellement belle quand tu te mets en colère »). Le message sera entendu, même si elle fait mine d'être encore très courroucée. Après la crise, il sera toujours possible de discuter à tête reposée, le plus honnêtement possible. Mieux vaut régler la situation que régler des comptes.

→ Les femmes sont sensibles au décor et à la mise en scène

Lorsqu'elles préparent un dîner en amoureux (ou entre amis), elles vont non seulement mettre les petits plats dans les grands, mais soigner la présentation à table, la pièce, la maison et leur tenue. Chaque détail compte comme s'il faisait partie d'elles-mêmes et de leur air de fête. Elles regrettent parfois que les hommes n'en fassent pas autant pour elles. Elles peuvent se dire : « Pour lui, je n'en vaux pas la peine. » Les hommes qui ont compris cette demande essentielle ont un atout majeur pour séduire.

→ Les femmes apprécient les superlatifs

Il ne suffit pas de leur dire qu'elles ont une belle robe, ou qu'elles sont ravissantes, ou que le repas est « bon », il faut personnaliser et montrer son enthousiasme : « Tu es si craquante avec ce petit haut », « Ton sourire illumine le soleil », « Comment fais-tu pour cuisiner des petits plats pareils ? ». Cette soirée, elles l'ont préparée parfois pendant des heures, et puis elles ont essayé plusieurs tenues, vidé les placards, ont imaginé l'effet produit, se sont maquillées, coiffées, bref, elles ont mis la gomme, alors une banale approbation, c'est un camouflet, non ?

→ Les femmes aiment les compliments et les cadeaux

Les compliments, les fleurs, les petits flirts entretiennent le plaisir, nourrissent le désir, lui donnent un air d'exception. Ils indiquent aux femmes qu'on les apprécie encore. Et lorsque ceux-ci s'estompent, elles se sentent un peu abandonnées, frustrées, insatisfaites. Il faut se mettre à leur place : pour leur homme, elles sont capables d'un investissement énorme. Elles peuvent penser à un cadeau six mois à l'avance, retenir qu'il s'est extasié devant ce livre ou cet objet et le lui offrir ensuite, alors que lui-même a oublié en avoir parlé. Elles vont déployer des montagnes d'ingéniosité et y arriver. Mais l'homme en question, que fait-il ? Pas grand-chose le plus souvent. Il n'est pas rare que le 24 décembre à 18 heures ou le jour de l'anniversaire, il se dise : « Vite, il me faut un présent. » C'est presque une formalité ou une concession à la vie sociale. Pour un minimum de réciprocité, il est si simple de noter quarante croix sur son calepin, le jour d'une occasion spéciale. Au fait, que penserait le mari en question, si ses quarante ans étaient passés sans qu'on les lui souhaite ?

→ Les femmes ont besoin d'entendre « Je t'aime »

Pour les femmes qui misent tellement sur l'affectif et le relationnel, « Je t'aime » est la formule magique, le sésame indispensable, le petit mot-caresse qui veut dire : « C'est toi et pas une autre », même si, au fond, elles pressentent que ce n'est pas toujours vrai. Elles aiment les mots d'amour, ils font partie de la mise en scène sentimentale ou érotique, un peu comme si on avait campé un beau décor pour elles. Les hommes détestent dire « Je t'aime » pour un oui ou pour un non, car ils se sentent alors piégés, engagés, ligotés. S'ils le prononcent, ils imaginent ne plus pouvoir faire machine arrière. Et c'est faux, naturellement, mot à mot, « je t'aime » exprime un sentiment (que l'on peut embellir pour l'occasion), pas un engagement.

→ Les femmes aiment les petites attentions

Lorsqu'elles sont tendues, anxieuses ou fatiguées, elles se sentent infiniment soulagées qu'on les décharge des petits fardeaux qu'elles assument habituellement. Il suffit de faire le test un soir. Elle paraît éreintée ou flapie, dites-lui que vous prenez les choses en main : rangez la cuisine à sa place ou videz la poubelle, même si votre journée à vous aussi a été harassante. Elle verra que vous avez remarqué sa fatigue (donc que vous avez encore des attentions pour elle), que vous êtes prêt à la soutenir, que vous ne méprisez pas ce travail (sous-entendu, il n'est pas réservé qu'aux femmes), que vous êtes conscient de vos responsabilités. Tout cela va bien au-delà d'une simple aide ménagère, c'est un état d'esprit. Et si vous faites des efforts, elle en fera aussi en étant plus tendre, plus ouverte, plus... plus... plus...

→ Les femmes apprécient la galanterie

De la même manière, la plupart des femmes adorent qu'on leur ouvre la portière de la voiture, qu'on leur demande si l'on peut fumer à côté d'elles, qu'on leur propose de porter leur valise ou leur caddy (même si elles ont les biscotos pour le faire elles-mêmes). On a beau parler d'égalité des sexes, l'éducation et la galanterie restent irremplaçables, et les hommes qui en font preuve aujourd'hui marquent des points et font la différence.

→ Les femmes goûtent les câlins désintéressés

Oui, elles font parfaitement la différence entre un geste tendre, une caresse douce et « gratuite », désintéressée, et l'acte sexuel. Le problème, c'est que, pour les hommes, la caresse est assez souvent associée au rapport qui va suivre. Et c'est là que le bât blesse. Elles finissent par interrompre ces petits plaisirs, parce que, justement, elles savent où ils vont mener illico. Elles ne veulent pas être traitées en « femme objet ». Et si on ne les touche que pour leur faire l'amour, elles ne se sentent pas aimées pour elles-mêmes mais par intérêt sexuel. Si les hommes veulent plus de tendresse dans leur couple, ils doivent aussi apprendre à caresser sans coucher.

→ Les femmes n'embrassent pas si facilement

Nombre d'entre elles ont le sentiment qu'embrasser avec la langue un homme les implique plus que de faire l'amour avec lui, même pour « le grand jeu ». La preuve par les prostituées, elles n'embrassent pas. La bouche n'est pas une zone neutre. C'est le prolongement de l'esprit, de la parole, de la personne, peut-être même de l'âme, certainement de l'émotion. C'est un lieu sacré pour la femme, un théâtre sentimental. Un homme peut se perdre dans de telles subtilités : comment peut-elle lui offrir son sexe et pas sa bouche ? Où est l'erreur ?

→ Les femmes ont besoin du « meilleur des mondes » pour faire l'amour

Il leur faut déjà être détendues et complices pour s'abandonner, alors que les hommes voient dans le sexe un moyen idéal de décompresser et de se « retrouver sur l'oreiller ». La pulsion l'emporte sur l'affectif. En cas de conflit, elles se disent : « Je ne vois pas pourquoi je ferais l'amour puisqu'il n'a pas d'attentions pour moi », les hommes pensent : « Je ne vois pas pourquoi j'aurais des attentions puisqu'elle ne fait pas l'amour. » Elles s'indignent : « Je ne l'ai pas vu de la semaine, par contre, il veut s'allonger. » Ils s'impatientent : « Je ne l'ai pas vue de la semaine, vivement qu'on passe au lit. » Autrement dit, pour avoir des relations sexuelles, les femmes ont besoin d'aimer ou d'avoir de la connivence avec l'autre ; pour aimer, les hommes privilégient nettement le fait de faire l'amour.

Si ni l'un ni l'autre ne fait d'efforts, la sexualité peut devenir l'objet de tous les conflits : un moyen rêvé de punition pour les femmes, une source de domination pour les hommes.

→ Les femmes sont cycliques

Eh oui ! La donne biologique fait que les femmes sont soumises aux hormones bien plus que leur partenaire. Avant les règles, après les règles, avant la grossesse, pendant, après, sans parler de la péri-ménopause et de la ménopause... Tous ces événements hormonaux ont un impact direct, plus ou moins intense, sur leur désir et sur leur fatigue. Les hommes, qui ne sont pas soumis à de telles fluctuations, peuvent avoir du mal à comprendre ce qui se passe. Et si on se refuse à eux, ils peuvent se sentir rejetés et remis personnellement en cause (comme si leur pénis les résumait tout entier), alors qu'il s'agit de bien autre chose.

Pas besoin de parler pour communiquer !

Le corps a son langage qui renforce ou appuie celui du verbe. Mais qui le trahit aussi. Les mots disent une chose, les gestes en affirment une autre. Le corps s'exprime avec son vocabulaire, sa syntaxe, sa ponctuation et même ses... lapsus. Exemple : le visage crispé, les pieds campés dans leur position, les bras croisés, toute l'attitude signe une fermeture alors que les mots disent : « Je t'écoute. » Un dialogue habituel se compose d'un tiers de messages verbaux et de deux tiers de messages gestuels (il existerait un million de codes et signaux corporels). Le célèbre éthologiste Desmond Morris décline les principaux signaux séducteurs : regards appuyés, main qui effleure, hochements de tête vigoureux approbateurs, sourire aux lèvres offertes, corps présenté sans barrière de protection, regards rapides lancés vers l'autre pour vérifier ses réactions, yeux grands ouverts et sourcils remontés, jeux de langue, lèvres humectées plus souvent.

Ces gestes, consciemment ou non, sont parfaitement perçus, même s'ils ne sont pas toujours bien interprétés. Cette petite expérience, tentée il y a quelques années déjà au Max Planck Institut de Munich, a bien mis en évidence les malentendus possibles. La psycholinguiste Christiane Tramitz, spécialiste de l'étude du flirt, a montré à un groupe d'hommes et de femmes un petit film. C'est une charmante comédienne, dans un bar, qui se tourne vers le spectateur en lui faisant des mouvements suggestifs. Vers la fin de la séquence, elle change d'attitude et détourne ostensiblement son regard. Les spectateurs doivent appuyer sur une manette lorsqu'ils détectent une « invitation » et se sentent prêts à « l'abordage ». Résultat : les habitués de boîtes de nuit répondent au quart de tour dès les premières œillades enjôleuses, mais ne repèrent nullement le changement d'attitude. Les timides réagissent plus lentement, mais dans le même sens. Ils interprètent les maints détails encourageants, comme la position oblique et alanguie du cou ou le fait de tirer sur son vêtement. Cependant, eux non plus ne remarquent pas le virage à 180° de la comédienne. En revanche, le groupe de contrôle féminin qui a visionné la séquence n'a pas spécialement l'impression que celle-ci faisait des avances. Pour Christiane Tramitz, les femmes sont plus sensibles aux signaux de refus ou de repli émis que les hommes. Cette étonnante différence de perception expliquerait, selon elle, le malentendu fondamental entre les hommes et les femmes sur le langage corporel. Les « mâles » voient ce qu'ils ont envie de voir et sont parfois tentés de prendre leurs désirs pour des réalités...

2
LE COUPLE, ÇA S'INVENTE ?

Cours de ponctuation

Mettre la ponctuation de la proposition suivante :
« Woman without her man is nothing »

« Woman, without her man, is nothing. »
(La femme, sans son homme, n'est rien.)

« Woman ! without her, man is nothing ! »
(Femme ! sans elle, l'homme n'est rien !)

Le couple est devenu extraordinairement important et fragile. Il est désormais le plus petit groupe possible avec dénominateur commun et intérêts partagés, puisque les communautés religieuses ou de pensée, les grands engagements politiques, les tribus élargies ayant plusieurs générations sous leur toit ont fait long feu. Du coup, le voilà chargé de toutes les attentes, de tous les rêves, et menacé de toutes les imperfections. Comme l'écrit le psychiatre et psychanalyste Serge Hefez, « il est devenu difficile de s'y endormir. C'est un lieu en perpétuel mouvement, menacé de l'intérieur par l'individualité de chaque membre du couple et de l'extérieur par les modèles [1] ».

Sa fragilité lui colle à la peau, puisqu'il s'agit d'être « libres ensemble [2] ». On veut se réaliser, garder son indépendance, mais vivre à deux parce que l'amour existe, que le couple est rassurant... et qu'on n'a rien trouvé de mieux pour le remplacer. Seulement voilà, comment se sentir pleinement responsable d'une histoire qui se construit à plu-

1. S. Hefez et D. Laufer, *La Danse du couple*, Hachette Littératures, 2002.
2. Selon l'expression du sociologue François de Singly, *Libres ensemble, L'individualisme dans la vie commune*, Armand Colin, 2005.

sieurs ? Si ça va mal, c'est nous qui est en tort, et ce n'est pas moi. Poursuivant le raisonnement, c'est à l'autre de tout faire pour sauver la relation. Face au couple, chacun est conscient de ses droits, un peu moins de ses devoirs. Le credo est : « Je suis bien, je reste », « Je suis moins bien, je vais voir ailleurs ». Le couple est devenu un bien de consommation presque comme les autres.

Les unions de nos parents et grands-parents étaient loin d'être idylliques. On ne se choisissait pas forcément, on faisait des mariages de raison et tenait jusqu'au bout parce qu'il le fallait bien. La morale sociale se résumait à un besoin de stabilité, pour la paix de la société, des ménages et la transmission des biens sans entrave. La fidélité, érigée en principe, facilitait l'héritage aux enfants légitimes. L'amour était la cerise sur le gâteau, c'était la raison (sociale, familiale, financière) qui primait. Et, à partir de là, on apprenait à s'aimer. Et cela marchait parfois. Les couples d'aujourd'hui jouissent d'une infinie liberté. Ils réclament moins la stabilité que la qualité des relations. Ils restent ensemble parce qu'ils le veulent bien. Cette liberté, qui est une force pour certains, se révèle être une faiblesse pour d'autres. À la moindre éraflure dans le contrat, à la plus petite chute d'intérêt ou de désir, chacun reprend ses billes et va jouer ailleurs. Le modèle parental avait ses imperfections et ses limites. Le modèle actuel en a d'autres. L'équilibre est sans doute à rechercher entre les deux mouvements du balancier. Une valeur pourtant ne bouge pas : celle du temps et de la durée. Un couple se bâtit à deux selon un lent processus ponctué de crises et de dépassements.

Toujours le mythe du prince charmant ?

L'époque n'est guère aux princesses enfermées dans leur tour d'ivoire, ni aux femmes passives et soumises attendant qu'un homme vienne les sauver et combler leurs désirs. Alors les femmes espèrent-elles encore le prince charmant ? Fonctionnent-elles sur le modèle maternel ? On serait bien en droit d'en douter, avec la déferlante du féminisme et la libération sexuelle. Pourtant le prince n'est pas mort et il est bien un sauveur. Mais que sauve-t-il ? Il sauve... la femme bafouée dans ses aspirations. Celle qui rêve de quitter le nid de ses parents pour enfin être elle-même, de rencontrer l'homme complice et protecteur, de (re)faire sa vie ou tout simplement de partager ses aspirations et ses rêves. Le prince sauve aujourd'hui encore ses souhaits entravés par les interdits, les tabous et l'éducation reçue. Elle est en difficulté et il vient comme pour lui rendre justice, lui redonner confiance et l'aider à puiser dans ses compétences inexprimées. Que l'on se comprenne bien, le prince attendu n'a rien d'un héros guimauve et suranné, la femme qui en rêve n'est pas non plus la victime d'un bourrage de crâne dépassé, elle attend seulement un homme, un vrai, qui l'aime et qui l'aide à exister. Mais soyons juste, l'homme aussi attend la « princesse charmante », autrement dit « la femme idéale », qui sera à son écoute et qui saura le rassurer. Comment traverser l'existence tout seul, si l'on ne se sent pas reconnu et soutenu par le regard de l'autre ?

→ La part de Freud

Si le mythe existe encore avec une telle force, c'est aussi à cause du fameux complexe d'Œdipe décrit pour la première fois par

Sigmund Freud. « Complexe », en psychanalyse, ne veut pas dire malaise physique, mais conflit psychique. Celui-ci apparaît dans l'enfance, entre trois et sept ans environ. Un vrai drame qui se joue à trois personnages : le père, la mère et l'enfant « amoureux » du parent de sexe opposé. Cet amour est interdit, donc impossible. De là naît une rivalité avec le parent de même sexe et une souffrance, mais une souffrance nécessaire pour grandir. S'il n'avait subi ce premier échec, comment l'enfant pourrait-il désirer ailleurs ? Cette insatisfaction et cette frustration, non perçues de manière consciente, vont lui servir d'aiguillon dans l'existence et lui permettre d'attendre la « femme idéale ». Bien sûr, aucun adolescent ni adulte ne garde de souvenir précis de cette première histoire d'amour avec son parent, sauf en psychothérapie. Cette amnésie touche tout le monde, elle est nécessaire pour avancer dans la vie et se détacher de ses parents. Elle laisse cependant une empreinte qui peut interférer sur le choix de sa future partenaire.

On ne tombe pas amoureux par hasard

Pour tomber amoureux, il faut être libre, disponible, prêt pour la rencontre. Elle est là qui prononce un mot, accomplit un geste, lance un regard, et voilà le processus déclenché. Pourquoi elle ? Au-delà de toute explication rationnelle, l'alchimie opère et touche au plus profond des émotions de chacun. Même si tout semble dû au hasard, il existe en fait un théâtre inconscient qui va permettre le rapprochement. Comme le disait Freud, faisant allusion au complexe d'Œdipe, « trouver l'objet sexuel (l'objet aimé) n'est en somme que le retrouver ».

Voilà papa et maman qui resurgissent, mais aussi l'enfant que l'on a été et que l'on demeure toujours un peu dans un coin de sa tête. Lors du choc amoureux, c'est bien l'autre qui entre en résonance avec le petit garçon que l'on était et qui fait remonter à la surface une foule d'émotions enfouies. L'âme sœur peut se rapprocher du parent aimé par un trait de caractère positif ou négatif (le charme, l'intonation de voix, la fantaisie ou le côté protecteur) ou un aspect physique (rondeur des hanches, silhouette, cheveux). On ne recherche pas vraiment l'image réelle de sa mère (ce serait trop simple !), mais son image telle qu'on l'a idéalisée ou fantasmée ; et pour compliquer le tout, on peut rechercher une « figure parentale » totalement différente : la marraine, la tante, l'institutrice, la grande sœur, une héroïne de film admirée.

Tout sauf maman

Le choix amoureux se fait parfois même à l'opposé du parent aimé pour se protéger d'un désir inconscient ou pour le tenir à distance. C'est particulièrement net dans les couples mixtes (de culture, de religion, de nationalité, et même socialement très différents). La femme dont on s'éprend s'éloigne fondamentalement de son milieu d'origine.

L'exemple de Jonathan est parlant. Il est juif et n'a jamais pu s'attacher à des femmes de sa propre religion, sans doute trop menaçantes parce que trop semblables à sa mère (gentilles, peut-être, mais intouchables, au fond). Le passage à l'acte serait vécu comme un inceste. Jonathan n'aime que des Suédoises, comme cela la question ne se pose plus.

Cependant, même dans la réaction et même pour un choix assumé pleinement, on peut se faire rattraper par son inconscient. Jonathan n'a jamais pu aller au bout d'une relation et vivre à deux durablement. Il a intégré la « loi du parent » qui a dit non.

Dans un couple, il faut apprendre à compter au minimum jusqu'à cinq : toi, moi, notre relation, papa, maman, etc. Ce que nos parents résumaient par un dicton plein de bon sens : « Quand on épouse une femme, on épouse aussi sa famille. »

→ Ma deuxième moitié d'orange

Le choix de l'élue se bâtit ou se consolide grâce à d'autres ressorts psychologiques inconscients. On peut être attiré par celle qui vient nous rassurer et combler nos attentes. Souvent, les histoires d'amour débutent sur une détresse. La femme, l'homme, ou même les deux, sont à un moment de grande vulnérabilité. Mais l'homme, en se comportant en chevalier servant, va non seulement combler la femme, mais se rassurer par la même occasion sur ses propres compétences et la bonne estime de lui-même, puisque, dans ses yeux, il voit de l'admiration et de l'amour. Cette image en miroir suffit à grandir chacun. De là émerge la passion consolatrice et réparatrice.

→ Parce que c'était elle, parce que c'était moi

On aime souvent celle qui est à l'opposé de soi et semble paré de toutes les vertus. Cet autre, complémentaire, est la partie rêvée de soi. Il a tout ce que l'on n'a pas, il est à l'aise là où on se sent médiocre, entreprend ce qui nous effraye, voit la bouteille à moitié pleine quand on la voit à moitié vide. Et s'il nous choisit, c'est bien qu'on en vaut un peu la peine, non ? La difficulté, lorsqu'on est si différents, c'est que ce qui permet « l'ancrage », au début, peut, avec le temps, se transformer en bombe à retardement. Ce n'est pas systématique, attention, mais c'est un risque.

« *Jean est un homme silencieux, mystérieux, très discret, et plutôt méfiant à l'égard des femmes. C'est un célibataire endurci qui ne s'est jamais investi réellement dans une relation amoureuse. Pourtant, lorsqu'il rencontre Michèle, il se laisse facilement séduire, envoûter par son extravagance, sa légèreté, son insouciance et sa joie de vivre. Elle semble danser dans la vie... Très vite, il veut s'installer avec elle, lui faire des enfants. Mais au bout de quelques mois seulement, la vie commune devient chaotique. Elle a un besoin vital de surprise, d'inattendu, elle veut tous les jours que Jean grimpe aux rideaux et l'étonne, que ce ne soit jamais la même chose au plan émotionnel. Et lui s'aperçoit à quel point il est épuisant et même « contre-nature » pour lui d'être en état d'alerte permanent. Il se rend compte aussi que Michèle a besoin de séduire tous les autres. Sa danse du voile est pour tous ceux qu'elle croise, ses amis, ses collègues... Du coup, il va perdre sa tranquillité, son sommeil et l'euphorie des premiers temps. Peu à peu, il devient méfiant et taciturne. Son couple est devenu ingérable.*

Le rêve de l'amour romantique

En consultation, dans le cadre de l'écoute de couple, on voit souvent resurgir la nostalgie de la relation des premiers temps, merveilleuse et idéalisée. Le couple refuse d'abandonner cette phase extraordinaire d'éveil et de révélation.

La thérapie consiste à accepter une autre réalité, à comprendre qu'elle fait partie du passage initiatique et que, dans ce processus de maturation, le couple grandit. Il lui faut apprendre à renoncer à certains aspects révolus de son histoire pour se construire autrement. C'est là un vrai travail de deuil et de renouveau. Après la phase d'idéalisation nécessaire, il reste à évoluer vers une relation constructive, de communication et de communion. Cela signifie passer de l'idée de la femme idéalisée à celle de la femme authentique, avec ses qualités et ses faiblesses.

→ La naissance du couple

Chaque couple va devoir franchir au moins trois étapes pour se construire, ponctuées de crises quasiment annoncées.

Étape numéro un : la **fusion**. « Je pense comme toi », « Je devine tes pensées », « On se comprend sans se parler » ; la complicité est totale ; c'est si bon qu'on se retrouve un peu comme dans la peau de l'enfant que l'on était, en total état de régression, autrement dit en symbiose avec sa mère, à l'époque idyllique où l'on pensait qu'on ne faisait qu'un, elle et soi. L'équation du couple se résume à 1 + 1 = 1. Le Moi est aboli au profit du Nous. On vit en siamois, on sort en siamois, on s'isole des copains, on ne fait rien sans l'autre, jusqu'à... l'asphyxie parfois. C'est l'illusion fondatrice de la vie à deux, on est enfin persuadé d'avoir trouvé son double.

Étape numéro deux : la **défusion** ou **différenciation**. Chacun respire, reprend ses billes et redevient lui-même. On est capable de parler en son nom propre et d'affirmer ses goûts. Le couple change d'équation : 1 + 1 = 3, toi, moi, plus notre relation. Quand ce passage n'est pas synchrone, la première crise éclate. L'autre vit la différenciation de son partenaire et son autonomie soudaine comme un rejet ou un abandon. Si la crise est dépassée, tant mieux, sinon, c'est la séparation. Et, de fait, beaucoup de couples se perdent à ce moment-là.

Étape numéro trois : l'**exploration de soi** et de ses limites. À ce stade, chacun va vouloir vivre certaines choses ensemble et d'autres en « solo ». C'est le temps des sorties entre copains, des retrouvailles avec ses vieilles activités délaissées, éventuellement des maîtresses, pour éprouver ses sentiments et se rassurer sur son pouvoir de séduction. Le bras de fer est engagé autour du pouvoir et du savoir de qui l'emporte sur l'autre. À nouveau, le danger est grand de se perdre. Si le couple dialogue peu, les frustrations et les silences s'accumulent… comme le grand calme avant la tempête.

C'est seulement au bout de ces trois premières périodes, dépassées avec succès, que le couple atteint sa vraie maturité. La proximité est préférée à la fusion, car elle est moins destructrice. Chacun s'accepte avec ses désirs, ses priorités, mais aussi ses blocages et ses défenses. Et chacun décide, en toute connaissance, de mettre dans le pot commun ce qui lui paraît acceptable et nécessaire pour que le couple fonctionne encore. Pour prendre une image, on ne se contente plus de payer le loyer ensemble, on veut bâtir une vraie histoire autour, sinon cela ne s'appelle plus vivre en couple, mais en colocataires. La démarche de rapprochement suppose de l'amour, de l'écoute et de la négociation. Les années passant, le couple parvient à vivre en synergie. Les enfants sont élevés ou ont quitté le nid, les enjeux professionnels sont dépassés. Le couple a pris suffisamment de recul pour puiser en lui-même et se tourner vers les autres.

Certains amoureux traversent ces étapes pas à pas, main dans la main, d'autres parviennent au bout du chemin, mais finissent par se quitter. Les uns échouent une première fois et réussissent la suivante. Les autres bricolent à chaque fois de nouvelles règles pour vivre à deux. C'est ainsi qu'une banale rencontre se transforme en éternelle histoire d'amour ou en fiasco regrettable. Il n'y a pas de règles, pas de durée normale, pas de recette pour réussir. « Un pas en avant, un pas en arrière, un pas sur le côté, les couples ne cessent de danser une espèce de tango pour réguler ce qu'ils mettent dans le pot commun et ce qu'ils gardent pour eux dans leur vie personnelle : leurs investissements professionnels, sportifs ou amicaux, écrit Serge Hefez. La bonne distance se détermine à l'issue d'une négociation implicite et féroce car elle met en jeu des questions existentielles extrêmement fortes. En réalité, les premiers mois, voire les premières années de la vie de couple, se passent à régler cette distance qui évolue et fluctue avec la vie et n'est jamais la même pour les deux partenaires [1]. »

Le psychiatre Boris Cyrulnik disait non sans dérision : « On tombe amoureux et lorsqu'on se relève on est attaché. » Cette formule est plus optimiste : « On tombe amoureux et lorsqu'on se relève, on s'attache. » C'est un acte dynamique et constructif.

---

1. S. Hefez et D. Laufer, *op. cit.*

Les chiffres du couple

Le mariage et le pacs

L'âge du premier mariage ne cesse d'augmenter : six ans de plus en vingt-trois ans ! Les hommes épousent vers 31 ans et les femmes vers 29 ans (INED 2006). Toutefois, depuis 1996 et les mesures fiscales prises en faveur du mariage, la France est l'un des pays d'Europe où l'on passe le plus devant monsieur le maire, avec 274 000 célébrations en 2006 et 266 500 en 2007. Et on compte 60 000 pacs par an depuis son instauration en 1999.
85 % des couples qui vivent sous le même toit sont mariés. 70 % des hommes convolent avec une femme plus jeune qu'eux. Reste qu'à 35 ans, plus de 25 % des femmes ne se sont pas mariées, la proportion a doublé depuis dix ans.

L'union libre

15 % des couples sont concernés, ce qui représentait 4,6 millions de personnes en 2003. La majorité d'entre elles cohabitent avant de convoler en justes noces. Selon le sociologue Gérard Mermet, « c'est à Paris que l'union libre est la plus fréquente et aussi la plus durable ». L'arrivée d'un enfant n'implique plus le mariage (une naissance sur deux se produit maintenant hors mariage, contre 6 % en 1967).

Les couples « à distance »

Selon une enquête de l'INED (1997), 16 % des couples disent ne pas vivre sous le même toit en continu, au moins au début de leur vie commune. 1 % des couples mariés et 8 % des couples qui ne le sont pas persistent et signent. Chacun chez soi depuis toujours.

Le divorce

Le nombre de divorces a quadruplé depuis 1960. On compte un divorce pour deux mariages à Paris, un divorce pour trois mariages en province. 18 % se produisent avant cinq ans de mariage, 40 % après quinze ans. Les deux tiers des couples qui se séparent ont des enfants. Les femmes sont âgées de 37 ans en moyenne, les hommes de 40 ans soit environ dix ans après l'âge du premier mariage. Parmi les nouveaux mariés en 2003, un sur six était divorcé.

Source : Francoscopie 2005, *Larousse.*

Sur la vie de couple

◇ Doit-on rechercher à tout prix l'amour avec un grand A ?
Pourquoi le devrait-on ? En vertu de quel modèle unique ? Et pourquoi celui-là plutôt que tel autre ? Certains seront profondément heureux quand ils auront vécu une très belle réalisation professionnelle, sportive ou humanitaire. D'autres s'accompliront dans l'amour, la paternité et la famille. Il y a de multiples possibilités d'expression de ses dispositions naturelles. L'important est de les réaliser et de ne pas les garder enfouies en soi, sans jamais les exploiter. Comment savoir où est sa vraie potentialité ? Là où on est satisfait foncièrement et de façon vitale (et non pas de façon fantasmatique).

◇ Les hommes rêvent-ils encore de la femme idéale ?
Certains prétendent que oui et sont même capables de la décrire aux mensurations près. D'autres affirment que non et sont persuadés que n'importe quelle femme ferait l'affaire, à condition toutefois qu'elle leur plaise. Il n'empêche qu'ils recherchent, souvent inconsciemment, le même type de partenaire. Pas nécessairement la blonde aux yeux bleus, ou la brune pulpeuse, mais la dulcinée

qui saura les rassurer : celle à qui ils apprendront tout ou offriront tout (peut-être parce qu'ils ont besoin de se faire admirer) ; celle qui jouera les femmes-enfants (peut-être parce qu'ils ont peur des femmes ou veulent les protéger) ; celle qui prendra toutes les décisions dans le couple (peut-être parce qu'ils ont peur de la vie ou doutent de leurs propres capacités). Cet idéal est bien souvent influencé par l'image de la mère. Certains choisiront une compagne lui ressemblant ou à l'opposé, en tout cas, en référence à elle. Elle sera « fatale », « fleur bleue », « madone » ou « putain », ou tout cela à la fois. Dans certains vieux couples d'ailleurs, la référence devient explicite : on s'appelle « papa » et « maman ». Cela en dit long sur les termes de la relation...

Sur le couple en crise

◇ Les hommes et les femmes vivent-ils sur la même attente du couple ?

Le sociologue Jean-Claude Kaufmann, qui a consacré plusieurs ouvrages à la relation hommes-femmes, estime que les hommes souffrent plutôt avant la rencontre et lors de l'édification du couple, les femmes après le mariage, en grande partie à cause des normes sociales qui ont évolué ! Depuis un demi-siècle, explique-t-il, les femmes montrent autre chose d'elles-mêmes. Elles sont pleines d'aisance naturelle et de dynamisme, ce qui témoigne de leur changement de statut dans la société. Du coup, les hommes sont tellement impressionnés que beaucoup n'osent plus prendre d'initiatives dans la relation et sont inhibés, voire complexés. Ce n'est pas le corps féminin qui les intimide, c'est l'aisance affirmée des femmes. Celles-ci connaissent leur moment critique plus tard, quand le couple s'installe. Là, elles ont besoin de continuer à exister, d'être regardées comme singulières, alors même qu'elles disparaissent dans le fonctionnement conjugal. Hélas pour elles, les hommes considèrent le couple comme un instrument confortable, un lieu de laisser-aller et de détente. Voilà l'origine probable des premiers malentendus...

◇ La société est-elle responsable du grand malentendu entre les hommes et les femmes ?

La société propose des idéaux de perfection qui creusent potentiellement le fossé entre les deux. La pub nous bombarde d'images sensuelles et voluptueuses, de corps parfaits et de gens très à l'aise. Consensus virtuel totalement intimidant et complexant pour tout le monde. Il y a aussi ces modèles de perfection conjugale qui sont exposés. Ils donnent l'impression que les couples modernes se disent tout, qu'ils sont ouverts, tolérants, libres, et ce n'est pas forcément le cas. Il existe même un modèle de perfection de la rencontre. Il laisse entendre que le coup de foudre arrive à tout le monde, alors qu'en réalité celui-ci demeure une exception. Devant ces idéaux ressassés comme des vérités absolues, chacun finit par penser qu'il est loin du modèle et se trouve finalement pitoyable. Or, encore une fois, le malentendu surgit du décalage entre les failles supposées de chacun et la réalité de ce qu'il imagine des autres.

◇ On parle des crises des trois ans, sept ans et dix ans, existent-elles vraiment ?

Plus ou moins, à condition de ne pas prendre les chiffres à la lettre. On sait, par exemple, que les divorces connaissent un pic la quatrième année, ce qui nous ramène à ces fameux trois ans. On sait aussi que beaucoup de couples se quittent à la naissance du premier enfant, donc assez tôt dans la relation. On sait encore que la moyenne des divorces se situe autour de quatorze ans après le mariage, ce qui sous-entend que les conflits sont apparus quelques années avant, le temps de mettre en route la procédure de divorce. Les crises surviennent en fait à chaque changement de situation, positif ou négatif: déménagement, nouveau travail, promotion, projets, chômage, naissance, rencontre, etc.

◇ La situation est devenue invivable, comment changer ma femme ?

Si l'un des partenaires du couple évolue et modifie son attitude, l'autre va automatiquement changer, parfois de manière miraculeuse. C'est le principe des thérapies de couple dites thérapies systémiques.

> « *Une histoire vraie. Marc vit très mal que Jeanne ne veuille plus avoir de rapports avec lui. Elle désire faire chambre à part et lui reproche son «harcèlement sexuel», alors qu'il lui réclame juste une nuit d'amour, de temps en temps. Elle n'a pourtant pas hésité à le tromper pendant deux ans. Du coup, il en veut à Jeanne et l'humilie, lui rappelant sans cesse son inconduite. C'est à ce moment qu'il consulte, car, malgré tout, il veut reconstruire son couple et sa famille. Le thérapeute lui fait comprendre que l'humiliation et le harcèlement ne servent qu'à envenimer la situation. Jeanne est partie vivre dans un studio en face pour rester près des enfants.*

Mais comment reconstruire la relation ? Il fallait passer par un autre chemin que ceux déjà empruntés sans succès. Il valait mieux partir de ce qu'il leur restait en commun, leur amour parental, en mettant de côté pour le moment ce qui fâche, la sexualité. Marc décide alors de prouver qu'il est capable de gérer la maison et la vie de famille. Au bout d'un mois, sa femme vient lui parler d'un problème de scolarité de leur fils aîné. Voilà que le dialogue se renoue et qu'ils recommencent à rire ensemble. Jeanne baisse ses défenses peu à peu. Elle lui avoue qu'elle a toujours rêvé d'un père prêt à s'occuper de ses enfants et à les câliner. Le reste est venu ensuite, au bout de quatre à cinq mois. Cela peut sembler long, ça ne l'est pas, en regard des années de conflits dans ce couple.

◇ Les scènes de ménage indiquent-elles que le couple va mal ?

Pas nécessairement. C'est même parfois le contraire. Les crises sont salutaires lorsqu'elles permettent de remettre les pendules à l'heure et de renégocier le contrat. Il faut cependant obéir à certaines règles pour en sortir. Par exemple, on peut parler de soi plutôt que d'accuser l'autre. Il est toujours plus positif et constructif d'exprimer des demandes plutôt que de lancer des reproches : « Aide-moi à m'en sortir, en ce moment, la pression monte au travail et j'ai peur de craquer. » Du coup, l'autre se sent exister, valorisé, et endosse le rôle de « tuteur » qu'on lui a confié. C'est mieux que de lui dire : « Tu m'enfonces, tu n'es jamais là quand j'ai besoin de toi », parce qu'en effet, elle ne se donnera pas la peine d'être soutenante si on l'agresse.

Dire aussi ce que l'on apprécie chez l'autre, pour mettre en avant la complicité plutôt que le rejet : « J'adore quand tu es douce et câline » (plutôt que : « Pourquoi n'es-tu jamais douce et câline ? »). Dans le premier cas, on reconnaît ce qui a été, même de manière brève. Dans le second cas, on est dans le regret et l'on nie l'existence même de ce moment. Enfin, au lieu de rendre responsable sa compagne, et elle seule, de la crise, il serait plus juste de remettre en cause la relation qu'on a construite à deux, car on se montre alors coresponsable et la pilule passe mieux. C'est aussi le principe de la thérapie de couple que de travailler sur la relation malade et non sur les personnes.

◇ Pourquoi reproduit-on souvent la même chose avec des partenaires différentes ?

Il n'y a guère que le comportement qui soit répétitif, mais la cause est toujours la même. On peut se dire : « Elle était trop étouffante, trop jalouse, trop ceci ou cela, je l'ai donc quittée parce qu'elle m'a déçu. Et puis avec la suivante, c'était la même chose, je suis donc parti. » Etc. Si on s'arrête à cette explication, elle était « trop ou pas assez »..., on passe à côté de son histoire. Le point commun à tous ces échecs à répétition, c'est quand même moi. Tout l'intérêt d'une psychothérapie est de comprendre ce qui pousse chacun à rechercher cette réassurance-là avec cette femme-là.

Pourquoi tel homme choisira-t-il toujours une femme dépressive ou hyperséductrice qui le rendra jaloux ? N'a-t-il que cette référence possible pour s'identifier au couple de ses parents ou de ses proches lorsqu'il les voyait avec ses yeux d'enfants ? N'ose-t-il pas faire mieux et réussir là où ils ont échoué ? Est-ce pour combler la peur panique d'être rejeté ? À chacun de le découvrir...

◇ J'ai besoin de changer de partenaires très souvent, pourquoi ?

Certains hommes additionnent les partenaires comme on enfilerait des perles. Parfois, ils les comptent et, même, ils les notent. Les don juan ont un besoin vital de se sentir désirés et exister. Contrairement à ce qu'on imagine, ce n'est pas la relation sexuelle qui les intéresse, c'est le duel qui a lieu avant. Duel pour prouver sa valeur, éprouver sa séduction, transgresser les règles sociales ou familiales, se mettre en danger...

◇ Pourquoi est-il si difficile de vivre une relation durable ?

Aujourd'hui, de nombreuses personnes et même des « spécialistes » estiment qu'on ne peut plus fonder un couple durable de nos jours, à cause de l'allongement de la durée de vie, des facilités de rencontre, de l'absence de tabous à passer à l'acte, de la libération sexuelle, de l'esprit même de « consommation sexuelle », etc. Aux États-Unis, la sociologue Sandy Burchsted[1] *estime qu'il est désormais dans l'ordre des choses de se marier plusieurs fois : un premier mariage (*icebreaker marriage*) pour essayer, qui s'achève fatalement par des déceptions. Un second mariage (*parenting marriage*) pour devenir parents et élever les enfants. Un troisième mariage (*self marriage*) pour se réaliser vraiment soi-même et se faire plaisir. Un dernier mariage (*soulmate connection marriage*), celui de la connivence spirituelle et du partage égalitaire.*

En Europe, il est vrai qu'on voit de plus en plus de couples se marier une deuxième fois, voire une troisième. Faut-il pour autant en conclure que le couple unique est voué à l'extinction ?

1. Citée par Willy Pasini dans *Les Nouveaux Comportements sexuels*, Odile Jacob, 2003.

Et surtout qu'il est logique qu'au bout de plusieurs années, il n'ait plus rien à partager à cause du désir déclinant et de la routine ? Ceux qui ont la conviction que, pour qu'il y ait du désir, il faut qu'il y ait du nouveau, ont une approche consumériste. C'est vrai que la consommation tue l'émotion. En revanche, si le couple se fonde sur la connivence partagée, les rêves à deux, les histoires que l'on se raconte, l'apaisement de la présence de l'autre, les liens subsistent au-delà de l'éventuelle baisse passagère de libido. Tout cela a plus à voir avec être qu'avec faire. L'émotion partagée à deux permet d'être autrement. Le couple accepte implicitement les pointillés, les creux, les hauts et les bas, bref, l'idée de se construire dans la durée. Des couples comme cela existent aujourd'hui et ils ont du mérite. Durer ensemble ressemble fort à une transgression.

Sur la fidélité

◇ *Chatter* sur Internet, est-ce la tromper ?

Sa compagne peut en tout cas le ressentir comme une souffrance ou, au minimum, une source d'incompréhension, surtout si les échanges ont lieu au domicile conjugal, avec parfois, les enfants à côté. Toutes ces heures passer à rêver avec une autre, ce sont des heures qu'on lui enlève et qu'on ne partage plus ensemble. Elle peut penser que la complicité du couple a disparu, même si dans les faits il n'y a pas eu ou il n'y aura pas de passage à l'acte sexuel. L'expérience et les différentes enquêtes montrent qu'un nombre croissant de couples se séparent suite à la découverte fortuite de messages de ce type ou de trop longues nuits passées à consulter des sites pour adultes. Il faut le savoir.

◇ La fidélité est-elle nécessaire au couple ?

Si l'on en croit le législateur, oui. Dans le fameux article 112 du Code civil, il est écrit noir sur blanc que «les époux se doivent fidélité, secours et assistance». Les statistiques ne disent pas autre chose. Selon un sondage Sofres, 93 % des Français estiment «indispensable ou utile d'être fidèle pour réussir pleinement une relation amoureuse[1]». Dans les faits, un certain nombre de couples passent outre, comme le montre l'enquête Contexte de la sexualité en France. 23,9 % des femmes et 34,4 % des hommes confient avoir eu deux relations sexuelles en parallèle. 18,5 % des femmes déclarent aussi avoir eu une relation sexuelle avec une personne «sans importance», comprenez sans l'aimer (c'est le cas pour 41,2 % des hommes).

On pourrait citer aussi ce petit sondage d'opinion réalisé en 2005 par l'Observatoire de la fidélité des Français (Maximiles et Opinion Way) : 82 % des personnes interrogées se déclarent plutôt fidèles, ce qui montre leur attachement à l'idée de la fidélité, alors que 34 % seulement des sondés se disent tout à fait fidèles.

L'adultère ne provoque pas toujours la rupture dans le couple, puisque, dans le sondage Sofres, 50 % des personnes interrogées affirment qu'elles réagiraient à un aveu d'infidélité en s'expliquant «pour essayer de comprendre ce qui se passe». De fait, l'adultère est invoqué comme cause de divorce dans 15 % des cas seulement, en seconde position, à égalité avec la naissance d'un enfant qui catalyse les difficultés du couple[2]. Il arrive aussi, mais c'est nettement plus rare, que l'infidélité réveille le couple et le sorte de sa léthargie. Le désir féminin flambe après ce coup de tonnerre, comme s'il était dopé par la

1. « L'infidélité est-elle génétique ? » Publié sur www.psychonet.fr.
2. Voir Irène Théry, *Le Démariage*, Odile Jacob, 2001.

compétition ou par la peur de perdre l'autre. Dans ce cas, peut-on parler d'infidélité constructive ou thérapeutique ?

◇ Faut-il avouer ses infidélités ou bien les dissimuler?

Les plus jeunes défendent plutôt l'idée de tout se dire par respect pour l'autre, les moins jeunes privilégient le secret pour ne pas faire de peine à l'autre, ce qui est aussi une manière de le respecter.

Une chose est sûre, la première position est plus inconfortable. Toutes les femmes ne sont pas capables d'accepter l'amour volage. Le mensonge par omission peut leur sembler un moindre mal, car que les apparences soient préservées aide à mieux cicatriser la blessure narcissique d'avoir été délaissée et ce qui est vécu comme une humiliation. La transparence ne peut se jouer que dans le respect. On pourrait se demander pourquoi et pour qui on dit les choses ? Pour se libérer ? Pour se faire pardonner ? Par complaisance sadomasochiste ? La sincérité peut aussi être une illusion crue et froide qui finit par anéantir bien des couples, l'autre peut pardonner avec sa raison, mais pas avec son cœur ou ses émotions, malgré elle. Pour info, dans le sondage Opinion Way cité plus haut, l'école buissonnière ne provoque pas toujours la rupture dans le couple puisque la moitié des personnes interrogées affirment qu'elles réagiraient à un aveu d'infidélité en « pardonnant la faute » si le partenaire l'avouait spontanément. À noter une grosse surprise, le pardon serait plus souvent le fait du prince (58 % des hommes passent l'éponge contre 51 % des femmes !). Explication pour certains : plus d'un homme sur deux considère que tant qu'il n'y a pas eu pénétration, sa compagne ne l'a pas vraiment trompé, alors qu'elle peut se mettre martel en tête pour un fantasme, une pensée, un baiser...

◇ Peut-on tromper une femme lorsqu'on l'aime vraiment ?

Une aventure occasionnelle peut être l'effet d'une pulsion ponctuelle qui ne remet nullement en question l'amour porté à l'autre. « C'est parfois une bouffée d'oxygène pour le couple, la seule façon d'éviter l'asphyxie », estime Laurent, qui se dit par ailleurs très attaché à sa femme. Le « désir de désir » l'emporte sur la raison. C'est, quelquefois encore, un SOS lancé pour dire que le couple va mal et qu'il est temps de réagir, un peu comme les enfants font des bêtises pour attirer l'attention des parents. Certains se mettent à butiner par peur de vieillir. Pris du démon de midi, ils se sentent revivre grâce à la transgression ou à une relation avec une femme plus jeune. D'autres n'en pouvant plus d'ennui ou de solitude trouvent chez une partenaire éphémère le regard neuf qu'ils n'ont plus éprouvé sur leur personne depuis bien longtemps.

Les infidélités à répétition ne signifient pas davantage – ou pas forcément – que l'amour est envolé. C'est plutôt le doute sur soi qui pousse à séduire ailleurs pour se rassurer, se prouver qu'on est toujours capable de plaire. Que l'amour de sa compagne défaille n'a rien à voir dans cette histoire. La réassurance ne peut venir que de ses conquêtes ou... de soi-même, en psychothérapie. D'ailleurs, il est troublant de voir que, rassuré par sa liaison, l'homme volage se met à offrir des fleurs, se montre plus tendre et plus attentionné avec sa « légitime ». Par culpabilité ? Pas nécessairement, plutôt parce qu'il a enfin le mieux-être dont il avait besoin. Attention à ne pas le laisser se dissiper trop vite et avoir à nouveau besoin de conquérir ailleurs pour se reconstruire.

◇ Faut-il passer à l'acte pour être infidèle ?

Les hommes et les femmes ont des réactions très différentes par rapport à ce qui est considéré comme une véritable infidélité. Les épouses ou les compagnes se sentent généralement blessées, meurtries et trompées lorsque leur homme est amoureux d'une autre femme, même s'il ne passe pas à l'acte. Inversement, elles peuvent être plus indulgentes lorsqu'il a une relation sexuelle avec une fille de passage, du moment que ce n'est qu'une impulsion animale, sans sentiment. Les hommes, eux, s'obnubilent davantage sur le passage à l'acte. Leur dulcinée peut regarder platoniquement un autre mâle dans les yeux et flirter en douce : du moment qu'il n'y a pas « consommation », il n'y a pas vraiment tromperie. Le problème se pose en termes d'amour-propre et non d'amour : « Suis-je à la hauteur et l'autre sera-t-il meilleur que moi ? » La relation sexuelle indique à l'homme que sa partenaire n'était pas satisfaite avec lui. Sa première question est : « Comment as-tu pu me faire ça ? » ; la seconde : « Comment était-ce avec lui ? » Et puis, culturellement, l'homme a encore tendance à penser que son infidélité a moins d'importance que celle de la femme, car il se sent moins impliqué dans la relation extraconjugale.

◇ J'ai un besoin vital de regarder les femmes dans la rue, est-ce normal ?

C'est une réaction très masculine. Les hommes accordent une signification vertigineuse à cet acte en apparence si banal. Non seulement ils aiment la beauté, mais leur sexualité est en permanence réactivée et revivifiée par le regard de l'autre. C'est l'étincelle qui alimente leur désir. Que disent ceux qui se plaignent d'impuissance en consultation ? « Je ne regarde même plus les femmes » (sous-entendu, cela dépasse largement le problème que je pourrais avoir avec la mienne). C'est dire s'ils sont arrivés au stade ultime de la libido zéro. Regarder les femmes signifie que tout va bien.

Leurs fantasmes se cristallisent en grande partie autour de ces images éphémères et vivantes. Une épaule aperçue, une bouche souriante, des jambes vertigineuses, un tatouage exhibé, il n'en faut pas plus pour mettre en route leur cinéma érotique. Olivier expliquait que son activité favorite au printemps était de se mettre à une terrasse de café et de regarder les femmes passer pendant des heures, toutes les femmes, les grandes, les petites, les extravagantes, les pudiques, les madones, les maquillées comme des camions, les souveraines... De quoi rêver un bon moment, un plaisir pur, sensuel, émouvant, gratuit, sans risque, sans suite, qui lui donnait cependant le sentiment d'exister très fort en tant qu'homme et lui permettait ensuite de se repasser le film à volonté. Une femme peut toutefois ne pas être touchée par la grâce de ces confessions poético-érotiques et se sentir humiliée par le regard de son homme sur une autre femme ; elle y verra une comparaison et se jugera quantité négligeable. À l'homme d'agir avec tact et sans ostentation. S'il regarde ailleurs, il doit revenir vers elle pour la rassurer d'un mot tendre en lui disant : « C'est toi que j'aime » (ou que je trouve irrésistible). Milan Kundera ne disait pas autre chose dans L'Insoutenable Légèreté de l'être *: « L'amour ne se manifeste pas par le désir de faire l'amour (ce désir s'applique à une multitude de femmes), mais par le désir du sommeil partagé (ce désir-là ne concerne qu'une seule femme). » Alors qu'importe que la passante éphémère ait une plastique de rêve... à condition de dire à sa femme qu'elle est unique.*

Sur la jalousie

◇ La jalousie est-elle normale ?

Une certaine dose de jalousie peut se comprendre dans le couple. Freud distinguait trois types de jaloux, dont l'un seulement relève de la pathologie : il y a le jaloux « normal » et universel, dont le sentiment ne se manifeste que lors de situations où le doute est justifié. Il y a aussi le jaloux « névrotique » et hypersensible. Il est de tempérament exclusif et a tendance à soupçonner sa partenaire de manière systématique. Il projette sur elle son propre sentiment de culpabilité, il peut cependant être raisonné si la preuve de l'innocence est apportée. Enfin, il y a le jaloux « pathologique » qui présente un vrai délire de jalousie. Celui-là est totalement tyrannique. Sa réaction n'est pas fondée. Le moindre détail est l'objet d'interprétation. Ce comportement relève de la psychose passionnelle. C'est une maladie du manque d'estime de soi et du doute (donc aussi de son contraire, à savoir l'amour-propre et la possessivité) avec la peur d'être trompé et abandonné. Willy Pasini cite une autre forme de jalousie pathologique, celle de l'alcoolique, « qui est assez commune, malheureusement, quand les années d'alcool ont détruit le foie et transformé les hormones mâles en œstrogènes. C'est la raison pour laquelle beaucoup d'esclaves de la bouteille sont jaloux de leur femme : ils ne parviennent plus à la satisfaire et la soupçonnent de chercher un autre homme[1] ».

◇ À quoi reconnaît-on une jalousie maladive ?

Les grands jaloux sont souvent des paranoïaques qui peuvent aller jusqu'à la folie meurtrière. Le moindre geste, la plus petite

1. W. Pasini, *op. cit.*

phrase donnent lieu à des soupçons, des interprétations, des vérifications. Les poches sont passées au peigne fin, les conversations espionnées, les portables interrogés. On les a vus à l'écran, avec le personnage de Michel Blanc, amoureux fou de Carole Bouquet qu'il tyrannise, dans Embrassez qui vous voudrez, *ou celui de François Cluzet persécutant Emmanuelle Béart dans* L'Enfer, *de Claude Chabrol.*

◇ Pourquoi est-on jaloux ?

On peut avancer une première explication psy centrée sur la relation avec la mère, fondatrice de l'estime de soi, de la confiance en soi et en l'autre. Jusqu'à 8 mois, le nourrisson est persuadé qu'il ne fait qu'un avec sa mère, ce qui le comble et le rassure. Elle sait tout de lui, quand il a faim, soif, froid, besoin de câlins, de bras, de tendresse. Lorsqu'il comprend enfin qu'il est différent d'elle, son univers est bouleversé pour un temps, c'est ce que les psychologues appellent « l'angoisse du 8e mois ». Commence la crainte de l'abandon et du désamour qui se manifeste par la peur des « étrangers » et de toutes les personnes éloignées du petit cercle familial. Si la mère et les proches ne rassurent pas suffisamment le bébé par leur tendresse et leurs attentions, il peut cristalliser autour de cette première déception des difficultés qui resurgiront à chaque nouveau sentiment d'abandon. À la naissance d'un frère ou d'une sœur, ce sentiment sera violemment réactivé parce que les parents exhibent sous ses yeux des sentiments d'amour avec un autre que lui. Et les partenaires amoureux successifs pourront à leur tour réveiller cette blessure originelle s'ils semblent, eux aussi, s'intéresser à d'autres personnes.

◇ **Les hommes sont-ils plus jaloux que les femmes?**
En tout cas, ils ont plus tendance à agir et à montrer leur souffrance, alors que les femmes ont tendance à somatiser ou à fermer les yeux, mais, des deux côtés, il peut y avoir explications et scènes de ménage. Les hommes ont besoin de faire la preuve de leur virilité et peuvent se sentir menacés dans ce qu'ils sont lorsque leur femme les trompe. Dans la théorie freudienne, ils sont aussi plus vulnérables au complexe d'Œdipe. S'ils ne renoncent pas à leur mère, ils sont menacés d'une punition terrible par le père, la castration symbolique, c'est-à-dire la perte de leur pouvoir. A priori, les filles redoutent moins cette menace.

Pourquoi se sépare-t-on?

Les raisons principalement mises en avant par la Chambre des notaires en 2006 sont l'adultère, la violence physique et les injures graves, les rapports sexuels anormaux, le refus de réintégrer le domicile conjugal, le recours à l'alcool et aux drogues.
À ces causes plus classiques, s'en ajoutent de nouvelles désormais : l'évitement conjugal (l'intimité est réduite à néant à cause de l'ordinateur ou de la télévision...), l'infidélité virtuelle (forum de rencontres, images pornographiques sur le net) et les conséquences qui en résultent (concrétisation des rencontres faites sur la toile). Attention à ne pas se voiler la face : les nouvelles technologies ne créent pas la distance, elles ne font qu'ébranler plus sérieusement les couples dont la relation intime était déjà menacée.
La rupture et après ? Les anciens conjoints reprennent temporairement leurs relations une fois sur quatre. Mais 5 % des hommes en couple séparés et 6 % des femmes se

sont remis définitivement ensemble à la date de l'enquête. Les remises en ménage sont plus fréquentes chez les 25-34 ans.
Une majorité d'hommes et de femmes rencontre un nouvel amour ou partenaire sexuel après la séparation. Deux ans et demi après, plus des deux tiers avaient eu des relations sexuelles.
Pour cette nouvelle « première fois », il faut compter 7 mois pour les hommes et 8 mois pour les femmes.

(Source : Enquête sur la sexualité des Français CSF 2008)

3

SUIS-JE NORMAL ?

Ne vous fiez pas trop à cette mâle assurance qui se dégage des autres hommes. Ils donnent l'illusion d'une parfaite entente avec leur corps, mais tout cela n'est souvent qu'apparence sociale et poudre aux yeux. Au fond, le doute est là, inavoué, parfois à soi-même. Beaucoup d'hommes ont encore des complexes, hérités de l'enfance ou de l'adolescence, qui continuent de les obséder.

Se trouvent-ils trop petits ou trop grands ? Freluquets, boutonneux, affublés d'oreilles potagères ou défigurés par un nez mal proportionné ? Non, cela, ils l'admettent plutôt avec indulgence même si leur poids commence à les tracasser sérieusement, comme les femmes, de même que leur pilosité. À ces détails près, ils se sont aperçus qu'on pouvait leur trouver du charme, même avec le physique de Woody Allen. La réussite sociale, familiale ou conjugale a bien aidé à les consoler de leurs petites imperfections. Reste LA chose qui tourmente une bonne partie d'entre eux : la taille ou l'aspect de leur sexe et surtout son fonctionnement. Voilà le point de fixation, même à 30 ans, même à 60 ! Et c'est une surprise... car pour ce qui est de l'anatomie et de la mécanique sexuelle, les adultes se posent les mêmes questions que les adolescents. Quelle est la longueur habituelle de la verge ? Intervient-elle dans le plaisir féminin ? Combien de temps doit durer idéalement un rapport ? Comme s'il y avait une mesure étalon pour faire bonne figure ou une norme implicite du « sexuellement correct ».

Il va de soi qu'un homme ne crie pas sur les toits ses petites failles intimes. Alors comment sait-on ce qui le touche au plus profond de lui-même, en toute humilité ? La vérité apparaît toute nue sur Internet, grâce aux messages recueillis sur les *chats*, tout comme dans le huis clos de la consultation entre médecin et patient. Les enquêtes, sondages et réunions organisés sur le thème de la sexualité permettent aussi de prendre le pouls des inquiétudes du moment, des normes socialement admises ou recherchées.

Une phrase récurrente résume le doute chez le médecin : « Je vous préviens, je n'ai pas été avantagé par la nature. » Comme si, avant l'examen clinique, il fallait préparer son docteur à la Berezina qui l'attend. L'homme montre pourtant la plupart du temps un sexe de taille et d'aspect normal. Preuve que les doutes vécus dans l'adolescence ne se balayent pas si facilement. L'inquiétude qui sommeille s'exprime parfois autrement : « Docteur, c'est normal cette tache ? (ou c'est grave, ces petits points autour de mon gland ?) » La tache a toujours existé, les petits points autour du gland aussi, mais, à l'occasion de la maladie qui l'a poussé à consulter, l'homme va se regarder « à la loupe » donc forcément avoir une vision déformée de son anatomie.

Des hommes si fragiles

Les petits garçons et les ados ont eu le temps de se familiariser avec leur pénis. Ils l'ont caressé, tripoté, observé, mesuré sous toutes ses coutures et même mis au défi pour savoir qui pisserait ou éjaculerait le plus loin. Malgré cette connivence apparente et cet apprivoisement progressif, beaucoup d'hommes ont conservé un « blanc » face à leur sexe et à leur fonctionnement. Ce qui les soumet à de rudes questionnements sur leur virilité, leur intimité et leur paternité : « Mon pénis est-il normal ? », « Suis-je à la hauteur ? », « Simule-t-elle le plaisir lorsqu'on fait l'amour ? », « Suis-je vraiment le père de cet enfant ? », etc. Au fond, ils ne jurent de rien, ne sont sûrs ni d'eux-mêmes, ni de leur partenaire, ni de la filiation avec leurs enfants. Dans ces questionnements physiques et métaphysiques, les testicules ne sont pas en reste, ils symbolisent à eux seuls la puissance sexuelle et la virilité. Une expression en dit long sur la question : « Montre que tu as des couilles ! » (il ne viendrait jamais à l'esprit d'une femme de dire « Montre que tu as une vulve ! »). Alors, quand le doute s'installe sur le phallus ou ses à-côtés, il déteint sur la personne tout entière. Et ce n'est pas un hasard si, dans le dictionnaire, « viril » signifie au figuré courageux, énergique, noble, fort, ferme, vigoureux... Alors moins viril ou plus du tout viril, cela sème carrément la panique !

Les complexes sur le divan

On a beau scruter le miroir, il ne fait que refléter l'image que l'on cache au fond de soi-même. On focalise sur quelque chose de visible et d'extérieur, alors que la véritable faille est interne et profonde. Les complexes sont un peu l'équivalent des abcès de fixation. La personne choisit un thème plausible pour se plaindre. Ça lui permet de dégager tout le reste. Voilà pourquoi on ne renonce pas si facilement à ses blocages. Ils sont salutaires et représentent un bénéfice important. Il est plus facile de se dire qu'on refuse de sortir faire la fête ou des rencontres plutôt que de s'avouer qu'on redoute de ne pas être à la hauteur. On préfère s'en tenir à la première défense qui est une petite imperfection physique. Si l'on prend conscience du processus psychique en jeu – une certaine difficulté à la sexualité ou à la relation aux autres –, on risque de souffrir davantage. Ceux qui souhaitent surmonter leurs craintes en s'acceptant en tant qu'hommes doivent s'engager dans un profond travail sur eux-mêmes. L'idée étant non pas de faire disparaître ses complexes, mais plutôt de les apprivoiser. Cela passe par l'acceptation de soi avec ses petits défauts, donc par le fait de se regarder autrement et peut être d'en sourire aussi. On est toujours pareil, mais on en souffre moins en somme. Pour s'accepter, il existe mille et une ressources, dont la psychothérapie, le théâtre, le sport, tout ce qui aide à aimer son corps ou à comprendre son fonctionnement psychique.

Tout complexe s'inscrit dans une histoire qui remonte souvent à l'enfance et aux parents. « Qu'est-ce qu'on va faire de toi ? », « Tu es un incapable », etc. Avec le temps, on finit par intérioriser cette image négative. Et voilà pourquoi certains hommes charmants se trouvent minables et s'angoissent, tandis que d'autres, adulés par leur mère ou reconnus par leur père, sont bien dans leur peau même avec un physique banal. Ce regard des parents continue d'être posé sur eux et d'agir. Mais comme rien n'est simple, parfois les parents ne sont « ni responsables ni coupables »...

Sur les complexes

Quand un homme est au lit, ses complexes peuvent être balayés si le rapport sexuel s'est bien passé et qu'il s'est montré à la hauteur. Mais en cas de difficulté ou de panne, le ventre rond, les poignées d'amour ou toute autre imperfection serviront de bouée : « Ça n'a pas marché, il faut que je reprenne le sport, dare-dare ! »

◇ Et les femmes, par quoi sont-elles complexées pendant l'amour ?

Elles posent un regard scrutateur et inquiet sur « tout ce qui dépasse », les cuisses, les fesses, elles rêveraient pratiquement d'un corps adolescent. Elles ont le souci de leur image en permanence, dans la salle de bains en se préparant, dans le lit en se protégeant par l'obscurité, au cours du rapport, en choisissant les positions les plus avantageuses pour leur physique et non pour le plaisir. En clair, elles ne lâchent pas prise.

◇ Que faire lorsqu'un complexe nous gâche vraiment la vie ?

La dysmorphophobie est la crainte d'être laid ou l'idée obsédante d'une disgrâce corporelle entraînant un défaut d'estime de soi majeure et un manque de confiance voire une véritable dépression ou phobie. Une demande sur cinq des candidats à la chirurgie esthétique est liée à un trouble profond. Dans plus de la moitié des cas, on retrouve une note dépressive et obsédante chez des patients jeunes ayant toujours souffert d'une partie de leur corps (nez, menton, oreille, sexe, jambes, etc.). Environ 10 % des plaintes s'apparentent à de vrais troubles obsessionnels ou phobies avec traits narcissiques. L'opération en général n'apaise pas ces personnes phobiques. Leur problème physique est résolu, mais leur complexe psychologique demeure. Ils doivent d'une part se réhabituer à leur nouveau corps, d'autre part se focaliser sur un nouveau défaut pour éviter d'être confrontés au pire. Le travail psychothérapeutique sur soi s'avère indispensable (thérapie classique ou cognitivo-comportementale).

Les hommes et la chirurgie esthétique

La demande masculine a considérablement augmenté depuis ces 15 dernières années. On est ainsi passé d'1 homme pour 15 femmes recourant à la chirurgie esthétique autrefois à 1 homme pour 4 femmes aujourd'hui. L'argument massue mis en avant par les hommes est la motivation d'ordre professionnel : dans un monde de compétition et de jeunisme il faut bien présenter. La moyenne d'âge des interventions se situe autour de 35 à 45 ans. Les opérations les plus fréquemment demandées concernent la calvitie avec des micro-greffes de cheveux, la retouche des paupières (blépharoplastie) pour gommer les poches sous les yeux, les rhinoplasties (opération du nez), la liposuccion des poignées d'amour et du menton, le lifting du visage et l'intervention sur les oreilles décollées [1].

1. Source : Françoise Millet-Bartoli, *La beauté sur mesure, Psychologie et chirurgie esthétique*, Odile Jacob, 2008.

◇ Choisit-on ses complexes ?

Pour les hommes, le narcissisme se concentre davantage sur la question « d'en avoir ou pas » au sens propre ou au sens figuré du terme. Ils affirment volontiers leur puissance sociale avec des signes visibles de réussite (belle situation, belle voiture, belle femme, belle maison) et souffrent de ne pas répondre à cet idéal. Physiquement, ils focalisent surtout leur attention sur leur pénis et, bien sûr, son fonctionnement. Plus un homme est fragilisé socialement ou dans ses relations avec les autres, plus il se réfugiera dans ce dernier repère de l'estime de soi, sa virilité.

◇ Ma femme refuse que j'entre dans la salle de bains lorsqu'elle fait sa toilette. Qu'est-ce qui lui prend ?

L'homme pense peut-être qu'il a « tout » accompli avec sa femme, qu'il connaît par cœur chaque centimètre de sa peau, et qu'elle n'a plus rien à lui cacher ; sa présence va donc de soi. Il peut même penser que tant qu'on lui laissera la porte ouverte, il restera toujours aussi intime et complice avec sa femme, qu'elle l'aimera « comme avant », etc. Alors qu'il se joue dans son esprit toute cette fantasmagorie, il a donc besoin d'être rassuré et ne comprend pas ce besoin qu'elle a de se barricader dans la salle de bains. Or il doit bien comprendre que cette histoire concerne l'intimité de sa compagne et ne se joue pas contre lui, que ce n'est pas un rejet de sa personne. Elle a besoin de solitude pour être en phase avec elle-même et se ressourcer. En outre, pour une femme, le corps – vu par son homme – devient nécessairement sexué puisqu'elle extrapole (à tort ou à raison) à tous ces autres regards si explicites. Et elle ne souhaite pas être disponible à 100 %. Elle peut avoir envie de se montrer seulement lorsqu'elle sent belle ou disposée en ce sens. Et puis, à certaines périodes de la vie, comme la grossesse (ou l'après-grossesse, une prise de poids quelconque, une maladie de peau...), elle peut souffrir de la transformation physique, en être véritablement complexée et vouloir se cacher le temps de s'apprivoiser. Même après vingt ans de mariage, la pudeur persiste toujours... Et puis, pourquoi devrait-elle toujours tout justifier ! Le simple fait de demander à être seule devrait suffire selon elle...

L'appareil génital masculin

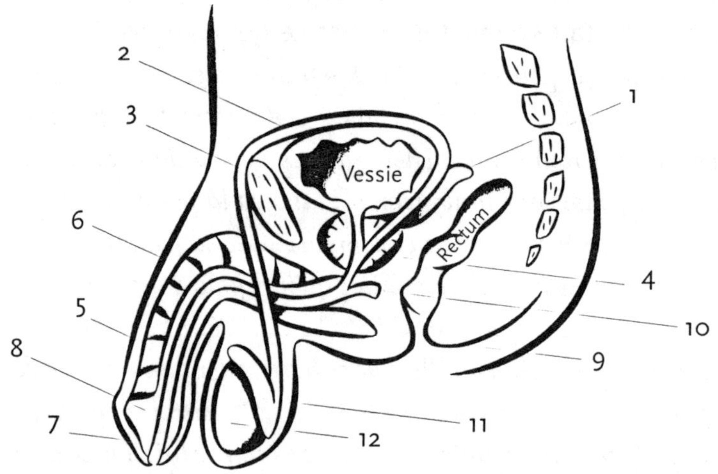

1 Vésicule séminale
2 Parcours des spermatos
3 Os du pubis
4 Prostate
5 Corps caverneux
6 Canal déférent
7 Urètre
8 Bulbe du corps spongieux
9 Sphincter anal
10 Glande de Cowper
11 Épididyme
12 Testicules

Sur le sexe et son anatomie

◇ Quelle est la taille moyenne du sexe au repos et en érection ?

La taille moyenne du sexe au repos se situe entre le minimum et le maximum, donc entre 7 cm et 11 cm, avec un diamètre de 3 cm. Une consolation pour les petits pénis, ils ont tendance à prendre davantage de centimètres en érection, cela a été dûment vérifié et mesuré par les sexologues américains Masters et Johnson.

En érection, le sexe mesure entre 12 et 16 cm en moyenne de l'os pubien à l'extrémité du gland, avec un diamètre de 4 cm. La moyenne mondiale avoisine 13-14 cm. Bien entendu, il existe des verges plus petites (10 cm) et des plus grandes, 20 à 24 cm pour le format Rocco Siffredi. La taille définitive du sexe est atteinte à la puberté, mais elle peut régresser de quelques millimètres avec l'âge à cause d'une déficience hormonale et du tissu qui devient plus rétractile.

Il est important de comprendre ce qui est gênant dans la taille du sexe. Parfois, l'inquiétude s'installe parce que la partenaire n'est pas satisfaite. La compagne de l'éjaculateur précoce lui dit : « Je ne te sens pas. » Lui traduit : « Je ne suis pas assez gros (ou long) » et se focalise sur la taille de son sexe, au lieu de s'intéresser à la durée du rapport.

L'autre exemple fréquent est ce qu'on appelle « le syndrome du vestiaire » : on a beau se dire que tout va bien sexuellement, on s'interroge face aux autres, notamment dans les douches après le sport. C'est au point que certains abandonnent leur pratique sportive de peur de la comparaison. Les métiers à risque sont prévisibles : militaires, pompiers, athlètes, etc. La peur qui prévaut n'est plus celle d'avoir un sexe en érection trop petit, mais un sexe au repos perçu comme insuffisant.

Les testicules sont les glandes génitales de l'homme chargées de la sexualité et de la reproduction. Ils se situent dans les bourses. Ils produisent les androgènes, indispensables au développement des organes génitaux, à la fertilité et à la libido. Les principaux troubles liés à ces glandes sont l'hypogonadisme (testicules trop petits pouvant entraîner une baisse de la fertilité et de la libido) ; la gynécomastie (seins qui gonflent en présence de trop d'hormones féminines, phénomène souvent associé à une obésité).

Comment se rassurer en un clin d'œil

Le pénis vu de haut en bas paraît plus petit que le pénis vu de face. Voilà pourquoi les hommes ont toujours l'impression d'être désavantagés par rapport aux autres lorsqu'ils sont soumis à des comparaisons. Pour vérifier, il suffit de se regarder devant une glace, face à face, « droit dans le sexe », si l'on peut dire. Le pénis en question paraîtra plus grand, comme le voient les autres.

◇ La taille du pénis intervient-elle dans le plaisir féminin ?

La taille intervient peu dans le plaisir féminin pour la bonne raison que, dans la grande majorité des cas, les zones sensibles de la femme sont situées en surface (sur le clitoris) ou à 4 cm de l'entrée du vagin (point G), voire sur les parois attenantes. Ce qui importe, en revanche, c'est la dureté de la verge et la durée du jeu sexuel. La preuve, lorsqu'on améliore d'une façon ou d'une autre la qualité de son érection ou le temps du rapport (grâce, par exemple, aux médicaments sexo-actifs), la partenaire est le plus souvent satisfaite, ce qui prouve bien que la taille du sexe n'était pas en cause. Lors d'un récent congrès [1]*, cette question a été largement débattue par les spécialistes. Il en ressort que la longueur de la verge fait beaucoup fantasmer les hommes et certaines femmes mais qu'en définitive, ce qui renforce le plaisir féminin, c'est surtout le diamètre du sexe masculin.*

À savoir aussi pour se rassurer : pendant la phase d'excitation des deux partenaires, le sexe féminin gonfle et le pénis est littéralement enveloppé par la muqueuse. À ce stade, les mots peuvent venir renforcer les sensations dans l'imaginaire. Il suffit parfois de lâcher : « Prends mon gros sexe » ou « Tu sens comme je vais profond » pour que la partenaire ait davantage de plaisir en faisant l'amour. C'est toute la force du fantasme. Encore faut-il être capable de formuler avec assurance les mots adaptés dans le feu de l'action et que la partenaire apprécie.

◇ Peut-on augmenter la taille de son sexe (ou le grossir) par la chirurgie ?

Oui, la technique porte même le nom de phalloplastie et se déroule en deux temps, l'allongement, puis l'épaississement. Le chirurgien va d'abord désinsérer les ligaments qui maintiennent la verge collée au pubis. Avec un « arrimage » plus léger, la verge semble plus longue de 2 à 3 cm en moyenne. Mais après l'opération, le sexe ballottera à tout vent, au repos et en érection puisqu'il sera moins bien tenu et il n'y aura plus l'angle à 45° comme dans les statuettes représentant le dieu Priape. La seconde étape consiste à réinjecter de la graisse prélevée auparavant sur l'abdo-

1. 18e journées de gynécologie pratique, 2008.

men ou sur la fesse. Le gain est de 2 cm de circonférence. Le sexe paraît alors plus gros. Mais l'inconvénient est qu'il faudra au moins deux, trois ou plusieurs injections supplémentaires pour que le résultat se stabilise durablement, car la graisse disparaît au bout d'un certain temps. L'opération dure 40 minutes, avec une nuit d'hospitalisation. Plusieurs centaines d'hommes se font opérer chaque année, 3 % seulement ont un hypopénis, voire un micropénis (moins de 4-5 cm au repos).

Dans ce dernier cas, si le problème est détecté avant la fin de la puberté (généralement dans le cadre d'une maladie appelée hypogonadisme), les hormones mâles permettent la reprise de la croissance des glandes génitales. Mais si c'est après la puberté, tous les androgènes du monde ne parviendront pas à faire grossir la verge. Il ne reste plus que la chirurgie réparatrice (ou phalloplastie) pour gagner quelques centimètres.

Dans deux situations, l'intervention est inutile : en cas d'insatisfaction sexuelle non consécutive à la taille du sexe (voir question précédente) ; en cas d'obésité ou de graisse localisée au niveau du ventre. La verge, enfouie dans le coussin graisseux, paraît plus modeste. C'est un regrettable effet de trompe-l'œil en somme ; dans ces cas, la lipo-aspiration est plus indiquée que la phalloplastie. Si la bedaine dégonfle, le sexe paraîtra significativement plus grand.

◇ Peut-on muscler son pénis grâce au sport et le faire paraître plus gros ?

Non, pour la simple raison qu'il n'y a pas de muscles au sens classique du terme au niveau du pénis. Celui-ci se gonfle ou se vide grâce à une arrivée massive de sang dans les corps caverneux (de grosses éponges parcourues par un riche réseau san-

guin et nerveux, voir schéma p. 98). Les muscles sur place sont des muscles lisses de soutènement, pas des muscles striés qui peuvent gonfler comme ceux des biceps ou de l'abdomen.

◇ Les techniques d'étirement mécanique du sexe sont-elles valables ?

Il faut se méfier des « méthodes naturelles » d'allongement mécanique du sexe proposées sur Internet, notamment, ou dans les sex-shops, à l'aide d'appareils à porter plusieurs heures par jour ou de séances de gymnastique d'étirement intense du pénis. Là, il peut vraiment y avoir de la casse (voir chapitre 9, « Les maladies d'hommes »).

◇ Les crèmes vendues dans les sex-shops sont-elles efficaces pour faire grandir le pénis ?

Non. Véritable arnaque, ces crèmes doivent être appliquées deux à trois fois par jour pendant quelques minutes. Elles sont censées agir en remusclant le pénis qui n'est pas un muscle, on le répète. Idem pour les patchs totalement inefficaces en vente sur Internet.

◇ Est-il normal qu'un testicule pende plus que l'autre ?

Oui, c'est physiologique, et c'est souvent le gauche qui prend ses aises. Il est normal aussi que les testicules descendent lorsqu'il fait chaud (pour se rafraîchir) et qu'ils remontent lorsqu'il fait froid (pour se réchauffer tout près du corps). La preuve est aisée à établir, il suffit de prendre un bain froid ou chaud et d'observer ce qui se passe. Le vieillissement provoque un relâchement sensible des tissus vers 70 ou 80 ans, cela joue, là aussi, sur la hauteur des bourses qui enveloppent les testicules.

◇ Ma verge est légèrement courbée à droite, ça m'inquiète...

S'agit-il d'une réelle courbure ? Est-elle permanente ou occasionnelle ? Gêne-t-elle le rapport sexuel ? Voilà les questions qu'il faut se poser. Certaines courbures, assez banales au demeurant, sont dues à un frein trop court qui entraîne une tension au niveau du prépuce (la peau qui recouvre le gland à son extrémité). Celui-ci tire alors vers le bas. Il suffit d'une légère incision (plastie du frein) pour que tout rentre dans l'ordre. Il se peut aussi que la courbure soit franchement exagérée et gêne ou empêche le rapport sexuel. C'est le cas dans la maladie de Lapeyronie qui survient vers la cinquantaine, le plus souvent (voir chapitre 9, « Les maladies d'hommes »).

Sur les érections

◇ Pourquoi mon pénis n'est-il pas en érection à la verticale comme chez les autres ?

L'angle du pénis varie selon l'âge et les personnes. Il a plutôt tendance à être aigu chez l'homme jeune et nettement moins ensuite. Mais une fois encore, ce qui importe pour le plaisir, quel que soit l'âge, c'est la dureté de la verge et non sa taille ou son orientation.

◇ Est-il normal de ne plus bander le matin ?

Certains hommes s'inquiètent d'avoir moins d'érections et s'imaginent déjà semi-grabataires au moindre signe de fléchissement. Ils consultent assez vite pour cela. Ce qui importe vraiment, au plan médical s'entend, ce n'est pas d'avoir moins d'érections, mais d'en avoir encore, on est assuré alors que « la tuyauterie » est indemne. La cause du trouble est sans doute psychologique, il suffit d'être inquiet et absorbé par un problème (professionnel, relationnel) pour que toute l'énergie psychique soit parasitée et que l'érection disparaisse momentanément. En revanche, si les érections sont absentes le matin et instables au cours des relations sexuelles, là, il peut être souhaitable de consulter le médecin.

◇ À partir de quel âge les érections sont-elles plus longues à obtenir ?

Plus on est jeune, plus le temps de réponse est rapide, voire immédiat. Au-delà de 50 ou 60 ans, il faut davantage de stimulations et de temps pour réagir, parfois plusieurs minutes. Une jolie femme ne suffit plus à déclencher une réaction, même si elle propose une stimulation adéquate ! Mais quel que soit l'âge les solutions existent. On le verra en détail aux chapitres suivants.

Sur le sperme

◇ Je n'ai plus de sperme (il est sec, il est jaune). Est-ce inquiétant ?

Le volume de sperme émis au cours du rapport sexuel, de la fellation ou de la masturbation diminue avec l'âge et se concentre, d'où la couleur blanche ou jaune observée parfois. Il n'y a pas de lien entre la puissance sexuelle et le volume émis et, contrairement à ce que craignent certains hommes, on ne devient pas impuissant si l'éjaculat devient minime. Quelques chiffres quand même : ce dernier représente une fourchette de 2 à 5 cm³, soit l'équivalent d'une cuillère à café. Au-delà, on parle de polyspermie, au-dessous, d'hypospermie. Les petits éjaculats sont favorisés par des rapports très rapprochés. Il faut trois jours chez l'homme jeune pour que le stock de spermatozoïdes se reconstitue complètement.

◇ Quand j'éjacule, il n'y a plus de jet, c'est tout mou. Dois-je prendre des vitamines ou des dopants ?

Chez l'adulte jeune, l'absence de jet au cours de la masturbation ou de la fellation signifie simplement que les rapports sont rapprochés. Chez l'homme plus mûr, il est classique que la pression diminue et que le jet s'amenuise. Là encore, pas d'inquiétude, ce n'est pas le prélude à une perte de virilité ou à une impuissance, ni même à de l'asthénie (les dopants ou vitamines n'ont que peu d'intérêt ici). À noter tout de même qu'en cas d'intervention chirurgicale sur la prostate, il peut y avoir une éjaculation rétrograde vers la vessie et non vers l'extérieur. Il faut absolument en être averti avant pour ne pas dramatiser davantage la situation.

Sur les signes supposés de virilité

◇ J'ai beaucoup de poils, est-ce la faute aux hormones mâles ?

Au plan physiologique, les poils et la calvitie sont associés à une plus grande virilité. Plus il y a d'hormones mâles (testostérone) qui circulent dans le sang, plus la pilosité augmente et plus le crâne se dégarnit. Cela dit, il faut nuancer tout cela en fonction du patrimoine génétique ou de l'appartenance ethnique. Les Indiens et les Asiatiques sont pratiquement imberbes et n'ont rien à envier aux autres, question vigueur sexuelle. Ces dernières années, la mode était à l'unisexe, donc aux hommes lisses, quasi efféminés (ils n'hésitaient pas à s'épiler pour mieux séduire). Mais voilà qu'il redevient très tendance d'avoir une toison à la Sean Connery, histoire d'afficher sa mâle présence, manière 007 ! Dans le même élan, la calvitie gagne du galon, notamment dans la pub (voir Barthez et consorts).

◇ J'ai de la poitrine comme une femme, comment soigner ça ?

Certains hommes, un peu forts, voire franchement obèses, ont de la poitrine à la place des pectoraux (gynécomastie), ce qui peut les gêner à la plage ou dans l'intimité. Le surpoids provoque une augmentation de la graisse stockée qui se transforme en œstrogènes, c'est-à-dire en hormones féminines, grâce à une série de réactions métaboliques. Ces hormones agissent sur les récepteurs des glandes mammaires. La solution est d'abord la perte de poids, ensuite un rééquilibrage hormonal, voire une lipo-aspiration au niveau des seins si la graisse est très localisée. Il se peut aussi que la poitrine se développe chez les sportifs dopés aux hormones mâles. En excès, elles peuvent aussi se transformer en œstrogènes et entraîner une gynécomastie.

◇ À 30 ans, j'ai encore une voix de petit garçon, y a-t-il une solution ?

Alors que la puberté s'est achevée depuis longtemps, la voix peut rester « haut perchée » comme si les cordes vocales avaient échappé à l'inondation hormonale de l'adolescence. Les spécialistes parlent de « mue faussée ». Les raisons de ce décalage entre le physique et la voix sont parfois d'ordre psychologique, comme un dernier point d'ancrage à l'enfance, ou le vestige d'un ancien conflit. Le phoniatre (médecin de la voix) peut aider à trouver une voix plus mature à l'aide d'exercices précis. Quand la voix reste trop aiguë malgré la rééducation vocale, il est possible d'agir directement sur les cordes vocales en injectant de la graisse ou du collagène pour les alourdir, ce qui modifie leur tessiture et leur donne plus de poids. Ce traitement permet de descendre de trois à cinq tons, ce qui est vraiment significatif.

◇ Est-on moins fertile lorsqu'on a un petit sexe ?

Le plus souvent, même des testicules de taille modeste sont opérationnels et fabriquent les hormones et spermatozoïdes nécessaires à la fonction de reproduction. Toutefois, les très petits testicules associés à un micropénis peuvent signaler un problème hormonal. La meilleure façon de s'en assurer est alors de procéder à un examen du sperme pour la fertilité et à un dosage de la testostérone (voir aussi le chapitre 7, « Contraception et désir d'enfant »).

Sur les poils

Tous les follicules pileux réunis sur le corps produisent l'équivalent de 12 km de poils par an. C'est dire leur activité sans relâche. Mais toute cette énergie, pour quoi faire, à votre avis, puisque les poils ont perdu leur fonction ancestrale de tiède fourrure protectrice ? C'est pour attirer l'œil sur les zones érogènes, évidemment, et flatter les narines des partenaires, car les poils sont des postes avancés diffuseurs d'odeurs très appréciées ! On trouve au niveau du pubis et des aisselles des glandes sudori-

pares vraiment spéciales. Au lieu de sécréter une sueur banale, elles émettent une substance laiteuse et des phéromones (hormones odorantes) qui excitent la libido.

Cependant, les hommes n'échappent pas au diktat du lisse via la publicité et le rôle joué par le milieu homosexuel. Selon un sondage Ipsos (2005) près d'un homme sur cinq, qu'il soit hétérosexuel ou homosexuel, adulte ou adolescent, s'épile ou se fait épiler les poils du torse, des épaules, etc., le plus souvent au rasoir ou à la cire jetable.

Tous les éléments semblent donc ligués contre ce passé animal. La technologie a rendu la chose plus facile, ô combien.

◇ Pourquoi est-on très poilu ?

Les hommes un peu trop poilus ont les mêmes récepteurs hormonaux et reçoivent les mêmes qualités d'hormones que les autres. Alors, la différence s'explique soit par une hérédité, soit par une sensibilité particulière aux hormones mâles circulantes. Ceux qui souffrent d'hyperpilosité fabriquent plus de poils partout. Quand l'excès pileux est localisé (dos, fesses, thorax), de plus en plus d'hommes recourent à l'épilation au laser sur la zone concernée.

◇ Pourquoi l'épilation au laser demande-t-elle tant de temps ?

Le poil connaît trois périodes dans sa vie : une première, de croissance (phase anagène) ; une seconde, de repos (phase catagène) ; une dernière, de chute (phase télogène). La destruction définitive du poil ne peut avoir lieu qu'en période de croissance et, pour épuiser le capital pileux d'une zone, il faut plusieurs séances étalées sur un an, voire davantage. Le cycle complet du poil dure 6 à 18 mois selon les zones.

◇ Les hormones sont-elles impliquées dans la chute des cheveux ?

C'est souvent le cas. Les androgènes plus l'hérédité font pousser les poils et chuter les cheveux. Les traitements anti-chute par voie orale ou locale sur le cuir chevelu sont utiles pour ralentir le mouvement, à condition d'être pris tôt et toute sa vie durant. Mais il faut savoir que ce sont des anti-hormones mâles, il existe donc un risque sur la libido.

◇ En vieillissant, fabrique-t-on moins de poils ?

Avec le temps, les poils vieillissent eux aussi, deviennent gris, puis blanc. Les cellules de la base du follicule pileux, épuisées par des décennies de bons et loyaux services, cessent de fabriquer leur pigment noir, la mélanine. Le diamètre diminue et les structures deviennent de moins en moins vaillantes. Apparaît alors une cruelle différence entre les hommes et les femmes, à l'avantage de ces dernières : chez les femmes, les poils du corps vont decrescendo avec la vie alors que chez les hommes, c'est l'inverse. À 40 ans, ils ont plus de poils qu'à 20 ans, surtout sur le torse, les épaules, mais pas d'exagération quand même, ils ne se métamorphosent pas en yétis !

Sur les odeurs

Les glandes sudorales eccrines (entre 2 et 5 millions d'unités) sont réparties sur tout le corps et principalement impliquées dans la régulation de la température corporelle. Elles sécrètent une sueur claire et aqueuse, mélange d'eau et de sel. Les glandes sudorales apocrines se trouvent essentiellement sur des zones pileuses comme les aisselles, les paupières, les seins et les organes génitaux. Leur activation est déclenchée par l'excitation sexuelle ou des émotions telles que la peur ou le stress. Le liquide sécrété est plus visqueux.

Les odeurs font partie du quotidien et sont l'un des ingrédients importants du désir. Pourtant, depuis quelques années, notre odorat est devenu chatouilleux, exigeant, quasi « contre-productif » si l'on s'en tient à l'acharnement que certains (et certaines) mettent à gommer tout effluve avant l'amour. Or, toutes proportions gardées, les femmes et les hommes ne dédaignent pas les petites odeurs bien typées sexuellement, elles excitent. Tout le monde se souvient de la célèbre phrase de Napoléon à Joséphine après plusieurs mois de campagne : « Ne te lave pas, j'arrive ! » Les femmes restent en revanche très chatouilleuses sur la propreté du gland qu'il convient de nettoyer en le décalottant avant le rapport sexuel, car l'odeur « forte » que l'on ne sent pas soi-même peut être incommodante pour elles. Voilà parfois l'explication à certains refus catégoriques de fellation. L'éducation ou la bienséance ne sont pas seules en cause.

◇ Comment réduire les odeurs de transpiration ?

L'eau et le savon sont particulièrement efficaces. On peut aussi jouer sur les vêtements. Les matières naturelles comme le coton et le lin permettent des échanges d'air et limitent la transpiration. Inversement, les matières synthétiques prêtent au confinement et piègent les odeurs. Une « petite coupe » régulière des aisselles est possible sans aller jusqu'au rasage, les poils étant des piégeurs d'odeurs. Enfin, des déodorants légers peuvent prendre le relais. Les produits préventifs, encore appelés « anti-odeurs », agissent grâce à un agent antibactérien qui neutralise les micro-organismes responsables de la dégradation de la sueur et masque les effluves en formation. Ces déodorants s'adressent aux personnes qui transpirent peu car l'effet camouflage est de courte durée. Les capteurs d'odeurs sont les plus efficaces. Ils reconnaissent les substances chimiques malodorantes, les piègent dans leurs molécules et les suppriment. Cette formule est surtout utile pour les personnes qui transpirent modérément, mais dont l'odeur est désagréable. Leur action est limitée à cinq ou six heures maximum.

◇ Je transpire énormément quand je suis stressé ou pendant l'amour. Que puis-je faire ?

Pour une transpiration importante, on peut commencer par utiliser des antiperspirants (à base de sels d'aluminium et d'extraits de plantes à l'action astringente). Ils agissent directement au cœur du problème en limitant l'excès de sudation. Si ça ne suffit pas, l'injection de toxine botulique par un dermatologue ou un médecin esthétique est une voie intéressante pour diminuer de façon importante l'hypersudation (aisselles en particulier). L'effet s'épuise au bout de 7 à 12 mois selon les cas et on peut recommencer les injections. Enfin, si le reste ne convainc pas, on peut tenter la chirurgie. Celle-ci consiste à retirer une partie des glandes sous les aisselles.

Sur la peau

La peau est la plus étendue des surfaces sensorielles : 18 000 cm2 chez un adulte. Elle reflète fidèlement ce qu'elle a vécu au plan psychique comme au plan physique, les émotions mais aussi les assauts répétés du temps, du soleil, du tabac, de l'alcool, de certains médicaments ou l'existence de maladies,

Plutôt que d'être « mal dans sa peau » sans oser affronter le regard de sa compagne ou d'une amoureuse, mieux vaut consulter un spécialiste, le dermatologue, pour un véritable état des lieux. Pourquoi rester tourmenté des années durant par son apparence, alors que l'épiderme peut parfois être nettement amélioré en quelques séances (acné, rosacée, etc.). Les traitements dermatologiques et la chirurgie esthétique ont accompli des progrès immenses ces dernières années.

◇ Mes joues piquent des fards et j'ai un nez d'alcoolo, existe-t-il un traitement ?

La rosacée est une maladie inflammatoire d'origine vasculaire qui touche les hommes aussi. Elle peut se manifester par des rougeurs transitoires ou permanentes au niveau du nez et des pommettes, des petits vaisseaux dilatés (stade d'érythro-couperose) ou des boutons inflammatoires. Cette maladie évolue par poussées, déclenchées pour certaines par des repas trop épicés ou alcoolisés, un changement brutal de température, un exercice trop soutenu... Un dermatologue peut faire le diagnostic de la rosacée et proposer à chaque stade la solution la plus adaptée. Le traitement est efficace habituellement, il repose sur la prescription de médicaments antibiotiques à appliquer localement (émulsion, crème ou gel) ou à prendre par voie orale. Il peut être complété de quelques séances de lasers vasculaires très utiles dans cette indication.

◇ J'ai encore des boutons d'acné comme à l'adolescence, comment en sortir ?

Il peut s'agir de causes hormonales, mécaniques (arrachage intempestif de poils) ou de facteurs favorisant les éruptions occasionnelles de boutons moins évidents (infections dentaires, sinu-

sites, ou infections au niveau digestif). Les mécanismes de l'apparition de ces boutons étant différents, les traitements prescrits par le médecin le seront aussi. Avec le Roaccutane® très efficace dans cette indication mieux vaut être averti des effets indésirables : sécheresse de la peau, des yeux et de la bouche notamment. Les conducteurs de véhicules et les utilisateurs de machines doivent connaître le risque de baisse de la vision nocturne.

Sur les bizarreries de la nuit

Le corps se permet parfois des bizarreries le soir qui laissent tout étonnés voire franchement désarmés, surtout si la chère et tendre dort tout à côté. Les facéties corporelles s'expliquent et se soignent le plus souvent.

◇ Je grince des dents, je n'ose passer toute une nuit avec elle. Comment me débarrasser de ce tracas ?

Le stress est souvent en cause dans le fait de grincer des dents la nuit, donc tout ce qui peut contribuer à se détendre est bon à prendre : yoga, méditation, sport... Mais là ne s'arrête pas le conseil. Pour lutter contre l'usure dentaire inexorable et le gonflement des muscles de la mâchoire disgracieux à force d'être hypertrophiés, le remède souverain (aux résultats prouvés scientifiquement) est l'injection de toxine botulique (autrement dit de botox) dans les muscles idoines. Le succès est assuré parfois en une seule séance (plus on est jeune, plus c'est efficace du premier coup). Sinon, le médecin stomatologue ou le chirurgien maxillo-facial renouvellera l'injection à la demande tous les ans ou tous les deux ans pour maintenir les résultats. On peut aussi essayer le port de gouttières dans la bouche pendant la nuit, mais au début d'une relation, c'est... risqué.

◇ J'ai le pied qui remue, ça la réveille, que faire ?

Le « syndrome des jambes sans repos » n'est pas une partie de plaisir, pour soi comme pour la dormeuse à proximité. À peine couché, des impatiences avec picotements se manifestent au niveau des jambes (ou des bras), avec sensations de brûlures, contractures, agacements, énervements, décharges électriques, engourdissement, qui rendent la position immobile pénible. Il faut se lever, se masser, bouger les jambes, essayer de se rendormir. Et lorsqu'on y parvient enfin, le plus souvent des mouvements des pieds et des jambes entraînent des micro-éveils sans que le dormeur s'en rende compte. Ils sont responsables d'une grande fatigue au réveil. 8,5 % des personnes souffrent de ce trouble. Il existe sans doute une composante génétique à cette maladie mais pas seulement. Sa fréquence augmente avec l'âge, avec certains troubles (comme l'anémie et des anomalies du métabolisme du fer), et dans certaines situations (comme la prise d'antidépresseurs). Selon la spécialiste du sommeil le Dr Sylvie Royan-Parola, les myorelaxants, les antiparkinsoniens ou les antiépileptiques améliorent nettement ces symptômes désagréables.

Un contact : Association française pour les personnes ayant le syndrome des jambes sans repos), 28 rue de la Montagne, 45390 Puiseaux – 02 38 34 32 80 – www.afsjr.fr – afsjr@afsjr.fr.

Et un site pour tous les troubles du sommeil : http://www.reseau-morphee.org.

◇ Je ronfle la nuit, elle menace de faire chambre à part...

Plusieurs organes sont impliqués dans le ronflement : la langue, le voile du palais (situé au fond de la gorge) et le nez. L'air passe mal et des turbulences surviennent dans les zones de rétrécissement. Il existe des petites et des grandes solutions, à choisir selon l'importance ou l'origine de la gêne. Le bon sens : modérer l'alcool qui relâche temporairement les tissus et transforme un doux zéphyr en tornade nocturne. Modérer aussi la cigarette qui, elle, entraîne un relâchement durable des tissus du voile du palais (les fumeurs ronflent en moyenne une dizaine d'années avant les non-fumeurs). Perdre du poids est souvent salutaire. Plus on est enveloppé, plus la base de la langue est épaisse, et moins l'air circule facilement. Chaque kilo perdu représente un gramme de langue en moins, ce qui a un impact décisif pour certains. Les bandelettes nasales, souvent utilisées par les sportifs pour mieux s'oxygéner, écartent les ailes du nez et augmentent le flux d'air. Elles ont un effet positif sur certains types de ronflements. Les aérosols ont une incontestable utilité, pas pour supprimer la chose, mais pour réduire significativement les décibels et rendre plus supportable le ronflement. Restent les grands moyens : la chirurgie classique, le laser et le traitement du ronflement par radiofréquence. Aucun traitement n'est la panacée, avec souvent des récidives, le choix dépend des indications de départ.

4

L'AMOUR, AVANT, PENDANT, APRÈS

Quand un homme « fonctionne » bien, quelle que soit sa partenaire, sa sexualité est facile, satisfaisante, épanouie. Il ne se pose pas de question sur ses capacités ni sur ses performances, ce qui est d'ailleurs le meilleur moyen d'éviter les pannes sexuelles.

Les conditions pour ce bien-être sont finalement assez élémentaires : il lui faut d'abord être rassuré, ensuite stimulé. Dans cet ordre. La réassurance vient de d'abord de soi, puis de l'autre. Ce sentiment se tisse autour de petites choses : partager ensemble une complicité, un passé, un avenir ou une nuit. Se sentir bien avec la femme qui est dans son lit, désiré sous son regard, porté par son envie. Cela suffit à lever tous les obstacles et toutes les peurs.

Néanmoins, même dans ce monde idéal, surviennent parfois des chutes de régime, des orgasmes un peu moins accomplis, des sensations un peu plus banales... Il suffit d'être tendu, pressé, ou moins en phase avec sa dulcinée. La disponibilité d'esprit, le temps et la connivence ont une influence évidente sur la réussite de l'échange amoureux. Et bien sûr, comme l'amour se fait à deux, la femme, elle aussi, doit se sentir détendue et disponible. Au fond, ce qui serait vraiment étonnant, ce serait de réussir des rapports sexuels satisfaisants et constants à chaque fois. Qu'il y ait des variations est tout simplement inévitable. Les hommes en sont surpris et inquiets, leurs partenaires s'en étonnent moins et l'acceptent sans se remettre en question. On a coutume de dire que la sexualité de l'homme est limpide et se résume à une banale alternative *on-off*. Désir = érection. Absence de désir = repos. C'est évidemment trop simpliste et on découvre toute la complexité du fonctionnement masculin dès lors que « ça ne fonctionne plus ». Cette réactivité de circonstance, qui serait de l'ordre du réflexe instinctif, masque une réalité guidée par l'émotion et l'inconscient, comme chez la femme.

L'orgasme sous toutes ses coutures

Que ce soit du côté masculin ou féminin, le rapport se décompose en quatre phases physiologiques précises qui se suivent : la phase d'excitation, la phase en plateau, l'orgasme, puis la phase de résolution appelée aussi phase de détumescence chez l'homme.

→ La phase d'excitation

Elle correspond à la montée du désir et à l'érection qui sont deux phénomènes bien distincts. Chez les mammifères (cheval, chien, baleine), et même chez certains singes éloignés de nous, il existe un os dans le pénis plus ou moins développé qui permet la pénétration au cours du rapport sexuel, quelles que soient les circonstances. Chez l'homme, pas de telles béquilles, pas le plus petit appendice osseux, ni même le moindre bout de cartilage. Le pénis est constitué de... deux « éponges », appelées corps caverneux, subdivisées en minuscules cavernes qui se gorgent de sang au cours de l'érection. Comme le pénis est entouré d'une enveloppe non extensible, il se gonfle comme une éponge et se redresse lorsqu'il est « plein », le gland peut devenir plus rouge, à cause de l'afflux sanguin. Quand la pénétration a lieu, le prépuce est alors décalotté ; l'orifice (ou méat urinaire) qui permet la sortie du sperme triple de volume. Chez 20 % des hommes environ, il en sort parfois, quelques gouttes translucides, visqueuses et blanches, appelées « rosée du désir ». Cet écoulement non systématique peut précéder la sortie du vrai sperme. La phase d'excitation dure généralement quelques minutes. Mais attention, une érection très ferme peut être perdue en une poignée de secondes seulement. Il suffit à un homme de s'apercevoir que sa partenaire pense à autre chose ou le juge maladroit. Son prépuce trop serré peut encore frotter douloureusement au cours du rapport, ce qui gênera l'érection ou réduira son maintien. Enfin, le désir peut être si fort que l'éjaculation viendra trop vite et sera immédiatement suivie d'un ramollissement du pénis. De la même façon, une femme peut cesser d'avoir une lubrification (l'équivalent de l'érection pour l'homme) en quelques instants à cause d'un stress ou d'une pensée désagréable (crainte d'être surprise, parole ou geste déplaisant, enfant qui s'agite à côté, etc.). Cette « panne sèche » rend alors le rapport plus difficile.

La structure interne des corps caverneux

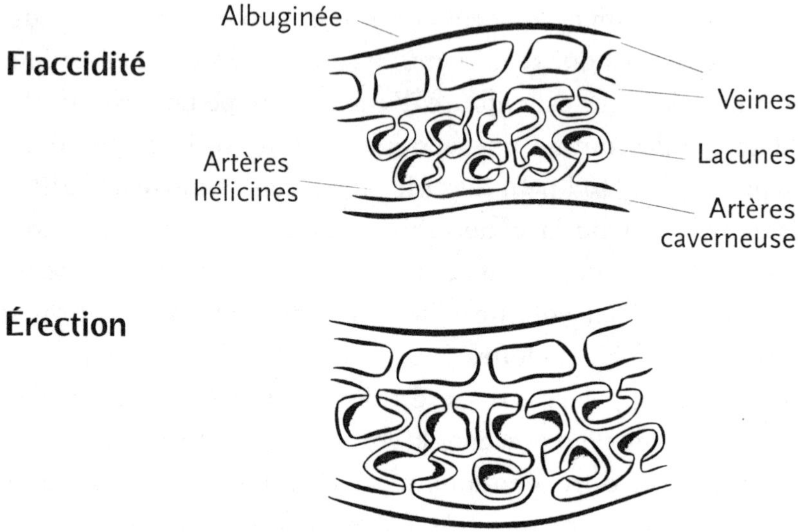

→ La phase en plateau

C'est la période de plaisir et de maintien de l'excitation. Quand tout va bien, l'érection est alors plus régulière et constante. Les testicules augmentent leur volume de 50 % et se rapprochent au maximum du périnée (bas-ventre). Le rythme cardiaque augmente, la respiration s'accélère, le haut du corps et le visage rougissent. Cette phase dure plus ou moins longtemps selon le contexte et l'expérience de l'homme : de quelques secondes à quelques dizaines de minutes.

→ L'orgasme

C'est habituellement une sensation de volupté intense, proche de l'ivresse, qui s'accompagne d'une perte relative de contrôle. Il ne dure que 8 petites secondes en moyenne. Les vésicules séminales, l'urètre, le canal déférent se contractent. 4, 6, 8, jusqu'à 12 impulsions saccadées toutes les 0,8 seconde. Ils propulsent le sperme à une vitesse de 18 km/h les meilleurs jours : c'est l'éjaculation. À 20 ans, le jet peut atteindre 60 cm de distance (hors du vagin, bien sûr). Des sensations plus profondes, venues de la prostate, peuvent s'ajouter à cet « orgasme pénien ». Elles surviennent de manière réflexe ou grâce à une stimulation adéquate et s'étendent à tout le corps.

Les quatre phases de l'orgasme

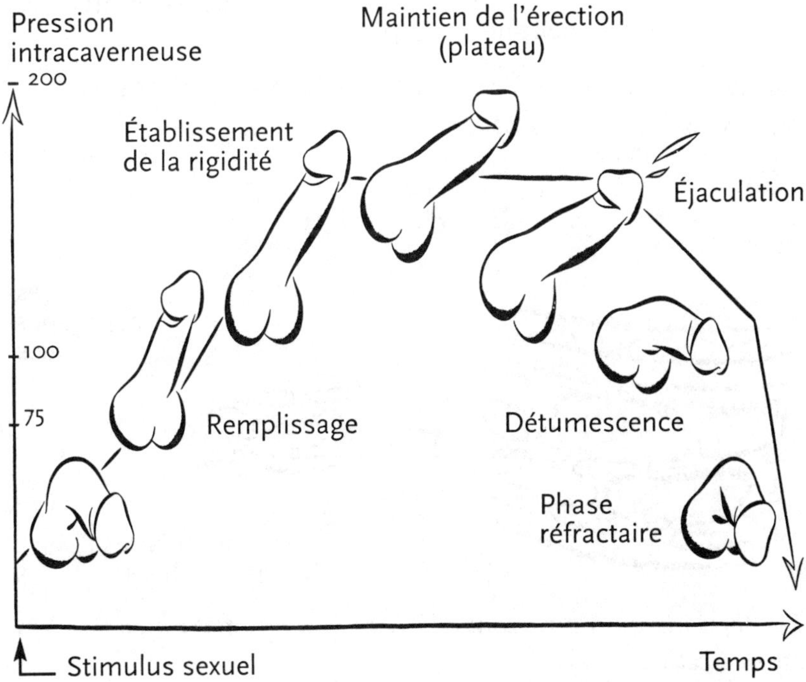

Mécanisme de l'érection

L'érection est due à une bonne circulation du sang dans la verge.

État de flaccidité

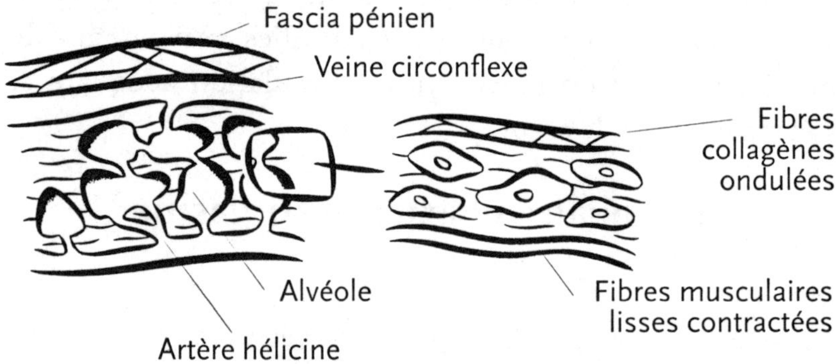

Les fibres musculmaires sont contractées, le sang circule mal, la verge reste flaccide (molle).

État d'érection

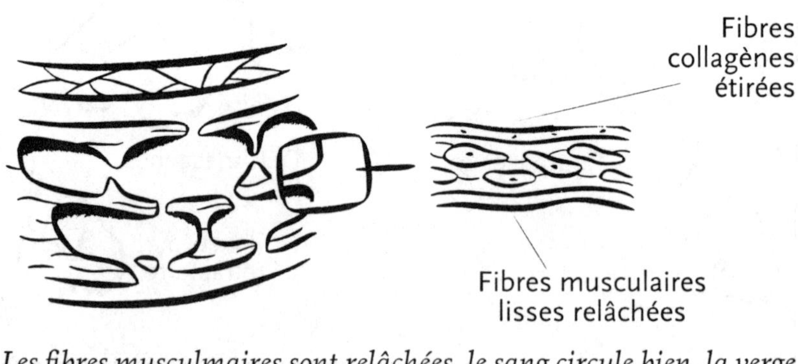

Les fibres musculmaires sont relâchées, le sang circule bien, la verge est en érection.

→ La phase de résolution

Elle correspond à la perte de l'érection. Les corps caverneux se relâchent et se vident de leur sang par le système veineux, ce qui fait dégonfler le pénis plus ou moins vite. Pendant la période réfractaire, très courte chez les adolescents (quelques minutes), mais beaucoup plus longue chez les hommes mûrs ou âgés (jusqu'à 36 heures), il est impossible d'être à nouveau en érection. Beaucoup d'hommes ont une irrésistible envie de dormir après l'amour. La chute brutale de la tension entraîne un besoin de repos physiologique. Cet état traduit, au sens propre comme au figuré, le sentiment « d'avoir été vidé », d'avoir les « jambes coupées » et de « planer » agréablement.

Comment sortir de cet éloignement physiologique parfois habité de vague à l'âme ? Il suffit de redoubler de vigilance à ce moment précis pour ne pas sombrer dans le sommeil. Les premières minutes passées, l'envie de s'assoupir s'estompe. Il est alors plus facile d'être présent auprès de sa partenaire qui, souvent, réclame de la tendresse et de l'attention à ce moment-là.

Comme des bêtes ?

Parfois, les comparaisons peuvent nous en apprendre beaucoup sur nous-mêmes. Il suffit d'aller observer un quadrupède brouter dans un champ pour avoir cette révélation évidente et lourde de conséquence : les mâles cachent leurs attributs sexuels entre leurs pattes, alors que les femelles les exposent à tout venant. Leurs orifices sont offerts aux regards dès qu'elles lèvent la queue. Les bêtes font l'amour par-derrière, ce qui n'incite pas vraiment au badinage. Avec l'évolution des espèces, l'homme est devenu bipède. Et ce redressement a tout bousculé. Ses « parties » précieusement cachées se sont trouvées révélées au grand jour. Alors que la femelle, devenue femme, a connu un mouvement inverse. En se redressant, elle a tout caché, ce qui a eu les conséquences que l'on sait sur la sexualité humaine… L'amour s'est fait face à face, permettant la rencontre de l'autre et la conversation.

En allant piocher dans

[1], on apprend encore tout ceci en vrac : ce ne sont pas les plus grosses bêtes qui sont les plus gâtées question sexe. La preuve, chez l'éléphant, l'accouplement dure 20 secondes chrono, mais la girafe joue les prolongations pendant 30 minutes et la souris… 12 heures d'affilée pendant 13 nuits de suite. Qui dit mieux ? Le lion peut-être, il a été observé à copuler 86 fois en une journée !

Chez l'homme, le sperme éjaculé atteint en moyenne 3 ml (pas de quoi monter aux rideaux). Chez le chien, c'est déjà le double. Chez le cheval, 20 fois plus (70 ml environ). Chez le cochon, tenez-vous bien : 250 ml, soit le contenu d'une canette de bière !

Les animaux se reproduisent à date fixe, avec un calendrier bien précis des amours : le but est de se reproduire au meilleur moment de l'année pour que les descendants survivent. Chez l'homme, rien de tel, la reproduction est totalement déconnectée de la sexualité (grâce à la contraception notamment). On fait l'amour quand bon nous chante, par plaisir, par amour, par devoir, par « hygiène », pour faire des enfants… Ce changement de rythme a eu des répercussions inespérées, la génitalité devenue sexualité a permis l'avènement de l'érotisme et de la sensualité…

1. De Dominique Léonie, éd. Hors Collection, 1998.

Hommes ou femmes, quelles différences pendant l'amour ?

D'un point de vue physiologique

Les femmes ont une phase d'excitation et une phase en plateau très progressives, donc mettent plus de temps à atteindre l'orgasme. Voilà pourquoi il est important de prolonger les caresses et les préliminaires (10 à 20 minutes dans l'idéal). Une enquête a d'ailleurs montré qu'au bout de ce temps, la probabilité de jouissance des femmes devenait maximale. Les femmes peuvent avoir un orgasme diffus qui s'étend à tout le corps, les hommes, au moins au début de leur vie sexuelle, ont un orgasme plus localisé au niveau des organes génitaux. Ils peuvent cependant apprendre à cultiver leur sensorialité. L'intensité de plaisir au cours de l'orgasme féminin décroît lentement, les femmes ont donc (habituellement) un peu moins envie de somnoler après l'amour.

Enfin, certaines n'ont pas de période réfractaire et peuvent avoir plusieurs orgasmes d'affilée sans faire de pause (elles seraient 10 à 15 %). Ces femmes-là peuvent être insatisfaites avec un seul orgasme, même intense. En ce cas, mieux vaut « prévoir » et réserver son éjaculation pour le dernier orgasme.

D'un point de vue psychologique

Nombreux sont ceux qui estiment que la sexualité masculine est simple, mécanique, immédiate, qu'elle se résume à une pénétration et à une domination. La sexualité féminine serait, en revanche, plus complexe, sentimentale, passive et tendre, avec de longs préliminaires et une dimension d'accueil. C'est loin d'être toujours vrai et, depuis la libération sexuelle, les choses ont largement évolué. Les femmes n'ont pas forcément besoin d'être amoureuses pour faire l'amour, mais elles sont très sensibles à la connivence et à la complicité. Certaines aiment le sexe pour le sexe, comme les hommes, et le revendiquent ; elles sont encore peu nombreuses, pour combien de temps ?

Côté homme, faire l'amour est plutôt vécu comme un plaisir et une détente. L'acte sexuel dilue toutes les tensions, canalise l'énergie et permet de se sentir mieux. C'est aussi le moyen de prouver sa tendresse et de montrer en actes ce que l'on ressent. Côté femme, au début d'une relation, cela peut être pareil, mais avec le temps et la vie de famille à gérer, le rapport peut être considéré comme une fatigue supplémentaire, un exercice coûteux en énergie et en disponibilité. Et pour ce qui est de la tendresse, les femmes l'expriment avec des mots ou avec des attentions pas nécessairement sexuelles. Cela a des conséquences directes : les hommes (qui fonctionnent bien) peuvent avoir envie de faire l'amour n'importe quand, lorsqu'ils sont excités, amoureux, et même lorsqu'ils sont irrités, énervés ou inquiets. Les femmes préfèrent en général attendre d'être dans des conditions optimales (détendues, disponibles, épanouies...), sauf en cas de nouvelle rencontre. La plupart des hommes aiment faire appel aux fantasmes pour stimuler leur libido et renforcer leur plaisir. Les femmes (pas toutes) semblent moins à l'aise dans ce domaine. Cet exercice mental peut leur sembler moins spontané, voire impossible. Certaines estiment que de laisser ainsi leur esprit vagabonder vers des pensées érotiques et transgressives est une trahison ou quelque chose de pas très convenable.

→ Et pour le septième ciel, on fait comment ?

Il faut distinguer « le rapport parfait » et le « rapport vite fait » qui se passe de commentaire. Le premier est un idéal vers lequel on essaie de tendre. C'est le cas lorsqu'on découvre l'autre et que l'on est très amoureux ou complice ; c'est aussi le cas lorsqu'on sort d'une longue abstinence.

Ce rapport se prépare, il dure, on y repense. Il ne se produit pas tous les quatre matins. Certaines conditions sont importantes à sa réalisation.

Pour majorer son plaisir, il faut savoir en donner suffisamment à sa partenaire, ce qui alimente sa propre excitation. Et pour cela, elle a besoin de temps et de préliminaires. Il est important de la caresser hors des zones sexuelles pour commencer (se rappeler qu'une femme a des zones érogènes sur tout le corps). Laisser glisser ses mains ou sa bouche sur ses hanches, son cou, ses cheveux. Ne faire qu'effleurer les zones « signifiantes », les fesses, les cuisses, les seins, le sexe, pour n'y revenir que plus tard. C'est un doux massage relaxant, une mise en condition. Sa réaction, ses mots, sa respiration diront là où il faut s'attarder, repasser, s'en aller. Les caresses peuvent être accompagnées de mots stimulants. La difficulté est de savoir lesquels et à quel moment. Il s'agit de se montrer subtil et attentif : parfois, la femme sera prête à recevoir de grandes déclarations romantiques comme « Je t'aime comme je n'ai jamais aimé personne » qui embraseront son désir et l'aideront à entrer en symbiose. Parfois, elle acceptera d'entendre les mots les plus crus. Pour le savoir, pas d'autre solution que la tester discrètement et changer de répertoire si sa réaction est neutre ou franchement contrariée.

Une fois la partenaire excitée (dix minutes ou vingt minutes plus tard), se diriger vers les zones plus réactives laissées en attente jusque-là (les seins, la zone clitoridienne ou le point G) pour les stimuler. Le jeu érotique peut alterner à tout moment : et c'est l'homme qui se fait caresser, frôler, effleurer, étreindre, masturber, bichonner... Il peut y avoir pénétration, retrait, pénétration, afin de faire grimper d'un cran le plaisir. Pendant que l'excitation monte, certains fantasmes peuvent s'ajouter aux paroles pour donner du piment à la relation.

Le jeu peut aller au-delà (voir le chapitre 5, « Explorations en tout genre »). Gardez en tête qu'il ne s'agit jamais d'une technique spéciale et bien codifiée, mais d'un échange amoureux à deux, avec ses surprises et ses émerveillements, parfois ses déceptions et ses ratés.

Trois grandes erreurs à éviter pour soi et pour l'autre

Primo, s'imaginer qu'un homme se réduit à sa braguette magique. Il faut revenir aux sources et au savoureux plaidoyer du sexologue Gérard Leleu, sur l'homme et les caresses : « L'homme aurait tendance à polariser toute sa sexualité sur la sensualité de sa verge. Cette difficulté de l'homme à érotiser l'ensemble de son corps est à mettre sur le compte du mythe de la virilité dont il est victime. Au nom de cette virilité, il est interdit d'être sensuel, raffiné, ému, troublé. Tout le dressage du mâle vise à brider sa sensibilité, à réfréner ses émotions, ce qui revient à tuer sa part féminine. Un homme tendre et sensuel risque de passer pour un mou, ou pire une « gonzesse ».

Alors, pour se conformer à l'image du vrai mâle, l'homme croit bon d'escamoter les caresses et autres délicatesses pour tout bêtement « sauter » la femelle. [...] Qu'ils (les hommes) se décident à enfin exploiter cette mine d'or qu'est leur sensualité. Ils verront que non seulement leur bonheur s'élargira, mais qu'il deviendra quasi inépuisable[1]. »

Secundo, s'imaginer que toutes les femmes sont fabriquées sur le même modèle et reproduire avec chacune son savoir-faire. Cela entraînerait d'inévitables décalages sexuels, frotti-frotta inutiles et insistances ici ou là irritantes. Dans le feu de l'action, se montrer à l'écoute, observer, éventuellement poser des questions : « Et ça, tu aimes ? » Tout se passe alors nettement mieux. Tertio, pour les femmes clitoridiennes, ne pas se limiter à avoir un rapport en deux temps, avec d'abord la stimulation du clitoris pour elle jusqu'à l'orgasme, ensuite la pénétration pour soi. Car alors, elle n'y trouvera plus son compte (puisqu'elle a déjà eu son plaisir) et, au bout de quelques mois ou années, elle risque de renoncer à faire l'amour parce que cela devient trop long, pas assez plaisant, etc. L'orgasme étant un système réflexe qui peut s'éduquer, il vaut mieux associer dans le même temps la pénétration vaginale (au début avec peu de mouvements de va-et-vient) à la stimulation du clitoris. De cette façon, non seulement le rapport se fera en un seul temps, avec une satisfaction pour chacun, mais, de plus, la femme associera la pénétration vaginale à la sensation de plaisir, d'autant que le plaisir sera alors plus diffus. Cette remarque n'est pas des moindres, n'oublions pas que 80 % des femmes sont clitoridiennes.

1. *Traité du désir*, Flammarion, 1997.

Et le fameux point G ?

Il existe pour toutes les femmes, c'est même une zone anatomique bien définie. Il est situé sur la face antérieure du vagin, 4 ou 5 cm au-dessus de la vulve (voir schéma). À l'état normal, il n'est pas plus gros qu'un confetti, mais si on le stimule par des caresses, il se gorge de sang et prend alors la taille d'un euro. Le point G est constitué d'un noyau fibreux très innervé et bourré de corpuscules de volupté, d'où son habituelle sensibilité. Cependant, toutes les femmes ne sont pas également sensibles de cette zone. Les femmes « vaginales » sont généralement plus réactives à sa stimulation, les autres trouvent cela agréable, mais sans plus. Avec elles, inutile d'en faire toute une histoire, mieux vaut ne pas insister. Le plaisir pourra venir, en revanche, de zones moins classiques, comme le noyau fibreux central du périnée. Il s'agit en fait de la région comprise entre le vagin et l'anus qui s'étend sur 3 à 4 cm de long. Un simple frôlement de cet endroit entraîne parfois les délices attendus. D'autres femmes se montrent plus sensibles de l'anus lui-même. Cette zone potentiellement érogène est à l'origine de sensations agréables, à condition d'être parcourue très délicatement et progressivement (voir chapitre 5, « Les explorations en tout genre »). Mais comment savoir s'il faut y aller ou pas, les unes appréciant ces caresses, les autres les trouvant répugnantes ? Là encore, rien de mieux que d'essayer et, en fonction de la réaction obtenue, poursuivre ou cesser. Dans tous les cas, il est douloureux, voire dangereux, d'y entrer en force ; les stimulations doivent être encouragées par les réponses de la partenaire, jamais imposées.

Le point G

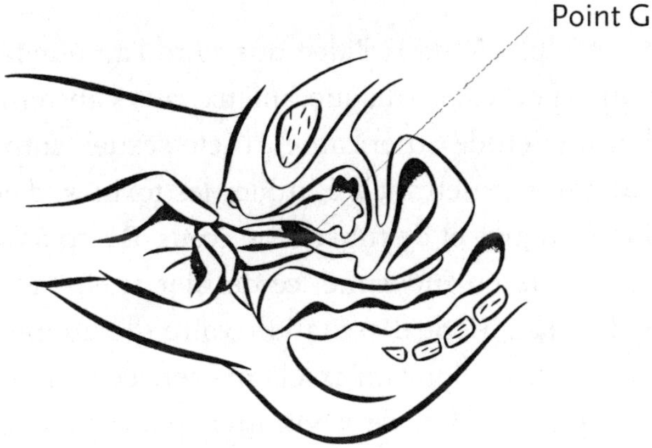

Les trois autres « points G »

Si l'on se réfère à la philosophie des yogis tantriques et à leur connaissance minutieuse de la géographie des voluptés féminines [1], on s'aperçoit qu'autour du fameux point G, il existe en fait trois autres points très voluptueux. Le premier est à un centimètre environ au-dessus du point G, sur la même face antérieure du vagin. Les deux autres se trouvent de part et d'autres du point G sur les parois latérales du vagin (voir le dessin). Les Occidentales et leur partenaire qui ont appris à repérer ces zones de plaisir peuvent se laisser masser voluptueusement. En fonction des femmes, ce sera plutôt un mouvement circulaire ou, alors, un mouvement latéral plus ou moins rapide, ou encore une succession d'appuis, de pressions différentes.

1. *Le Tao ou l'art d'aimer*, éd. Guy Trédaniel, 1991.

Les vertus santé de l'amour

A priori, on a plutôt dans l'idée que faire l'amour fatigue le cœur et que si on est cardiaque, mieux vaut s'abstenir. Pas si sûr ! Selon une étude américaine[1], l'acte sexuel, comme tout effort soutenu, permettrait d'éliminer les toxines, d'activer la circulation veineuse et de muscler le cœur. De 70 à 80 pulsations par minute en moyenne, ce dernier atteint 100 pulsations pendant la période d'excitation, voire 180 au moment de l'orgasme ! Ce serait donc un excellent exercice pour le muscle cardiaque, qui a besoin de s'entraîner pour bien se porter. Dans l'hexagone, 11 millions de personnes souffrent de problèmes de tension, cholestérol et diabète ; il n'est pas question de les priver de sexe, bien au contraire. Même après un infarctus ou un accident cérébral, les médecins recommandent la reprise progressive de l'activité sexuelle, avec des effets bénéfiques attendus, au moins pour le moral et la confiance en soi.

→ Une arme préventive contre certains cancers

L'acte sexuel pourrait prévenir le cancer de la prostate avec 30 % de risque en moins de développer la maladie (en France, elle touche chaque année 40 000 à 50 000 hommes). Le mécanisme évoqué est simple : la prostate produit plus de 80 % de l'éjaculat (les spermatozoïdes ne représentent que 20 % de celui-ci). La glande se contracte et se vide complètement, ce qui évite la stagnation des sécrétions, donc les infections, l'inflammation locale et le risque de cancer. Ces résultats restent cependant à confirmer par de nouveaux travaux.

1. « *Sexual intercourse and risk of ischaemic stroke and coronary heart disease : the Caerphilly study* », *J. Epidemiology Community Health*, 2002.

→ Un effet psychologique massif

L'amour est un hypnotique naturel contre l'insomnie. Aussitôt après les ébats, les hommes plongent dans les bras de Morphée et les femmes sont comme apaisées. La sérotonine et la dopamine libérées entraînent une euphorie, associée au plaisir et à la détente. Des endorphines, véritables morphines naturelles, sont également délivrées, entraînant un état de relaxation, favorable à l'endormissement.

À côté de cela, l'amour tonifie le corps et le stimule aussi. Mais tout cela n'est encore rien à côté de l'effet renforçateur et psychologique de l'acte sexuel sur le sentiment amoureux. Plus on pratique, plus on a de chances de s'aimer et au minimum de garder le contact.

Pourquoi est-on parfois très triste après l'amour ?

Post coïtum omne animal triste. Cette maxime des Anciens a sans doute un lien avec le fonctionnement du système neurovégétatif qui innerve tout le corps. On sait que le cerveau des émotions (noyau limbique) agit directement sur ce système en libérant des neuromédiateurs spécifiques. Le lâcher-prise physiologique s'y ajoute et peut alors donner une sensation de « spleen ». Certains hommes se sentent tristes et peuvent avoir envie de pleurer, alors qu'ils sont satisfaits de leur rapport.

Sur la sexualité en général

◇ Comment connaît-on la sexualité dans tous ses détails ?

Eh bien, parce que des chercheurs sont allés voir. Dans les années 1960, Masters et Johnson, deux Américains, ont interviewé et filmé des centaines de couples (hétérosexuels, homosexuels). Ils ont placé des capteurs, ausculté, analysé, mesuré tout ce qui pouvait l'être. Ils ont été les premiers à considérer la sexualité humaine comme un objet d'étude scientifique comme un autre. Leurs travaux ont eu une portée considérable : non seulement ils ont répondu à une certaine curiosité, mais ils ont permis de comprendre les différences hommes-femmes et de traiter certains troubles sexuels dont on appréhende désormais mieux l'origine physique ou psychologique.

◇ Quelle est la fréquence habituelle des rapports sexuels ?

L'échange affectif et la qualité comptent davantage que la quantité si l'on se place du point de vue des femmes et d'hommes de plus en plus nombreux. La question ne devrait donc pas se poser en termes de défi, de capacité ou de performance, et encore moins de normalité. Selon l'enquête CSF 2008, les hommes et les femmes déclarent avoir neuf rapports sexuels par mois, sachant qu'un nouveau couple (quel que soit l'âge des partenaires) fait plus souvent l'amour qu'un couple installé dans la durée. Après quinze ans de vie conjugale, les hommes sont trois fois plus nombreux à déclarer moins de trois rapports sexuels par mois.

◇ Combien de temps dure le rapport sexuel ?

Une fois la pénétration engagée, le temps d'éjaculation vient en 3 minutes chrono pour la majorité des hommes (entre 2 et 5 minutes selon une étude vénézuélienne [1]). Mais si l'on prend en compte les préliminaires et le temps passé au lit, les chiffres de Francoscopie sont nettement plus optimistes : « Pour 27 %, la durée des rapports sexuels est en général de 30 minutes, pour 14 %, de 20 à 25 minutes, pour 14 %, de 15 minutes, pour 11 %, de moins de 10 minutes, pour 9 %, d'une heure, pour 8 %, de 30 minutes à une heure, pour 3 %, plus d'une heure. » Ces chiffres frôlent-ils la fanfaronnade ? On parle sans doute de l'acte sexuel en entier, des premières étreintes au dernier soupir de plaisir.

◇ D'où viennent le désir et l'envie de séduire ?

Le déclenchement du désir est avant tout émotionnel et psychologique, mais il existe aussi un soubassement hormonal. On sait que, chez l'homme, si le taux d'hormones mâles est totalement effondré (pour cause de maladie au niveau de l'hypophyse par exemple), le désir disparaît. C'est vrai aussi en cas de dépression.

◇ Comment déclencher l'excitation chez l'autre ?

Les femmes adorent en principe les ambiances propices, les (bonnes) surprises, les cadeaux (même symboliques), les paroles tendres et les caresses qui savent prendre le temps. Elles détestent qu'on les brusque ou qu'on leur impose les pratiques sexuelles qu'elles réprouvent.

1. Présentée au Congrès mondial de sexologie de Montréal, 2002 ; elle vient confirmer les précédents rapports Spira et Simon.

Arithmétique du sexe

Combien de partenaires ?

Les hommes déclarent avoir eu à la date de l'enquête CSF 2008 11,6 partenaires au cours de leur vie, chiffre stable depuis les années 1970. Les femmes en déclarent 4,4 aujourd'hui, alors que c'était 4 en 1992 et 1,9 en 1970 Tous âges confondus, 16 % des hommes et 34 % des femmes ont déclaré avoir eu un seul partenaire au cours de leur vie et à l'autre extrémité, 21 % des hommes et 5 % des femmes ont déclaré plus de 15 partenaires. À titre indicatif, Rocco Siffredi, la star du porno, se vante avoir allongé dans son lit 3 000 conquêtes !

L'orgasme au rendez-vous ?

Oui, pour la plupart des hommes lors de leur dernier rapport sexuel (89 %) et une bonne partie des femmes (75 %) selon l'enquête ACSF publiée en 1993 sur les comportements sexuels en France. Toutefois, le résultat est à nuancer par ces autres chiffres. Près de 13 % d'entre eux confient que « parfois » ou « souvent » ils n'ont aucun orgasme, tandis que pour les femmes, ce chiffre atteint presque 32 %. Dans L'enquête CSF 2008 l'absence d'orgasme grimpe à 36,2 % (toutefois, 34,6 % des femmes déclarent quand même obtenir systématiquement un orgasme).

Et le sentiment dans tout ça ?

À l'affirmation « on peut avoir des rapports sexuels avec quelqu'un sans l'aimer », près de 64 % des hommes répondent « d'accord », mais seulement 36 % des femmes. Ce qui signifie, a contrario, qu'un tiers des hommes fait a priori du sentiment pendant l'amour et que deux tiers des femmes imaginent ne pouvoir avoir de relations intimes sans un sérieux penchant pour l'autre (enquête ACSF). En 2008, dans l'enquête CSF, on retrouve ce même décalage mis en acte : 18,5 % des femmes et 41,2 % des hommes déclarent avoir fait l'amour avec une « personne qui n'avait aucune importance ».

Sur la physiologie de l'homme

◇ Le désir provoque-t-il forcément une érection ?
Non, il arrive que l'homme ait beaucoup de désir, mais qu'il n'ait pas la verge dure. S'il fallait se mettre au garde-à-vous devant le moindre jupon...

◇ Peut-on avoir un orgasme sans éjaculation ?
Oui, c'est exceptionnel, mais possible. Certains yogis y parviennent. Pour le commun des mortels, l'orgasme est associé à l'éjaculation. Il n'existe que quelques dixièmes de seconde entre les deux phases.

◇ Peut-on éjaculer sans plaisir ?
Oui, puisqu'il s'agit de deux phénomènes distincts. Certains hommes, rares au demeurant, ont des éjaculations sans émotion particulière.

◇ Est-il normal de ne pas éjaculer par masturbation ?
Si on a fait l'amour la veille et qu'on a dépassé la cinquantaine, il n'y a pas de quoi être étonné. Le sperme n'a tout simplement pas eu le temps de se reconstituer. L'homme plus jeune peut aussi avoir des éjaculations difficiles par la masturbation. On l'a bien mis en évidence dans le contexte des fécondations

in vitro. *Cette fois, c'est la technique qui est en cause (il s'agit quand même de jouir sur commande dans un lieu anti-érotique) ou la culpabilité qui bloque l'éjaculation (« C'est sale » ; « C'est un péché ») ; le cerveau envoie ses ordres négatifs aux glandes génitales, via les hormones et les relais nerveux.*

◇ Est-il possible d'éjaculer avec un pénis mou ?

Oui, car l'érection et l'éjaculation ne sont pas obligatoirement liées. Certains impuissants n'ont pas d'érection, mais des éjaculations à l'entrée du vagin, ce qui leur permet d'avoir quand même des enfants. C'est d'ailleurs ce qu'il faut retenir : sans contraception, une grossesse peut survenir, même si on éjacule à l'entrée du sexe.

◇ Peut-on éjaculer et uriner en même temps ?

Non, ce genre de surprise désagréable ne peut jamais se produire, pour la bonne raison qu'il existe un système-réflexe de sécurité : lorsque le pénis est en érection, l'orifice de la vessie est automatiquement bloqué par les muscles vésicaux. L'urètre, le canal qui conduit l'urine et le sperme vers l'extérieur, ne peut alors acheminer que le sperme au cours de l'éjaculation (voir le schéma p. 74).

◇ Quelles sont les zones les plus érogènes ?

Chez l'homme, elles sont essentiellement regroupées autour des organes génitaux (surtout le gland et les testicules, mais aussi à l'intérieur de l'anus et tout près de la prostate), car c'est là que siègent de très nombreux capteurs sensoriels. Ces derniers transmettent l'information agréable au cerveau grâce à des relais nerveux.

Chez la femme, les zones érogènes sont dispersées sur le corps : la vulve, le vagin, les fesses, la poitrine, le cou, le dos, la tête, les oreilles, les pieds...

Cela dit, que l'on soit homme ou femme, le système nerveux associé au plaisir s'éduque tout au long de l'existence. Une zone peut devenir érogène grâce à l'apprentissage. Un exemple : si une femme caresse le pénis de son partenaire et son cou en même temps, le cou peut devenir une source de plaisir intense... par association d'idées et, même, par un véritable conditionnement pavlovien.

Les zones les plus érogènes

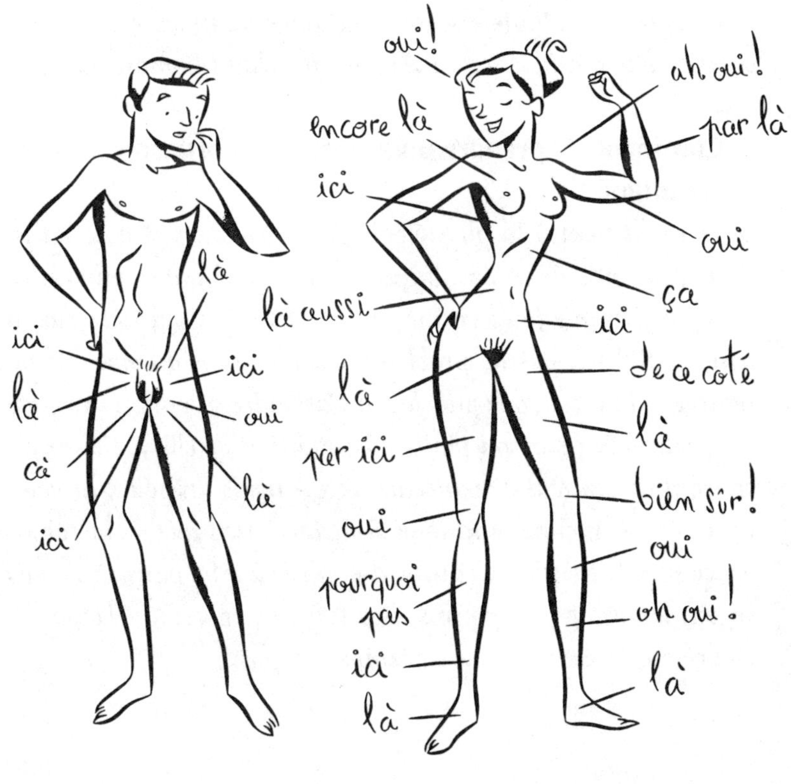

◇ Les hommes ont-ils un point G ?

Même s'il n'en porte pas le nom, il existe bel et bien, ce point G version bleue. C'est une zone fibreuse, compacte, bourrée de récepteurs sensoriels, proche de la prostate. Elle est d'ailleurs bien connue des homosexuels. L'introduction d'un doigt (ou d'un sexe) dans l'anus engendre des sensations voluptueuses à condition d'être douces et progressives. La caresse doit avoir lieu vers l'avant pour bien stimuler la prostate. Beaucoup d'hommes ignorent ce point G puisqu'ils ne connaissent pas cette caresse.

S'appuyant sur cette réalité physiologique, plusieurs sex-toys *masseurs de prostate ont été développés tout récemment. Ils s'introduisent dans l'anus et vibrent en provoquant des sensations agréables. Toutefois, de nombreux hommes restent réticents à cette pratique assimilée à un penchant homosexuel.*

◇ Comment s'y prendre pour obtenir un orgasme simultané ?

Si l'on s'en tient à la physiologie des deux sexes et aux statistiques, la jouissance simultanée est un idéal quasi impossible puisque l'homme jouit en moyenne quatre fois plus vite que la femme. S'il n'a pas de problème d'éjaculation prématurée ou retardée, il lui est donc plus facile d'attendre sa partenaire et de se synchroniser sur son plaisir, à condition qu'elle le tienne au courant de son état d'avancement : « Attends un peu... tu peux venir, etc. » Aucune technique là-dedans, rien que de la connivence et de l'attention à l'autre, du plaisir à faire plaisir. C'est de l'égoïsme partagé. Et parfois – cerise sur le gâteau – l'orgasme vient pour les deux en même temps.

◇ Peut-on retarder son orgasme ?

Oui, mais il faut, pour cela, une certaine maîtrise de soi. Avec de l'expérience, un homme peut maintenir l'excitation à un niveau suffisamment élevé pour que les choses soient agréables, sans jamais aller trop loin. Il parvient à préserver l'érection longuement. Comment ? En procédant très lentement, selon la technique du « stop-and-go » : « J'y vais, et, lorsque je sens que cela vient, je m'arrête, puis je recommence. » L'apprentissage se fait à deux, au cours des jeux érotiques, ou seul, au cours de la masturbation. L'idée est de s'entraîner à jouir le plus tard possible pour améliorer sa maîtrise et surtout créer un conditionnement physiologique, un nouveau réflexe au niveau de la zone génitale (voir chapitre 6, « Les troubles de l'amour »). On peut aussi et surtout privilégier certaines positions recommandées aux éjaculateurs prématurés pour faire durer le plaisir (voir chapitre 5, « Les explorations en tout genre »). C'est l'inverse de ce qui se passe chez certains hommes devenus éjaculateurs prématurés (voir chapitre 6, « Les troubles de l'amour »). L'important est de bien sentir venir l'éjaculation pour la retarder, plutôt que d'essayer de se crisper pour l'empêcher. À ce petit jeu, on ne retarde jamais l'éjaculation, on ne retient que le plaisir…

◇ Peut-on améliorer son orgasme ?

Pour tous ceux qui disent que leur orgasme est une « petite contraction ridicule », très localisée, et qu'il n'y a vraiment pas de quoi grimper aux rideaux, voici un moyen qui peut améliorer les sensations aussi bien chez des hommes que des femmes. Ce n'est pas une recette, mais un moyen qui s'apprend. Il faut parfois tenter l'expérience plusieurs dizaines de fois avant que cela soit réellement efficace. Lorsque l'on sent les premières contractions orgasmiques au niveau du bas-ventre, bouger la tête (à gauche, à droite, en avant, en arrière, la rentrer dans les épaules, tout est possible du moment que la tête est en mouvement). Ainsi, on perd conscience de son environnement spatial, on ne sait plus où sont le haut, le bas, et cela crée un influx nerveux qui remonte. Du coup, c'est comme si l'orgasme (la chaleur, la sensation) irradiait dans tout le corps et était démultiplié. Une série de frissons agréables s'empare de soi.

◇ Le fait d'être circoncis permet-il d'avoir plus (ou moins ?) de sensations ?

En fait, il semblerait que cela ne change rien. Sauf si on s'est fait circoncire à l'âge adulte (il faut alors trouver de nouveaux repères sensoriels). La circoncision est toutefois nécessaire lorsque le prépuce serre trop le gland et que celui-ci est l'objet d'infections difficiles à traiter ; d'autant plus que le décalotage douloureux a des conséquences négatives sur l'acte sexuel.

◇ Pourquoi mon érection ne tient-elle pas, alors que je suis excité ?

C'est qu'au fond de soi, on est sans doute anxieux ou stressé (peur de ne pas être à la hauteur, de ne pas faire jouir sa partenaire, d'être comparé aux autres, etc.). (Voir chapitre 6, « Les troubles de l'amour ».)

◇ Un homme peut-il avoir mal au cours du rapport sexuel ?

Non, il ne devrait pas souffrir du tout, sauf si son prépuce est un peu serré ou son frein un peu trop court. Il arrive aussi que le rapport devienne douloureux par échauffement et frottements répétés, lorsque sa partenaire n'est pas suffisamment lubrifiée.

Dans ce cas, pour éviter ce genre d'ennuis, on peut déjà étaler sur le pénis un lubrifiant à base d'eau (compatible avec le port du préservatif). Éviter le beurre qui n'est pas stérile et peut être source d'infection vaginale ou anale.

Sur les rêves et les fantasmes

◇ La fréquence des rêves érotiques est-elle liée à l'insatisfaction sexuelle ?

Les rêves ne se commandent pas. Ils reflètent simplement l'imaginaire pendant le sommeil. Ils surviennent aussi bien chez ceux qui ont une sexualité épanouie avec une femme qu'ils aiment, que chez ceux qui ont des doutes, des manques ou des frustrations et qui l'expriment alors. Dans les deux cas, les rêves érotiques sont structurants et positifs, puisqu'ils permettent d'extérioriser certaines attentes ou de libérer des tensions.

◇ À quoi servent les fantasmes ?

Les fantasmes sont un peu les caresses de l'esprit. Ils permettent d'apprivoiser des situations et des comportements que l'on pense difficiles à maîtriser. On s'autorise à penser, à dire, ou à visualiser mentalement tout ce qui, dans la réalité, paraît impensable, impossible à tenter. L'autre utilité des fantasmes, un peu comme les rêves, est de libérer les tensions sexuelles inassouvies. Il n'y a pas de honte à fantasmer, ni de culpabilité à avoir, quelles que soient ces pensées. Toutefois, certaines sont perturbantes, car elles mettent en scène l'homosexualité ou la violence, et l'on redoute un éventuel passage à l'acte. Or les fantasmes ne sont pas faits pour être réalisés, mais pour fabriquer de l'excitation ou encore pour revivre ses émotions et ses désirs. Dans les couples au long cours, ils peuvent être un moyen privilégié pour renouveler son cinéma, sans pour autant avoir recours à des solutions plus radicales (nouveaux partenaires, échangisme, etc.). Les femmes font preuve d'une imagination indubitable dans leurs fantasmes quand elles s'autorisent ces pensées.

Les principaux fantasmes

Côté hommes

– Faire l'amour dans la nature : 53 %
– Être initié au sexe par une femme sans tabou : 37 %
– Faire l'amour avec deux femmes : 36 %
– Avoir une maîtresse exotique : 34 %
– Faire l'amour avec une inconnue sans se parler ni se revoir : 29 %
– Avoir un harem prêt à assouvir tous ses désirs : 27 %

Côté femmes

– Regarder un couple faire l'amour : 32 %
– Regarder deux femmes faire l'amour : 14 %
– Faire l'amour à plusieurs : 11 %
– Avoir une relation avec une autre femme : 10 %

Les fantasmes d'échangisme, les pratiques sadomasos, les orgies, l'exhibitionnisme évoqués le plus souvent dans les médias viennent loin derrière.
Par ailleurs, 60 % des hommes estiment qu'il faut réaliser certains fantasmes pour avoir une vie sexuelle épanouie et 26 % pensent qu'ils sont faits pour ne pas être réalisés.

Source : Gérard Mermet, Francoscopie 2003, *Larousse.*

◇ Les hommes et les femmes ont-ils les mêmes fantasmes ?

En partie seulement. Comme les hommes ont un sexe externe, les fantasmes sont davantage tournés vers la possession et la puissance (multiplication des partenaires, domination, etc.). Ils sont aussi plus visuels et génitaux, donc particulièrement stimulés par la vision du sexe ou des scènes de sexe (magazines, films X). Les femmes, elles, ont un sexe interne et caché, leurs fantasmes sont plus souvent tournés vers l'accueil et le recevoir (caresses, baisers, soumission, viol, etc.). Elles sont plus cérébrales, donc sensibles aux parfums, à la musique, à la notion d'interdit, à l'amant imaginaire...

◇ Pourquoi a-t-on certains fantasmes plutôt que d'autres ?

Le choix du fantasme peut être lié à un souvenir d'enfance qui a provoqué une intense émotion sexuelle. On a fixé cette image ou cette sensation, on l'a oubliée, et avec l'adolescence et l'érotisation du cerveau, l'image est revenue, parfois de manière obsédante. On cherche alors, parfois sa vie durant, à reproduire ce même environnement (en rêve ou en vrai) pour retrouver la même émotion.

« Louis se souvient qu'enfant sa mère lui donnait des fessées, culotte baissée. Son sexe était alors en contact avec les jambes de sa mère, et il ressentait une immense émotion lors de ses punitions. L'un de ses fantasmes d'amour est aujourd'hui de se faire donner la fessée par sa partenaire...

◇ **Faut-il avouer ses fantasmes ?**

Toute vérité n'est pas bonne à dire, même si l'autre peut tout comprendre. Les fantasmes font partie de notre jardin secret. Certains sont à garder. Dire à l'autre que l'on rêve d'homosexualité ou de rapports sadomasochistes peut le choquer et créer une grande incompréhension. Pourtant, une fois encore, ces pensées ne sont pas destinées à être réalisées. Et leur signification est parfois moins simple qu'il n'y paraît.

Sur l'âge et l'amour

◇ **Pourquoi le plaisir devient-il plus fragile après la quarantaine ?**

Chez les quadras, toute la mécanique sexuelle persiste, mais elle est généralement plus lente. Cela correspond à une chute très progressive de la testostérone. Comme le pénis et les testicules sont hormonodépendants, ils sont influencés par cette baisse de stimulation. À ce terrain physiologique s'ajoutent de nombreuses sources de blocages qui ont une tendance exponentielle avec l'âge : les pensées parasites à cause du stress, les soucis de santé, l'absence de phase avec sa partenaire, les conflits conjugaux. Tous ces petits grains de sable finissent par gripper la fonction sexuelle et avoir raison de la pulsion de départ.

◇ **Jusqu'à quel âge peut-on faire l'amour ?**

À tout âge en théorie, à condition d'être en bonne santé, il suffit de pouvoir maintenir son sexe en érection. Un patient consultait encore à 99 ans pour petits problèmes sexuels depuis six mois, ce qui n'arrangeait pas son épouse de 85 ans. Il a eu cette réflexion surréaliste : « Docteur, ne me dites surtout pas que c'est l'âge. »

Un couple de Français de 96 et 94 ans est entré dans le livre des records. Ils venaient de se marier et avaient visiblement beaucoup de complicité amoureuse. Elle était « célibataire » depuis quarante ans !

Sur les relations avec sa partenaire

◇ Les femmes très portées sur le sexe ne sont pas forcément plus excitantes, pourquoi ?

À cause de la pression et de l'obligation de résultats ! Depuis que les magazines regorgent de témoignages de « bombes » qui aiment le sexe, revendiquent le plaisir, voire en prennent l'initiative, les hommes se sentent au pied du mur et craignent de ne pas assurer. Mais au pire ? Même si l'érection ne tient pas, même si c'est moins bien que la fois d'avant, quelle importance ! Il ne suffit pas d'appuyer sur un bouton pour que cela marche, même (ou surtout) avec une femme extrêmement désirable ou demandeuse. Les psychanalystes parlent du « fantasme du vagin denté » pour évoquer l'angoisse de castration de certains hommes qui craignent que les femmes ne dévorent leur sexe. Ce fantasme renvoie à leur peur des femmes, au fait qu'elles sont très peu rassurantes pour eux. Or, on l'a dit, pour fonctionner, un homme a besoin d'être rassuré d'abord, puis stimulé ensuite.

D'autres hommes redoutent de ne pas être à la hauteur face au désir insatiable et inassouvi des femmes. Dans certaines sociétés, pour s'en défendre, on n'a pas hésité à cadenasser le sexe des femmes (ceinture de chasteté, etc.). Aujourd'hui, l'objet connaît une nouvelle jeunesse et il est utilisé dans les jeux érotiques. Comme le rapporte Willy Pasini[1]*, ces ceintures ont un public de connaisseurs à New York, Pékin, Londres ou Paris.*

◇ Comment surmonter sa timidité sexuelle ?

Cette timidité empêche d'oser certains gestes, certains mots, certaines situations avec sa partenaire. On préfère s'en tenir à un scénario plus conventionnel et plus sécurisant, mais aussi plus frustrant. L'incapacité à franchir le pas vient le plus souvent de la peur d'être jugé (maladroit, ignorant, incompétent, etc.). Ou d'une éducation trop rigide qui a laissé ses marques (le sexe est sale, honteux et le plaisir culpabilisant). Ou d'un complexe paralysant (trop de poils, sexe trop petit, etc.). Pour sortir de ces peurs, il faut déjà en prendre conscience et se poser des questions : suis-je toujours timide ou seulement avec cette femme ? Est-ce son attitude (exigeante) qui me paralyse ? Que se passerait-il vraiment si j'exprimais mes fantasmes ou mon désir ? Que faudrait-il pour que je me lance ? La meilleure manière de le savoir est d'essayer… Pas brutalement, non, mais par étapes successives. Peu à peu, la confiance vient, on ose livrer ce qu'il y a de plus intime en soi. Une bonne technique pour amorcer le changement : montrer à l'autre ce que l'on aime en le lui faisant, en restant à l'écoute de ses réactions, en lui parlant ensuite dans les moments de connivence, en utilisant ce que l'on a vu ou lu… Et si tout cela est insuffisant, pourquoi ne pas consulter un thérapeute ?

1. W. Pasini, *op. cit.*

L'animal qui sommeille en nous

« Nos préférences sexuelles sont incontestablement guidées par des signaux imperceptibles et biologiques », estime le chercheur et éthologue Boris Cyrulnik. Dans le cadre d'une émission sur « la biologie du coup de foudre », lui et son équipe avaient présenté à des hommes deux photos de la même femme, l'une non retouchée, l'autre avec les pupilles dilatées. Ils étaient attirés par cette dernière, jugée plus séduisante et réceptive. De même, si dans une salle d'attente l'on vaporise sur une chaise des phéromones masculines, immanquablement c'est vers cette chaise que se dirigent les femmes qui entrent pour s'y asseoir. Il y a donc des signaux qui échappent à notre conscience et qui, pourtant, sont intensément perçus par l'autre. La dilatation des pupilles, le gonflement des lèvres, la rougeur des pommettes, la forme du corps avec la rondeur des épaules, des seins, de la taille, des gestes... Les hommes sont particulièrement sensibles à la rondeur des femmes, à qui bien sûr cela n'a pas échappé : le maquillage accentue les pommettes du visage, les Wonderbra font pigeonner les seins, les faux-culs galbent les fesses ; à toutes les époques et dans toutes les civilisations, on retrouve des leurres qui déclenchent un signal d'hyperféminité. Les femmes, elles, sont sensibles aux épaules larges, aux fesses rondes, mais ce qui les émeut le plus, des expériences l'ont montré, ce sont les signes sociaux : l'élégance, la posture, la manière de parler. D'un côté, la rondeur associée à la fertilité, de l'autre, la carrure protectrice associée à l'appartenance à un milieu social.
Ces symboles de la féminité ou de la masculinité, associés au plaisir et à la sensualité, sont par ailleurs largement véhiculés par l'art et la publicité, comme en écho à l'instinct biologique.

◇ À 30 ans, je n'ai toujours pas eu de rapports sexuels, comment m'y prendre ?

Peut-être serait-il plus simple, si on souhaite vraiment franchir le pas, mais que l'on n'ose pas, consulter un psy qui aiderait à avoir confiance en soi, à affirmer davantage d'assurance. On peut aussi s'adresser à son médecin traitant, parfois, une aide médicamenteuse ponctuelle (Viagra®, etc.) libère l'esprit et permet de redouter un peu moins la première panne. En tout cas, il faut savoir que ce « trouble » est loin d'être isolé. Les raisons de s'abstenir, volontairement ou pas, sont nombreuses et les chiffres le prouvent (voir l'encadré « 69 chiffres sur l'amour » au chapitre suivant). Éducation, timidité bloquante, isolement, handicap, voire une vraie difficulté de fonctionnement psychosexuel peuvent entrer en ligne de compte.

◇ Comment dire « non merci » sans la vexer à une femme dont l'odeur intime ne nous convient pas ?

Les amateurs de cunnilingus sont parfois confrontés au problème des intenses odeurs vaginales. Leur partenaire n'est pas forcément sale (elle peut même s'être lavée juste avant et sentir quand même), mais son odeur particulière (due à une flore bactérienne particulière aussi) coupe toute envie de laisser traîner sa langue. Une astuce pour savoir où l'on s'engage : plutôt que de dire non après coup en vexant la demoiselle, mieux vaut prendre les devants : sentir sa culotte ou laisser traîner ses doigts à l'entrée de la vulve, les respirer ensuite, l'air de rien, pour voir si l'odeur est agréable, et jouer ensuite les sous-marins si tout va bien.

◇ Un gros sexe peut-il faire mal à la partenaire au cours des relations sexuelles ?

Oui, quand la verge est trop grosse (ou le vagin trop étroit), la femme peut souffrir lors du rapport. Elle présentera alors des douleurs de la vulve ou souffrira d'un échauffement mécanique local de la muqueuse. Lorsque la verge est trop longue (ou le vagin trop court), deux astuces parfois suffisantes : utiliser des lubrifiants intimes qui facilitent la glisse ; acheter un « anneau » vendu dans les sex-shops ou passer par les laboratoires qui commercialisent une pompe à vide appelée vacuum *dans laquelle on introduit le pénis et qui permet l'érection* *(voir p. 212)**. Placer l'anneau à la base de son sexe, ce qui l'empêche d'aller trop loin et d'appuyer sur le col. Les douleurs du bas-ventre seront ainsi atténuées ou évitées. Pour certains le handicap peut alors se transformer en avantage : chez environ 15 % des femmes les zones d'excitation sont logées au niveau du col, c'est-à-dire au fond du vagin, à 12 cm ou plus. Elles ne peuvent être excitées que par des partenaires qui les « remplissent » et qui vont jusqu'au bout.*

Sur les femmes et leur fonctionnement

◇ Leur plaisir et leur désir vont-ils forcément ensemble ?

Ils peuvent être indépendants l'un de l'autre pour la femme comme pour l'homme. Il y a seulement une génération, on avait coutume de dire que les femmes prenaient surtout du plaisir en en donnant à leur mari ; depuis, les choses ont changé. D'après l'enquête CSF 2008, quatre femmes sur cinq refusent les relations sexuelles quand elles n'en ont pas le désir (chiffre encore plus marqué chez les jeunes femmes). Traduisez qu'elles ne se forcent plus. Et elles ne se donnent même plus la peine de trouver une excuse (migraine, fatigue, ou soucis), seule la génération des 60 ans et plus use de cette stratégie (dans 10 % des cas).

◇ Faut-il attendre que ma chérie en ait réellement envie pour lui faire l'amour ?

Sur le plan sexuel, le plaisir répétitif entraîne le désir et l'entretient de manière physiologique, autrement dit « l'appétit vient en mangeant ». Et si les femmes picorent, elles auront de moins en moins faim. Les deux propositions : « Je ne veux pas, c'est ton problème » (version femme) ou « J'en ai très envie, tu dois le faire » (version homme) sont l'une et l'autre aussi toxiques pour le couple. À chacun de trouver son équilibre dans le respect de l'autre et de son désir. Il faut revenir sur l'idée du « rapport parfait » et du « rapport vite fait » dont on a déjà parlé. Le premier est peut-être idéal, mais le second n'est pas moins respectable et utile pour le couple dans sa vie quotidienne. En deux temps, trois mouvements, il permet de diluer les tensions, d'assouvir les envies, de se retrouver sur l'oreiller, de reprendre le contact... Et la bonne surprise est que, parfois, la femme, prise au jeu du « je-le-fais-pour-te-faire-plaisir », finit par y trouver son compte aussi. Les jours qui suivent, il n'est pas rare qu'une envie « spontanée » s'empare d'elle alors que, si elle attendait la grande envie pour le faire, les conditions idéales ne seraient qu'exceptionnellement réunies.

◇ L'envie des femmes change-t-elle en fonction de « leurs hormones » ?

Oui, le cycle menstruel et la survenue des règles, les changements d'humeur ou de désir à cause des œstrogènes circulants, les seins parfois tendus et douloureux, le risque de tomber enceinte à telle ou telle date... tout cela cadence leur intimité et leur vie amoureuse, à certaines périodes de leur vie ou de leur cycle. Certaines femmes seront stimulées ou énervées la veille des règles, d'autres juste après ou encore au moment de l'ovulation. Et le mois suivant, cela sera peut-être différent. Il s'ensuit que, si une femme dit non ou persiste dans son refus, ce n'est pas forcément à cause de soi, mais de son état à elle. Plutôt que de se remettre en question et se dire qu'on ne l'excite plus... wait and see, *tout rentrera dans l'ordre les jours qui suivent ou le cycle d'après.*

◇ Comment donner vraiment du plaisir à une femme ?

*Pour une fois, mieux vaut ne pas appliquer le principe : « Fais aux autres ce que tu aimerais qu'ils te fassent. » Les hommes ont un plaisir plutôt localisé, situé autour de la zone génitale. Les femmes, elles, apprécient les caresses un peu partout sur le corps. Certaines disent même les préférer à la pénétration ! Donc, éviter, au début, les stimulations trop directes, jugées parfois désagréables, voire douloureuses si elles sont prématurées (**voir aussi le paragraphe « Septième ciel » p. 105**).*

◇ L'orgasme féminin dépend-il de l'homme ou de la femme ?

Avec beaucoup d'humour, le Dr Gérard Leleu classe les amants en deux catégories : ceux qui pensent « qu'il n'y a pas de femmes frigides, il n'y a que des hommes malhabiles » et ceux qui affirment « qu'il n'y a pas de verge magique, c'est à la femme de mériter son orgasme ». Entre les altruistes qui battent leur coulpe et les machos moralisateurs, il y a une place pour les deux affirmations. Il ne suffit pas à la femme d'attendre bien sagement que tout vienne sans effort, elle doit y mettre du sien, guider son amant sur la route du plaisir, prendre des initiatives... bref, se montrer un tantinet responsable et concernée. Inversement, il ne suffit pas à l'homme de bander, de pénétrer et de donner trois coups de reins pour satisfaire sa compagne en lui fredonnant quelques mots à l'oreille. Il lui faut jouer tour à tour de la force et de la tendresse, de la douceur et de l'animalité, de la surprise et de la complicité. Il faut de la créativité !

◇ Ma compagne n'a jamais eu de plaisir, que dois-je faire ? Y a-t-il une recette magique ?

Il faudrait revoir le film de Bertrand Blier Les Valseuses *! Miou-Miou est frigide, elle ne manifeste aucune réaction de plaisir pendant l'amour, elle ne fait que prêter son corps, comme absente à elle-même, malgré les efforts héroïques et variés de Patrick Dewaere et Gérard Depardieu. Tout d'un coup, avec un nouveau partenaire particulièrement maladroit et inexpérimenté elle explose de plaisir et découvre enfin la jouissance. Que s'est-il passé ? Sûrement pas ce que pensent Dewaere et Depardieu qui posent la question « que t'a-t-il fait de spécial ? « Rien de technique ou de mécanique dans ce prodige, mais le climat perçu par Miou-Miou était radicalement différent. Son nouveau partenaire semblant terrorisé et sans moyens, elle l'a rassuré ! Devenant ainsi moins passive, elle a enfin pris en compte et son partenaire et elle-même. Elle s'est retrouvée actrice de son propre plaisir et ce dernier a fini par l'emporter tout naturellement... Ensuite, le blocage a disparu. Instructif, non ?*

Concrètement pour elle : l'aider à se concentrer sur ses propres sensations en ne se focalisant pas sur le plaisir du partenaire, voilà l'essentiel.

◇ À quoi ressemble un orgasme de femme ?

Le déclenchement du plaisir a bien lieu dans la zone sexuelle, mais il s'étend à l'ensemble du corps par vagues chez les vaginales et certaines clitoridiennes (on parle d'orgasme diffus). Une sorte d'euphorie douce les envahit de la tête aux pieds. Une sensation de bien-être, un peu comme lorsqu'on est dans du coton ou sur un nuage. Certaines parlent d'une boule de feu, irradiante et douce. D'autres femmes, en revanche, ont un orgasme plus localisé (parfois très intense, parfois aussi limité à une sensation de simple décharge ou petite contraction). Une même femme peut connaître alternativement les deux types d'orgasme selon le contexte du moment.

◇ Une femme peut-elle avoir pris du plaisir sans avoir eu d'orgasme ?

Oui, l'amour ne se résume pas qu'à la pénétration et à la jouissance de l'orgasme. La phase qui précède peut avoir été très agréable, avoir suscité des vagues de plaisir et de sensualité délicieuse très satisfaisantes sans pour autant aboutir au bouquet final. Le bilan reste positif, surtout si la femme s'est sentie désirée (aimée) et qu'elle est rassurée sur le plaisir de son partenaire.

◇ Quelle différence entre un orgasme vaginal et clitoridien ?

Comme son nom l'indique, l'orgasme clitoridien est provoqué par des caresses au niveau du clitoris, avant ou après la pénétration. Alors qu'un orgasme vaginal est généralement le résultat d'une stimulation du vagin (au niveau des points G ou de leurs environs) et d'une pénétration. 80 % des femmes seraient clitoridiennes, 20 % vaginales. Il est parfois très difficile, même pour les principales intéressées, de savoir si elles sont d'un bord ou de l'autre et, au fond, cela importe peu, car, contrairement à ce qui se dit, l'orgasme d'ici ou là n'est pas plus complet ou meilleur que l'autre, cela dépend des moments, des femmes et de leur amant. Pour que les choses soient bien claires : orgasme vaginal n'est pas synonyme d'orgasme diffus et étendu. Un orgasme peut être déclenché au niveau du clitoris et diffuser dans tout le corps.

En fait, la méprise sur la prétendue supériorité de l'orgasme vaginal vient de la sémantique. Mot à mot, cela signifie orgasme déclenché par le vagin. Orgasme clitoridien signifie déclenché par le clitoris (de manière directe ou par frottement pubis contre pubis). Et la diffusion du plaisir dépend en revanche de très nombreuses variables neuro-sensorielles et psychologiques. Et puis, le machisme et la religion s'en mêlent aussi : les hommes ont décrété d'emblée que seul l'orgasme vaginal valait la peine, puisqu'il dépendait exclusivement de l'intromission de leur pénis. Il était supérieur encore, car seule la pénétration vaginale permet d'avoir une descendance. Faire l'amour pour se reproduire, la morale est préservée.

◇ Les femmes fontaines existent-elles vraiment ?

Oui. Une minorité de femmes peut avoir une émission de liquide (lubrification très abondante parfois associée à une mini-éjaculation) accompagnée de contractions vaginales (l'équivalent des jets de sperme saccadés chez l'homme). Ces contractions entraînent alors des sensations supplémentaires chez l'homme, puisqu'elles stimulent le pénis. Les femmes concernées sont parfois très honteuses de ces sécrétions qu'elles prennent pour de l'urine et qu'elles ne maîtrisent pas. L'attitude rassurante de leur partenaire, stimulé par tant de signes d'exci-

tation, peut les aider à dépasser cette singularité qui peut être obsédante et paralysante.

◇ On parle toujours des préliminaires, mais ma partenaire jouit aussi vite que moi, est-ce normal ?

Comme disent volontiers les sexologues : l'orgasme est une compétence acquise à l'ancienneté. Lorsqu'une femme s'est masturbée très jeune et régulièrement, ou lorsqu'elle a eu une vie amoureuse bien remplie, elle a eu tout le loisir d'érotiser son vagin et de créer un réflexe conditionné : stimulation entraîne plaisir. Les femmes qui démarrent au quart de tour ne sont pas les plus nombreuses, mais elles existent. Elles n'ont pas besoin de préludes insistants et peuvent même s'ennuyer si on joue trop les prolongations. Comment savoir ? En étant à l'écoute des réactions de la dame...

◇ Comment trouver à coup sûr le point G ?

Cela nécessite un petit entraînement. Lorsque la femme est sur le dos, son vagin est orienté vers le bas, légèrement vers le matelas. Si on introduit un ou deux doigts dans son sexe (à hauteur de deux phalanges environ, paume de main vers le haut), on bute sur le point G, à quelques centimètres de l'entrée. À l'intérieur, c'est un vrai champ de bataille, la paroi est toute striée. À ce stade, on ne sent rien de précis, la zone G est au repos. Il faut la stimuler par des massages en décrivant des mouvements circulaires lents et caressants ou de va-et-vient répétés. La partenaire peut avoir envie de faire pipi au début, c'est normal, il faut poursuivre, cette envie passera d'elle-même. Grâce aux stimulations répétées, la zone magique grossira sous ses doigts. En poursuivant les caresses, on peut espérer provoquer un orgasme, mais c'est rare. Si la localisation n'est pas évidente (parce qu'elle dit que cela ne lui fait rien), s'aider de sa seconde main à l'extérieur, sur le bas-ventre, en appuyant sur le pubis pour rapprocher la zone G des doigts à l'intérieur. Et s'il ne se passe toujours rien, c'est qu'elle n'est vraiment pas sensible du point G. Elle n'est pas la seule. Elle sera sûrement plus réceptive ailleurs (zones attenantes du vagin, ou clitoris).

◇ À quoi pensent les femmes lorsqu'elles font l'amour?

Comme elles mettent plus longtemps à atteindre un certain degré d'excitation et de «concentration sexuelle», elles laissent vagabonder leur esprit en chemin. Et ce qui leur passe par la tête n'est pas triste, si l'on en croit le magazine Marie-Claire[1] *qui a posé la question à ses lectrices: «Suis-je un bon coup?» se demandent les débutantes (variante: «Que va-t-il dire de moi à ses copains?»). «La machine va-t-elle encore fuir (ou le gâteau au four brûler)?» s'inquiètent les ménagères. «Tiens, il va falloir repeindre le plafond (ou changer les rideaux)!», envisagent celles qui s'ennuient. «Quelle horreur! Demain je dois voir mon banquier!» s'angoissent les paniers percés. Plein d'idées folles les traversent: «Que va-t-il s'imaginer de moi si je lui fais tout de suite le grand jeu?» «Qu'est-ce que je l'aime!» Hé oui, elles pensent à tout, et même à l'amour.*

◇ Est-il classique de n'avoir des rapports sexuels que le soir (ou le matin, ou de «cinq à sept»)?

Certains ont leurs heures pour être heureux et n'en démordent pas, d'autres sont plus souples et s'adaptent aux circonstances,

1. *Marie-Claire*, «Pendant l'amour...», octobre 1995.

l'idée étant quand même d'arriver à se synchroniser avec sa partenaire. La fameuse heure de la sieste «crapuleuse» remporte 13 % des suffrages chez les hommes et 22 % chez les femmes. L'amour le matin ne reçoit que 12 % des voix chez les hommes et 38 % chez les femmes. Étonnant, car les hommes sont naturellement en érection à cette période, ils sécrètent davantage de testostérone, mais sans doute sont-ils déjà branchés sur leur journée de travail. L'heure de ralliement pour tous les couples, c'est le soir au coucher pour 48 % des hommes et 73 % des femmes.

◇ Ma femme ne veut faire l'amour que dans le noir. Qu'est-ce qui l'inquiète?

Elle n'est pas une exception. Une femme sur deux est dans son cas, sans doute à cause des complexes et de l'image qu'elle se fait de son corps. Sûrement aussi à cause de son éducation. Les femmes se sentent protégées par l'obscurité. La lumière est un peu comme un projecteur braqué sur elles, les caresses les plus intimes sont révélées «au grand jour». Cela peut les inhiber et les rendre honteuses («si ma mère me voyait»), comme si elles prenaient conscience de ce qui se passe, alors que les «voyeurs», eux, sont excités par le projecteur.

◇ «Alors, heureuse»?

La plupart du temps, les femmes n'aiment pas parler de ce qui vient de se passer ou revoir en détail le film du rapport sexuel («J'ai été surpris que tu aies fait ceci ou cela, et quand tu t'es mise sur le dos, c'était...»). L'homme qui raconte tout cela en profite une deuxième fois, mais la femme, elle, il faudrait qu'elle soit sous hypnose avec injection de sérum de vérité pour tout «avouer», elle préfère habituellement se taire.

◇ Ma femme accepte de faire l'amour, rarement de se laisser embrasser, pourquoi ?

Rapprocher ses lèvres, c'est se rapprocher de l'autre, de son souffle vital au sens littéral du terme. C'est aussi se réconforter dans ses bras, se rassurer sur son amour et son envie. On ne peut être amoureux sans se le prouver par des baisers, au moins au début de la relation. Alors qu'on peut avoir des relations purement sexuelles sans s'embrasser. Est-ce à dire qu'une femme qui refuse les baisers n'est plus amoureuse ? C'est plus subtil que cela. Avec le temps, le baiser peut changer de nature dans un couple et représenter le dernier refuge de l'intimité de la femme. Certaines se gardent ce jardin secret et ne l'entrouvrent que lors des grands élans amoureux. Parfois, le refus marque un rejet plus ou moins conscient de son compagnon. Parfois encore, il est plus pragmatique. Certaines femmes redoutent d'avoir une mauvaise haleine, elles s'interdisent ce rapprochement de peur de déplaire.

◇ Pourquoi les femmes ont-elles plus de mal à avoir des orgasmes que les hommes ?

L'orgasme féminin est le fruit d'un patient apprentissage du plaisir. Il faut du temps pour se livrer vraiment et se laisser aller sans retenue. Certaines connaîtront la première vraie jouissance à 30, voire 50 ans seulement, mais cela ne les empêche pas d'avoir des sensations agréables en faisant l'amour et de ne pas se sentir frustrées. Depuis les années 1970 et le fameux rapport Hite américain sur la sexualité des femmes, on sait qu'un grand nombre de femmes connaissent avec la masturbation un véritable plaisir (avec des orgasmes) qui peut les aider à mieux se connaître et à trouver plus vite le plaisir avec leur partenaire.

◇ Pourquoi n'ont-elles pas d'orgasmes à chaque fois ?

Les principales raisons invoquées par elles sont : la fatigue ; le stress ; la brièveté du rapport ou des préliminaires ; un blocage physique ou psychologique ; le moment ou l'endroit qui ne conviennent pas ; le partenaire qui s'y prend mal ; la position inadaptée, et puis... certaines n'ont pas besoin d'avoir eu un orgasme pour se sentir bien et avoir ressenti du plaisir.

◇ Les femmes peuvent-elles simuler l'orgasme sans qu'on se doute de rien ?

Oui, pour différentes raisons d'ailleurs. Si leur partenaire guette avec trop d'empressement leur plaisir, cela peut les inciter à simuler pour... lui faire plaisir et le rassurer sur ses capacités.

Certaines peuvent aussi simuler parce qu'elles ne ressentent rien (femmes anorgasmiques), mais veulent malgré tout paraître normales. Il y a celles qui simulent pour en finir (elles sont fatiguées ou plus du tout excitées). Les plus jeunes peuvent être un peu trop influencées par les films X et s'imaginer que le plaisir va de pair avec les cris. Pour paraître « comme les autres », elles en feront un peu trop... mais parfois faire du cinéma (et non faire semblant) augmente leur excitation. Pour information, le scanner permet désormais d'identifier les simulatrices. Pendant l'orgasme, les zones du cerveau qui contrôlent la peur et le stress sont désactivées tandis que chez les simulatrices rien ne change. Il suffit d'avoir un scan chez soi...

5

LES EXPLORATIONS EN TOUT GENRE

On n'imagine pas à quel point la sexualité humaine est inventive, évolutive, parfois très personnelle ! Quand on songe que l'immense majorité des animaux joue et rejoue sans fin le même scénario, à date fixe, quand la femelle est en chaleur et seulement là. Quelle que soit sa partenaire, le mâle fait le beau dans le but exclusif de se reproduire et de transmettre ses gènes. Même s'il y trouve du plaisir (c'est bien le moins pour qu'il ait envie de perpétuer l'espèce !), son comportement sexuel est invariable et il ne prend jamais en compte le plaisir de l'autre. Et inversement.

L'homme peut, s'il le désire, ne pas limiter sa sexualité à un acte de reproduction, et son répertoire amoureux, à l'unique position du missionnaire. Mais la fantaisie n'est pas innée et la sexualité évolue au fil du temps. D'où des essais-erreurs et maladresses bien compréhensibles au début. Avec le temps, la maîtrise finit par venir. Et c'est bien le problème, dès qu'elle est là, l'habitude s'installe – ou la routine – et c'est l'ennui. Pour ressentir les mêmes émois, l'homme (plus que sa compagne) a besoin de conquérir de nouveaux territoires, de s'étonner, de renouveler son cinéma personnel, de tenter des expériences nouvelles, de prouver, d'aller toujours plus loin... parfois trop loin.

Où est la norme ? Jusqu'où peut-on aller ? Quelles sont les limites à ne pas franchir ? Est-il « bien » ou « mal » de faire l'amour sur la banquette arrière de la voiture, de regarder un film porno avec la femme qu'on aime, de le faire à trois plutôt qu'à deux, d'aller dans des clubs SM ou échangistes ? Entre ce qui est autorisé ou pas, la frontière est ténue et c'est ce qui est excitant.

Dans le couple, lorsque les désirs et les demandes sont décalés ou opposés, l'autre peut réagir avec incompréhension, voire agressivité ou dégoût : « Il me demande de voir des films salaces pour l'exciter, c'est un « obsédé » », dit Sylvia. « Il veut à tout prix que j'enfile des talons aiguilles pour le faire bander, il n'est pas « normal » », pense Amélie. « Il n'aime que la sodomie, c'est « contre nature » », s'indigne Laura.

Ève peut aussi tendre la pomme à Adam. Cette fois, c'est lui qui se remet en question ou la juge légère : « Elle aimerait faire des galipettes dans une cabine d'ascenseur (ou l'amour à trois) et je ne peux pas, est-ce une « perverse (ou une salope) » » ? Suis-je « coincé », « intolérant », « refoulé », etc. ? La question de la normalité se pose à tous à tout moment.

Les rôles et les stéréotypes sociaux n'arrangent rien à l'affaire. La société actuelle surexpose le sexe au cinéma, dans la pub, dans les romans ou sur Internet. Elle met en avant les comportements les plus extrêmes et les moins... pratiqués (rapports sadomaso, échangisme, bisexualité, « tournantes », etc.). Chacun finit par croire qu'il s'agit de la norme, alors que ces usages sont le fait d'une minorité agissante ou militante, de vies particulières ou exceptionnelles. Toutes les femmes ne sont pas comme Catherine Millet ou Virginie Despentes. Et tous les hommes ne sont pas Houellebecq, à la recherche d'érotisme dans des aventures radicales. D'où l'idée fausse que, dans sa vie, on est toujours en retard d'une expérience. D'ailleurs, une enquête particulièrement instructive le montre[1]. Lorsqu'on demande aux Français : « Depuis ces dernières années, pensez-vous que les pratiques sexuelles ont changé ? », ils répondent massivement oui à 63 %. Selon 69 % des femmes, les pratiques très libres qui se seraient développées sont le sadomasochisme, l'échangisme, la bisexualité, ce chiffre est à peine moindre pour les hommes avec 65 % de oui. Lorsqu'on demande ensuite à ces mêmes personnes ce qu'elles adoptent pour elles-mêmes, on constate un rejet massif de ces expériences « extrêmes ». On assiste donc à un décalage flagrant entre l'idée qu'on se fait de la sexualité des autres (de plus en plus débridée) et ses habitudes personnelles, plus conventionnelles. Toutes les pratiques ne sont pas rejetées : parmi les usages les plus fréquemment mentionnés, on retrouve la fellation, le cunnilingus, la position 69, la masturbation de la partenaire. Cela montre aussi une sexualité normale dans sa diversité.

En matière de sexe, l'éducation, la société, la religion – et la loi – mettent des barrières implicites ou explicites destinées à contenir les excès, parfois dangereux. Elles sont facteur d'épanouissement et d'équilibre pour certains, de transgression et de culpabilité pour d'autres. Sans cesse, il faut avancer sur le fil du rasoir. À chacun de trouver sa propre voie, avec comme maître mot le respect de l'autre et de soi-même.

1. *Les Habitudes sexuelles de Français de 40 ans et plus*, Yves Morvan, directeur d'études Louis Harris, Pfizer, mars 2003.

L'échangisme, complicité totale ou leurre dérisoire?

Comment sauver son couple de l'asthénie sexuelle galopante et lui donner du piment? En changeant de partenaire avec l'accord de sa légitime, voilà le credo échangiste. Selon le sociologue Daniel Welzer-Lang, il y aurait 300 000 à 400 000 échangistes en France, dont 51 % d'hommes seuls, 41 % de couples, et 3,5 % de femmes seules. 4 % de Français et 1 % de Françaises sont donc concernés[1]. En 2008, la proportion rapportée par l'enquête CSF est de 3,6 % des hommes et 1,7 % pour les femmes. Les lieux de rencontre se situent essentiellement dans les grandes villes et accueillent surtout les couples de 40 ans et plus, des classes moyennes ou supérieures. Les soirées privées concernent généralement un public plus restreint et plus aisé. Pour le psychanalyste et sexologue Willy Pasini[2], la pratique échangiste, apparemment transgressive, reste au fond très prude: « L'échange de couple est, au départ, « un adultère conformiste », qui, pour éviter toute asymétrie (c'est-à-dire toute transgression unilatérale et secrète), prévoit une liberté d'action réciproque grâce à une solution puritaine. C'est comme le divorce des Américains: ils se séparent parce qu'ils ne supportent pas l'adultère, puis ils se marient et redivorcent, et ainsi de suite. Ce qui, pour les personnes issues d'une culture latine, supprime le plaisir numéro un: la satisfaction de ne pas être percé à jour. » L'échangisme peut-il être fatal au couple? Difficile de répondre à cette question. Qu'il s'agisse de cette pratique, de triolisme, d'amour en groupe, de sexualité SM, etc., certains couples s'en trouvent revivifiés et sauvés; ils retrou-

1. « L'échangisme : une multisexualité commerciale à forte domination masculine », *Sociétés contemporaines*, 2001.
2. W. Pasini, *op. cit.*

vent ensemble la complicité perdue ; d'autres, en revanche, s'en trouvent fragilisés et détruits. Le partenaire qui a le sentiment d'avoir été manipulé, est pris de dégoût ou dévoré par les affres de la jalousie. Tout va donc dépendre de l'histoire de chacun, de ce qu'il est capable d'accepter, avec son être profond, et pas seulement avec sa raison ou son amour. Et cela, il ne peut le savoir à l'avance.

Les positions de l'amour

Chaque couple a ses positions préférées qui peuvent constituer de véritables rituels. Certaines encouragent le langage amoureux et le face-à-face, d'autres facilitent l'accès aux différentes zones érogènes ou accélèrent l'orgasme, d'autres encore aident à mieux contrôler l'éjaculation ou à compenser un sexe perçu comme trop petit. Liste non exhaustive des positions les plus habituelles ou les plus « efficaces » en termes de plaisir.

→ La position classique dite du missionnaire

Tout le monde la connaît, tout le monde la pratique : la femme est sur le dos, jambes écartées, l'homme est au dessus. Cette attitude permet tout à la fois le baiser et les confidences amoureuses. Son inconvénient : elle empêche de stimuler le point G puisque le pénis passe dessous pour aller se nicher au fond du vagin. Deux variantes pour contourner cette difficulté : inciter sa partenaire à relever ses cuisses et à placer ses genoux sous ses mâles aisselles en enlaçant l'homme avec les jambes, les pieds dirigés vers ses fesses (celles de l'homme), ainsi l'axe de rotation du vagin basculera et le pénis rencontrera automatiquement la zone magique. Une autre plus acrobatique : elle place ses deux jambes au-dessus des épaules de son amant. Peut-être est-ce là l'origine de l'expression « une partie de jambes en l'air » ?

Le missionnaire

Andromaque

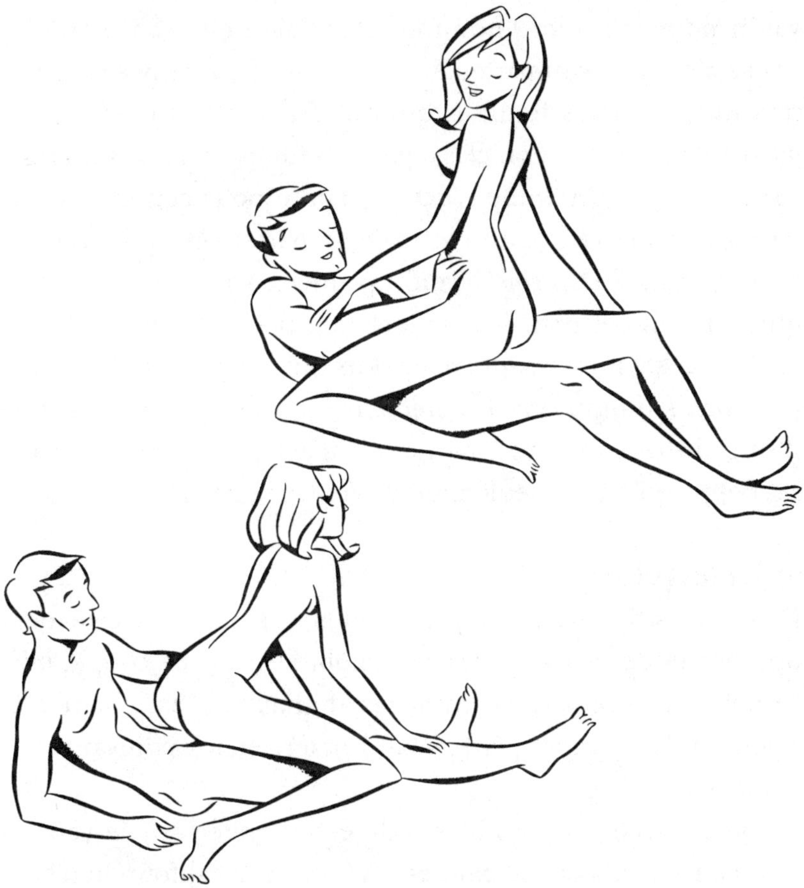

→ La position d'Andromaque

La femme est assise, cuisses écartées, ou elle est à califourchon, au-dessus de l'homme. Elle peut légèrement se renverser en arrière, ce qui aboutit à une stimulation maximale de son point G.

Cette position, où la femme prend le dessus physiquement et symboliquement, lui offre la possibilité de s'exprimer pleinement en réglant elle-même la profondeur de la pénétration et le rythme des mouvements. Elle peut aussi contracter son vagin pour stimuler l'homme. C'est bien elle qui mène la danse alors que son partenaire reste passif. Cette position est très utile pour les femmes qui ont du mal à atteindre l'orgasme dans la situation classique, car elle permet de se caresser le clitoris. L'homme n'est pas laissé pour compte, il est stimulé par la vision du corps de sa partenaire qui vibre et s'agite, mais il contrôle beaucoup mieux son éjaculation, ce qui a un intérêt pour les amants trop pressés. Andromaque est tout aussi intéressante pour ceux qui considèrent avoir un petit pénis ou qui ont des érections peu fermes, car il suffit d'introduire son sexe (même s'il n'est pas complètement rigide) jusqu'à 5 cm seulement de l'entrée du vagin.

→ La levrette

C'est la position naturelle par excellence, sans doute celle des origines et de nos ancêtres australopithèques. Le couple fait l'amour à quatre pattes comme les animaux. La partenaire est à genoux, l'homme la pénètre par l'arrière en introduisant son pénis dans le vagin.

Deux variantes possibles : elle est allongée sur le ventre avec son amant couché par-dessus ; elle est à califourchon sur lui et lui tourne le dos.

Ces différentes postures permettent d'obtenir une pénétration profonde et sensuelle. Dans l'attitude originelle, l'homme bute directement sur le point G, c'est le chemin idéal pour le plaisir de chacun. Elle permet aussi une stimulation manuelle des seins et du clitoris. Les hommes apprécient particulièrement, car ils voient leur partenaire de dos dans toutes ses rondeurs et sa sensualité, la taille, les fesses, les cuisses si exposées et stimulantes... Certaines femmes préfèrent, car la charge érotique de la transgression est intense, d'autres se sentent libérées du regard de l'homme et moins observées de face à face. Comme elle se pratique aussi bien nu qu'habillé, on peut y jouer où on veut, pas nécessairement dans un lit. Elle est indolore pour les femmes qui ont une rétroversion utérine (utérus penché vers l'arrière et non vers l'avant). Elle peut enfin se compléter par la position dite de « la brouette », avec les jambes saisies à pleines mains. Un petit effort d'imagination, et l'on y arrive, même sans schéma...

La levrette

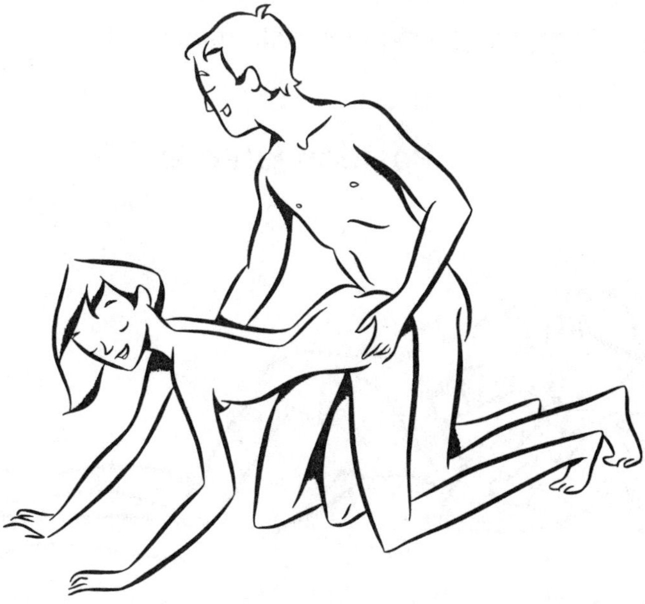

→ La position latérale

Les deux amants sont tous les deux sur le côté. L'homme fait face à sa partenaire ou au contraire la prend par l'arrière.

Cet « emboîtement » est profond, mais la marge de manœuvre de l'homme reste limitée. Avantage quand même : c'est la moins fatigante pour les deux partenaires, elle est très utile chez la femme enceinte, les personnes en surpoids ou les fêtards épuisés. Elle peut avoir de très nombreuses variantes. Mais le plus simple, c'est de commencer par la position du missionnaire (l'homme sur la femme) et de basculer tous les deux sur le côté. Cette position permet une bonne stimulation du point G et un accès facile à toutes les autres zones érogènes (seins et bouche avec la bouche, fesses avec les mains). En outre, elle permet de se murmurer facilement des mots à l'oreille. Enfin, si la femme croise ses jambes, elle peut augmenter sa stimulation clitoridienne. C'est sans doute l'une des positions les plus riches en sensations.

Position latérale

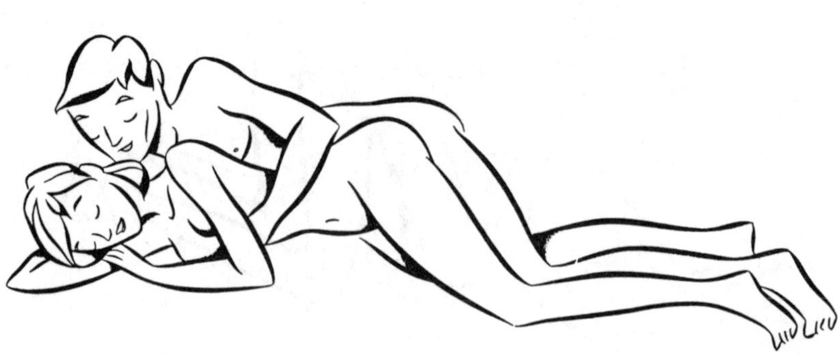

→ L'amour assis

L'homme est assis, jambes allongées, et la femme à califourchon sur lui se fait pénétrer, en écartant les jambes, et peut même s'arc-bouter autour des épaules de son partenaire. Cet entrelacement permet de fougueux dialogues et une stimulation appuyée des seins et de la bouche. Variantes : la femme est assise sur son partenaire, lequel est lui aussi assis. La pénétration vaginale se fait par l'arrière.

L'amour assis

Ou encore, elle est assise au bord du lit le corps droit, ou elle est renversée sur le lit et l'homme la pénètre à genoux. Il a alors une vue plongeante sur son sexe offert, ce qui est très excitant. Ces différentes interprétations ont les avantages incomparables de la position d'Andromaque vue plus haut, elles sont recommandées aux femmes qui ont du mal à atteindre l'orgasme et aux hommes qui ont du mal à contrôler leur éjaculation.

L'amour debout

→ L'amour debout

Les deux partenaires sont debout. Ils peuvent se faire face (soit la femme serre le pénis entre ses cuisses soit elle lève une jambe ou les deux si elle a un appui pour se faire pénétrer).

L'homme peut aussi être derrière la femme. La pénétration se fera donc par l'arrière, le corps de la dulcinée étant droit ou penché en avant. Cette orientation favorise une stimulation manuelle du clitoris ou des seins.

Les positions debout (mais aussi à genoux ou assis) ne sont pas seulement des cabrioles à donner le tournis, ce sont des fantaisies amoureuses au sens le plus noble du terme, puisqu'elles permettent de faire l'amour ailleurs que dans un lit. La chose est indispensable pour stimuler l'imaginaire et échapper à la routine.

Quelles sont les positions les plus pratiquées ?

Selon Francoscopie 2003, la position du missionnaire est citée et pratiquée dans les deux tiers des cas, juste devant la position inverse où la femme domine l'homme un tiers des cas. Les autres « expositions » sont également citées, mais viennent bien loin derrière. Alors un peu d'imagination, il y a tant à faire !

◇ À quoi servent les différentes positions de l'amour ?

En tout cas pas à accomplir des performances sportives ! Ces postures permettent de varier les plaisirs et les sensations afin que la sexualité ne devienne pas répétitive et ennuyeuse. Elles permettent aussi des sensations différentes en stimulant certaines zones plutôt que d'autres. Elles aident aussi à aboutir à l'orgasme plus facilement, à améliorer des troubles comme l'éjaculation prématurée chez l'homme ou la diminution, voire l'absence d'orgasme chez la femme. Et puis, elles font appel à bien d'autres choses que le simple aspect technique. Aussi curieux que cela puisse paraître, certaines figures du Kama Sutra sont des positions du yoga qui visent l'harmonie du corps et de l'esprit. La tradition hindoue, qui a donné naissance à ce livre presque aussi célèbre que la Bible, considère le corps comme l'expression de la spiritualité et non du péché.

◇ Est-il normal de n'arriver à faire l'amour que dans une seule position ?

Oui et non. Avec le temps, on devrait pouvoir adopter plusieurs positions au cours de l'acte sexuel. Mais, en période « d'apprentissage », il est bien naturel de préférer les positions simples ou celles qui sont les plus efficaces en termes de jouissance. Avec le temps aussi, certains couples parfaitement accordés l'un à l'autre finissent par utiliser une seule position, celle qui leur convient en termes de plaisir et peut-être aussi en termes symboliques. Elle met en jeu la pudeur, l'imaginaire, le domaine affectif. Certains préféreront adopter des attitudes plus ou moins dominantes, plus ou moins actives ou passives, plus ou moins dénudées... Les femmes sont très sensibles aux équilibres qui les mettent en valeur et peuvent refuser certaines figures libres, simplement parce qu'elles y sont mal à leur aise. Elles restent dans la séduction et, si elles se sentent observées, elles ne peuvent « s'oublier ».

◇ Elle préfère l'amour sans pénétration et moi aussi, ai-je un problème de virilité ?

Vous n'êtes pas les seuls, c'est même l'une des grandes « surprises » de l'enquête CSF 2008. 33,4 % des hommes déclarent avoir « souvent » ou « parfois » des rapports sexuels sans pénétration ! Ce chiffre est de 30,4 % pour les femmes. Dans la pratique clinique, on s'aperçoit que cela ne signifie pas pour autant l'absence de plaisir ni de vie sexuelle. On peut avoir d'excellentes érections et préférer les caresses et la complicité pour faire plaisir à sa partenaire, ou alors pour son propre compte. On est en ce cas plus à l'écoute de ses propres sensations, on cesse enfin d'être dans le défi, la compétition ou la virilité triomphante. Parfois, même, on peut découvrir qu'on obtient davantage de plaisir par la fellation et les caresses que par la pénétration.

La pénétration anale ou sodomie

D'après l'enquête CSF 2008, 14,2 % des hommes et 9,2 % des femmes déclarent cette pratique « souvent » ou « parfois ». Et 45,1 % des hommes et 37,3 % des femmes déclarent l'avoir eue « au moins une fois dans la vie », ce qui est nettement plus élevé que les chiffres établis par l'enquête ACSF de 1993. Environ un tiers des hommes et un quart des femmes hétérosexuels déclaraient avoir pratiqué « au moins une fois dans leur vie la pénétration anale ». Si l'on s'en tient aux nombreux témoignages recueillis dans l'enquête de Janine

Mossuz-Lavau[1] en 2002, la sodomie se banalise. Les hommes apprécient particulièrement à cause des sensations nouvelles et de la transgression. « C'est plus serré », « plus intense », « plus intime », « il faut faire plus attention », « quand je fais ça avec ma femme (que je respecte), j'ai l'impression qu'elle devient ma maîtresse »... Pour l'homme, la sodomie est avant tout une manière nouvelle d'aller plus loin, de ressentir autrement et parfois de dominer sa partenaire ou de la posséder par tous les orifices. Pour la femme, cette pratique est plutôt vécue comme un acte de transgression, d'amour ou de soumission, en donnant cela aussi à son partenaire, elle donne tout, absolument tout ce qu'elle a. Certaines refusent pourtant à cause de la douleur, des tabous, de l'animalité qu'implique pour elles cette pratique qu'elles réprouvent.

Les questions

◇ Une femme peut-elle prendre du plaisir à la sodomie ?
Oui, à condition d'être pleinement consentante et de l'inclure dans ses jeux sexuels comme une variante possible au plaisir. À partir du moment où elle y est préparée psychologiquement et physiquement par des caresses, la lubrification du vagin s'écoule vers l'arrière (voire un lubrifiant). L'excitation intense et la stimulation agréable suffissent à provoquer une dilatation du rectum. L'introduction du pénis au ralenti par cette voie provoque alors du plaisir ; de plus, le sexe appuie sur le devant du vagin, donc le point G, ce qui peut majorer les sensations pour certaines.

1. *La Vie sexuelle en France*, La Martinière, 2002.

◇ La sodomie est-elle dangereuse pour celle (ou celui) qui est pénétré(e) ?

Cette pratique n'est pas dangereuse dans les conditions décrites plus haut[1]. Le risque de relâchement du sphincter (incontinence anale) évoqué par certains médecins, de fuites de gaz (météorisme) ou de fissures anales est contredit par la réalité sur le terrain lorsque tout se passe sans forcing, même après une pratique étalée sur des années (voir aussi le chapitre 8, « Éviter les IST et le sida »).

◇ Réclamer à sa partenaire des caresses anales ou une pénétration avec un doigt signifie-t-il qu'on a des tendances homosexuelles ?

Non, la zone anale et la zone péri-prostatique sont érogènes chez tous les hommes. On peut être parfaitement hétérosexuel et prendre du plaisir à la chose sans forcément avoir une attirance inconsciente et inavouée pour les autres hommes.

◇ Préférer jouir dans l'anus de sa partenaire reflète-t-il une homosexualité masquée ?

La sodomie est une pratique en soi, qui ne masque aucun refus particulier de la féminité. L'homme peut simplement trouver plus excitant de partager de temps en temps, ou d'avoir son pénis très serré derrière plutôt que de l'introduire dans un vagin plus relâché (surtout après plusieurs grossesses ou à la ménopause).

---

1. D'après la communication sur la sexualité anale du Dr Pierre Coulom (proctologue), Congrès de gynécologie de Tarbes, octobre 2002.

La masturbation

« La seule façon de faire l'amour avec quelqu'un qu'on aime vraiment bien », disait Woody Allen. Plus sérieusement, cette pratique est la première exploration qui permette de faire connaissance avec soi-même.

◇ À quoi cela sert-il ? Est-ce une déviation sexuelle si on la pratique encore après l'adolescence ?

La masturbation est un acte naturel pratiqué par de nombreux mammifères, l'homme y compris. Il connaît ces plaisirs solitaires depuis tout petit. Le dictionnaire la définit comme une « activité visant à provoquer l'excitation des zones génitales, soit directement à main nue, soit au contact de tout objet directement appliqué sur le sexe pour le stimuler ». Cette pratique procure du plaisir et libère les tensions. Elle calme et apaise, surtout en période d'anxiété ou de stress.

Mais alors pourquoi est-elle si mal vécue dans nos cultures, au point que certains hommes, aujourd'hui encore, sont incapables de s'imaginer la main sur le sexe, même lorsque c'est pour la « bonne cause » : apprendre à contrôler leur éjaculation ou pour une fécondation in vitro *? L'histoire est ancienne... Le plaisir solitaire est avant tout réprouvé parce qu'il met en péril l'avenir de l'espèce humaine (c'est d'ailleurs la même chose pour l'homosexualité). La précieuse semence est perdue dans la nature au lieu de participer à la reproduction. Le tabou a franchi les siècles. Mais, ironie de l'histoire, la masturbation est actuellement considérée par les sexologues et les psychologues comme nécessaire à la découverte de l'intimité de son corps, donc, par contrecoup, à la procréation ; elle est l'atout nécessaire à une sexualité adulte épanouie. Se connaître* *mieux, c'est être plus sûr de soi. L'homme peut d'ailleurs joindre l'utile à l'agréable et apprendre de cette manière à ne pas être un éjaculateur précoce. Au lieu de se stimuler et d'en finir rapidement (en culpabilisant généralement), il peut, au contraire, prendre tout son temps, apprendre à retarder le moment du plaisir en cessant de se caresser au seuil de l'excitation, ce qui crée un conditionnement physiologique et une maîtrise enviable : le sex-contrôle.*

◇ La masturbation diminue-t-elle l'envie de faire l'amour ?

Non, à condition d'y aller avec modération. À vingt ans, on peut se masturber au saut du lit, et avoir des rapports peu de temps après (la phase réfractaire est très courte), mais à l'âge mûr ou très mûr, il faut bien quelques heures (voire une journée entière) pour être de nouveau opérationnel. Le seul vrai danger des caresses en solo est la tentation de fonctionner « en circuit fermé ». Comme on trouve ça plutôt bon, facile, pratique et rapide, on ne se donne même plus la peine de nouer des relations avec le « deuxième sexe » ou de proposer une nuit de satin à sa bien-aimée. D'où un risque d'isolement et d'enfermement.

◇ La masturbation peut-elle rendre malade ?

La masturbation ne fatigue pas, elle ne rend ni anémique, ni boutonneux, ni sourd, ni impuissant, ni même stérile, et elle ne déforme pas le pénis. Elle peut, en revanche, provoquer des échauffements, avec parfois brûlures au second degré (apparition d'une cloque du fait du frottement de la main sèche sur la verge). En ce cas, pas d'affolement, il n'y a pas péril en la demeure ! Il suffit d'appliquer sur la zone lésée une crème apaisante comme la Biafine (radicale contre les brûlures) et d'attendre quelques jours que tout rentre dans l'ordre.

◇ Est-il normal d'avoir encore envie de se masturber alors qu'on est en couple (et même amoureux)?

Oui, cela arrive à un certain nombre d'hommes, ce qui ramène à ce qui a été dit plus haut. Dans cette situation, l'impénitent culpabilise, il se demande s'il est normal, pervers ou même dénaturé. Rien de cela évidemment, parfois, il est simplement trop excité ou trop tendu pour attendre d'être apaisé; ou alors il est paresseux, une petite «gâterie vite faite» semble plus facile qu'un rapport complet avec une partenaire qui demande des efforts parfois trop longs...

Dans le couple, la masturbation peut cependant devenir un stimulant aussi efficace que la meilleure pilule de l'amour. On peut imaginer toutes les combinaisons possibles: la femme qui se masturbe devant son partenaire, lui qui se masturbe devant elle, lui qui la caresse, elle qui le lui rend bien... Il suffit de se laisser porter par son imagination et son désir.

◇ Est-ce risqué d'utiliser des *sex-toys* avec ma partenaire?

Tout dépend. Ces objets vibrants procurent du plaisir et peuvent être franchement excitants comme tout ce qui est nouveau. Le principe est d'obtenir du plaisir par la vibration dans les endroits habituellement sensibles chez la femme, autour du clitoris. Même celles qui n'osent pas la masturbation peuvent apprécier l'objet qui fait tout pour elles, surtout si c'est l'amoureux qui le manipule. Mais attention à ce que l'amusement et la fantaisie légère de la découverte ne tournent pas non plus à la pratique systématique, car l'orgasme s'éduque et se conditionne. À force, la partenaire pourrait ne plus pouvoir prendre de plaisir que comme cela. Il faut juste le savoir... À tenter pour les jours de fêtes, non?

◇ **Le petit lapin vibrant et tournant, c'est vraiment mieux ?**
Le canard (et ses génériques) était un joujou sympathique destiné aux caresses du clitoris. Le lapin, lui, monte le cran au dessus et fait fureur sur les sites spécialisés (au point que ce serait le sex-toy le plus vendu). Il vibre sur le clitoris à l'extérieur et simultanément tournoie à l'intérieur dans le vagin. Les femmes sont affolées, le haut, le bas, elles ne s'y retrouvent plus sans avoir rien à faire. Un véritable manège enchanté. Il faut savoir qu'après tout ça, si on l'intègre trop régulièrement à ses jeux amoureux, on prend le risque que sa partenaire se suffise et qu'elle finisse par trouver son compagnon pas très vibrant ! Sans parler de la tentation de la masturbation solitaire exclusive. L'idéal ne serait-il pas un sex-toy qui permette aux deux partenaires de jouer ensemble ?

Les films porno, les sites « hot »

Depuis la nuit des temps, les hommes ont fantasmé sur la représentation des corps nus dans les différentes positions de l'amour. L'avantage des images d'autrefois, c'est qu'elles laissaient libre cours à l'imaginaire. L'avantage des images d'aujourd'hui (film, Internet), c'est qu'elles montrent mieux les choses ; leur inconvénient, qu'elles montrent mieux les choses aussi... Trop en voir diminue certains doutes (on peut parfaire sa connaissance du Kama Sutra) mais crée d'autres doutes. Les comparaisons sont souvent calamiteuses : la taille des sexes exposés, le temps des érections, tout cela laisse rêveur... Autre confusion possible, surtout pour les ados ou les jeunes de 20 ans : s'imaginer que tout le monde ne pense qu'à faire l'amour du matin au soir. Qu'une femme peut se déshabiller au bout de trente secondes et arracher sa chemise à un inconnu. D'ailleurs, en consultation médicale chez le gynécologue, on commence à rencontrer des patientes qui se plaignent de la sexualité trop « porno » de leur compagnon. Traduisez trop hard, sans douceur ni préliminaires. La complicité, la connivence, l'humour, le sentiment et le respect de l'autre ne sont jamais montrés à l'écran, or ils sont les piliers de la relation homme-femme, qu'il soit question d'amour ou de sexe.

Les questions

◇ Est-il pervers de regarder un film porno ?

Non, mais quelques commentaires sont nécessaires. Dans ces films, la femme exprime un désir insatiable et s'exhibe comme un objet de plaisir pour l'homme. Et puis, les pratiques minoritaires sont sur-représentées : la plupart des éjaculations sont externes et mettent visuellement en scène la jouissance masculine, les pénétrations sont multiples, parfois simultanées. Et lorsque la femme est montrée enfin comblée, son orgasme ne survient que par pénétration vaginale. Mais, comme l'a montré l'Américaine Shire Hite dans son rapport sur la sexualité des femmes, la plupart d'entre elles sont d'abord excitées par le clitoris et c'est par lui que l'orgasme arrive, avec ou sans pénétration (même si cette dernière peut leur faire plaisir)...

Un film X, ça sert à quoi au fond ? Pas à philosopher, c'est sûr, mais à s'exciter et, de ce point de vue, le pari est réussi. Les images ont un pouvoir fantasmatique indéniable sur la plupart des hommes, doublé d'un effet « gâchette » évident. Le stimulus entraîne l'érection, puis l'éjaculation. Tout est calibré en quelques minutes chrono.

Qu'est-ce qui excite vraiment un homme : de voir la femme humiliée, dégradée ou dominée ? Ou au contraire de la voir désirante, excitée, heureuse et satisfaite ? La plupart des hommes se reconnaissent dans la seconde proposition. La jouissance féminine les rassure sur leur propre compétence, même si c'est par écran interposé. Et cela change tout, on n'est plus dans une guerre des sexes où il s'agit de dominer l'autre, mais dans une réassurance de soi et une quête de sensualité et de plaisir partagés. Quelle partenaire dans la « vraie vie » oserait exprimer son désir sexuel de manière si immédiate et si convaincante !

Pour repérer les régions du cerveau impliquées dans le désir, des chercheurs en psychobiologie[1] *ont tenté une expérience : projeter des films sexuellement « explicites » sans images jugées choquantes à des hommes en bonne santé. Résultats : le film érotique a eu pour effet de faire grimper la concentration de testostérone dans le sang, alors que le film comique, provoquant des émotions positives, mais non sexuelles, n'a pas fait varier de manière significative le taux de l'hormone mâle. Que devient la testostérone ? Elle va se fixer dans le cerveau, comme l'a montré la tomographie à positons, plusieurs zones du désir sont activées. L'érection est donc avant tout cérébrale. De là, il découle que l'exposition à ce type de stimulations (ou à des fantasmes sexuels) provoque une augmentation de la testostérone et de l'envie de faire l'amour.*

Quelques hommes restent cependant récalcitrants aux images pornographiques. Plusieurs raisons à cela : ils sont inhibés par les images choquantes, peut-être à cause de leur éducation ou de leurs principes religieux, certains peuvent tout simplement souffrir de troubles de l'érection.

1. Dr Serge Stoleru, unité Inserm 483, en collaboration avec le Centre d'études et de recherche médicale par émission de positons de Lyon.

Chez les femmes, l'effet porno est moins systématique : pour une première raison d'abord, les films sont essentiellement produits par des hommes et conçus pour les hommes. Ils ne tiennent pas compte de leurs goûts personnels. Or, comme l'a expliqué la réalisatrice de porno Lisbeth Lynghoeft, « il est temps de répondre à leurs attentes. Elles veulent plus de préliminaires, des corps mis en valeur dans leur ensemble et non réduits à des organes génitaux, une progression dramatique et des personnages crédibles avec des sentiments, des femmes qui ne doivent être ni violentées, ni soumises contre leur gré[1] ».

Par ailleurs, les femmes aiment que ces images s'inscrivent dans des jeux érotiques et une complicité à deux. Si elles sont proposées de but en blanc, sans préliminaires, voire imposées, elles peuvent interrompre la lubrification. Enfin, un certain nombre de femmes refusent ces expériences par méconnaissance de la psychologie masculine. Elles pensent : « S'il a besoin de ça pour bander, alors je ne l'excite pas (ou alors c'est un vicieux). » Il faut donc les rassurer d'une manière ou d'une autre : « Tu me fais tellement d'effet que... » À chacun de trouver sa formule magique.

◇ Est-il dangereux de voir des films régulièrement ?

Cela peut-il avoir des répercussions sur sa sexualité ? Non, tant que l'on sait qu'il ne s'agit là que d'une toute petite partie des jeux érotiques, tant que le film ne devient pas indispensable pour les rapports en couple et que ces images ne sont qu'un moyen parmi d'autres d'augmenter ou d'accélérer l'excitation, tant que la partenaire est branchée sur la même longueur

1. *Paris-Match*, 7 novembre 2002.

d'onde, tant qu'on le fait (aussi) pour s'amuser ou s'instruire. En revanche, lorsque les films sont utilisés à titre systématique, elles créent un conditionnement, voire se substituent à la réalité, ce qui peut devenir pathologique.

◇ Et le sexe sur Internet ?

La sexualité virtuelle par Internet (ou par téléphone) répond aux mêmes critères, tant qu'elle n'est pas exclusive et qu'elle est utilisée pour « briser la routine », créer de l'excitation et des fantasmes, alors elle n'est pas dangereuse (sauf pour le compte en banque). Cette manière d'aborder le sexe est même un Eldorado pour les timides, les coincés, les solitaires, les pressés. Elle leur permet d'exprimer facilement, rapidement, en tout anonymat, leur érotisme et même leur romantisme. Elle est aussi un moyen inespéré de trouver des partenaires pour une sexualité particulière (échangisme, sadomasochisme, etc.). Cette virtualité peut toutefois devenir un piège et isoler des autres ou de sa partenaire, elle peut devenir nocive, comme une drogue... Il est tellement plus facile d'appuyer sur un clic que de se donner la peine de sortir, de séduire l'autre, d'affronter son regard (parfois son refus), d'être dans un rapport partagé et équilibré... Aux États-Unis, il existe des centres de désintoxication pour les drogués d'Internet et, en France, depuis peu, on traite ce genre de problème dans les services d'addictologie, là où se soignent les alcooliques et les toxicomanes. Les mordus d'Internet, les vrais, peuvent passer des heures devant leur machine, tous les jours, sans exception, avec souvent à la clé des scènes de ménage, voire des ruptures pour ces cyberplaisirs trop envahissants.

Cybersexe et dépendance

7 à 10 % des internautes français seraient dépendants aux sites à caractère sexuel au point d'y passer plusieurs heures tous les jours. Les femmes se plaignant désormais que leur compagnon les « trompe » avec l'ordinateur. Une enquête a cherché à mettre à jour le profil de l'utilisateur : il consacre au minimum 11 heures par semaine au sexe virtuel. Il estime que le cybersexe est sa pratique la plus satisfaisante. 50 % des cyberdépendants ont moins de 25 ans, 50 % vivent seuls, 70 % n'ont pas d'enfants, plus de la moitié a une formation supérieure, la majorité se dit hétérosexuel, 90 % utilisent Internet depuis plus de deux ans, 50 % se connectent la nuit, 61 % se masturbent, 50 % expérimentent des fantasmes irréalisables, 10 % ont fait une rencontre au cours des 12 derniers mois[1].

◇ La pornographie rend-elle macho ou agressif ?

Non, estime Ruwen Ogien, directeur de recherche au CNRS : « Les études expérimentales démontrent que ceux qui ont des idées et des attitudes répugnantes à l'égard des femmes avant de voir du porno continuent de les avoir après, et ceux qui ne les ont pas avant ne les ont pas après. (...) S'il suffisait d'être exposé systématiquement à la pornographie pour devenir un violeur potentiel ou actuel, les individus les plus dangereux seraient les membres des commissions de classification des films X, qui passent leur temps à visionner des pornos[2]. » Autrement dit, le « déterminisme pornographique » n'existe pas.

1. Source : V. Cordonnier, « Cybersexe et addiction : quelle thérapie ? », *Sexologie*, vol. 15, n° 3, 2006.
2. Voir le dossier « Porno, où est le mal ? », *Les Inrockuptibles*, 24 juillet 2002.

L'alcool et la drogue, le duo qui met sous influence

Permettent-ils de se jeter à l'eau plus facilement et d'aborder une inconnue ? Augmentent-ils les performances sexuelles ? La réponse est nuancée. L'alcool comme la drogue sont des « psychostimulants », actifs au niveau du cerveau. À dose modérée, ils lèvent les inhibitions (blocages) et permettent de « se lâcher », d'être plus entreprenant, parfois plus drôle ou déluré. Ils provoquent une légère euphorie, l'envie de rire, une détente, du plaisir.

Mais attention au revers de la médaille. Ces produits peuvent aussi retarder l'érection ou l'éjaculation. L'inconvénient, c'est aussi que, très vite, ce sentiment de « pouvoir tout faire », dû au produit, peut donner l'impression qu'on est inhibé et bloqué lorsqu'on n'a pas le produit. Habitués à fonctionner à 200 à l'heure, certains supportent mal de rouler ensuite à 100 à l'heure, au régime sec et sans dopant. D'où la tentation de l'escalade ou l'idée d'essayer d'autres produits aux promesses mirifiques. Mieux vaut encore, si on a peur d'une déroute sexuelle, prendre ponctuellement des médicaments sexoactifs (en parler à son médecin).

Il faut savoir aussi qu'avec l'alcool et le cannabis, on n'est plus tout à fait maître de soi. Tout est possible : faire l'amour sans précaution ni préservatif avec la première venue (très risqué !) ; commettre un acte sexuel non désiré et non protégé et, même, éventuellement, abuser d'une femme pour ne pas dire la violer. Les violences du samedi soir sont loin d'être exceptionnelles...

Attention : d'accord pour s'amuser, à condition de pouvoir se regarder dans la glace le lendemain.

Sur les dopants sexuels et les drogues

◇ Le Viagra® ou les autres médicaments de ce genre augmentent-ils les sensations ?

Non, ce ne sont ni des aphrodisiaques ni des dopants, ils servent simplement à restaurer les fonctions perdues (inconstance ou absence des érections). Et si la partenaire en face de soi n'est pas désirée ou ne stimule pas suffisamment son amant, les médicaments peuvent n'avoir aucun effet ! Cependant, certaines fois, l'érection étant de meilleure qualité grâce au produit, l'homme se sent plus motivé à avoir un rapport sexuel et celui-ci devient plus agréable pour l'homme, mais aussi pour la femme par procuration.

◇ Les aphrodisiaques sont-ils efficaces ?

Tous les aphrodisiaques (corne de rhinocéros, ginseng, gingembre, bois bandé, noix de kola, noix vomique, piment, etc.) sont des substances qui évoquent la force, la vitalité, la puissance, le feu du désir. Ces produits sont habités d'une valeur magique qui participe au scénario amoureux. Si l'on se dit que la poudre va marcher, on se sent plus confiant et, souvent, cela marche, même si la chimie n'est pas en cause ! Attention tout de même à ne pas user de n'importe quoi ! Les rhinocéros sont en voie d'extinction à cause de leur corne. La fameuse cantharide (mouche séchée réduite en poudre) provoque une érection prolongée, mais elle est tellement toxique qu'elle est à ranger au rayon des poisons. Le nitrite d'amyle, connu sous le nom de popper, *donne parfois de sérieux maux de tête et des complications plus graves, voire mortelles (crises cardiaques), liées à des abus, surtout s'il est utilisé avec du Viagra®, Cialis®, Levitra® (voir chapitre 5, « Les explorations en tout genre »).*

◇ Le tabac ou l'alcool sont-ils des stimulants sexuels ?

La nicotine est un stimulant intellectuel qui tient en éveil. Mais à la longue, elle durcit les vaisseaux sanguins qui deviennent moins souples, moins efficaces et moins nourriciers. Comme les corps caverneux de la verge sont des éponges qui se gorgent de sang pour l'érection, on comprend bien que si la circulation est perturbée, la fonction sexuelle le sera aussi. Vers l'âge de 45 ans ou 50 ans, apparaissent les premières insuffisances érectiles. Quant à l'alcool, à petites doses, il stimule le désir puisqu'il lève les inhibitions (baisse de l'anxiété et de la gêne), mais, à fortes doses, il a l'effet exactement inverse : il freine l'appétit sexuel et limite les performances car il entraîne une constriction des vaisseaux sanguins. Or, pour que la verge se gonfle, les tissus doivent être parfaitement détendus et dilatés (voir schéma p. 100).

L'examen par doppler permet d'évaluer l'état général des vaisseaux au niveau de la verge.

◇ Le cannabis est-il bon pour l'amour ?

Le cannabis lève les inhibitions, on pourrait donc penser qu'il est aussi un bon dopant sexuel lorsqu'on est anxieux ou stressé ou, tout simplement, lorsqu'on est heureux et qu'on a envie d'aller au bout de ses sensations.

Le problème, c'est que, justement, le cannabis lève les inhibitions. Si on est gai, on deviendra euphorique, mais si on est triste, on peut se mettre à pleurer, si on contient en soi de la colère, on peut devenir agressif, si on est fatigué, on peut s'effondrer et, là, plus question de performances au lit. Par ailleurs, le cannabis met un sérieux frein à la motivation et au désir. Si on se sent très bien tout seul sur son nuage, pourquoi s'embêter à faire d'épuisantes figures acrobatiques ? Au plan physiologique, une autre particularité du cannabis, il retarde l'éjaculation (parfois trop).

◇ Que penser des « drogues de l'amour » ?

Prenons l'ecstasy. C'est du MDMA, une substance chimique psychoactive mise au point en 1912 dans un but militaire : amplifier certains effets des amphétamines. La composition des cachets n'est pas toujours certaine. Le MDMA peut même être totalement absent du comprimé ou alors mélangé à d'autres substances comme des amphétamines, des antidouleurs, des anabolisants, de la caféine, de l'amidon, des détergents, du savon... L'effet recherché par les utilisateurs est un regain d'énergie (la fatigue se volatilise et l'on peut danser jusqu'au bout de la nuit) et une facilité de contact (les défenses et les interdits tombent, on se sent libre, plein de compréhension pour les autres, ouvert, tolérant, amoureux). Les sens sont éveillés, le corps relaxé. Les effets immédiats sont relativement minimes, quoique l'ecstasy puisse être mortelle dès la première fois (dans un cas sur douze mille). Cette drogue a des effets neurotoxiques à plus ou moins long terme. Trois ou quatre jours après la prise, on peut se sentir anxieux ou dépressif ou incapable de concentration. Selon Jean-Pol Tassin, neurobiologiste au Collège de France, l'ecstasy accélère la destruction des neurones modulateurs de l'humeur, les troubles peuvent rester silencieux des semaines, voire des années[1].

Les poppers (connus aussi sous les noms de Boost, Snappers, Magix, Hot Shoot, New Fun, Space, etc.) sont considérés comme aphrodisiaques et vendus dans les sex-shops. Ils circulent dans les milieux gays depuis les années 1970. Les hétérosexuels s'y intéressent de plus en plus. Ces produits liquides inhalés ou

1. *Libération*, 12 avril 2003.

vaporisés dans les narines sont des vasodilatateurs puissants. Ils provoquent un effet immédiat : sensation de chaleur interne, sensibilité exacerbée, euphorie, augmentation de la durée de l'érection, amplification de l'orgasme et retard à l'éjaculation. Les effets sont indéniables et les consommateurs dithyrambiques. Hélas, ces produits ont une fausse réputation d'innocuité et peuvent se révéler dangereux, même s'ils ne sont pas interdits à la vente[1]*. Leur usage répété provoque, selon la vulnérabilité de chacun, des rougeurs du visage, maux de tête, vertiges, malaises, nausées, vomissements, toux et même dépression respiratoire ou arrêt cardiaque. Les sniffs finissent par endommager les cloisons nasales. À long terme, fatigue et anémies graves sont possibles, de même que des troubles de l'érection transitoires, ainsi que des croûtes jaunâtres autour du nez et des lèvres. L'association avec du Viagra®, du Cialis® ou du Lévitra® peut entraîner des collapsus mortels dès la première prise.*

◇ Quels sont les dangers des « drogues du violeur » ?

Le GHB ou le Gamma OH, encore connu sous le nom de Grievous Bodily Harm, *se présente sous forme de poudre ou de granulés à dissoudre dans l'eau. Il est utilisé en anesthésie, mais détourné de son usage médical pour ses propriétés euphorisantes. Consommé avec de l'alcool, il efface les réflexes et la mémoire. La personne ne se souvient plus du tout de ce qu'elle a fait, elle devient une victime idéale pour les autres (elle peut aussi bien signer un chèque à un inconnu que faire l'amour avec lui). Ses*

1. Ne sont pas considérés comme des médicaments, ne sont donc pas soumis à la réglementation très stricte pour l'obtention de l'autorisation de mise sur le marché (AMM). Rappelons que ce n'est pas le seul poison en vente libre, le tabac fait 60 000 morts chaque année en France. Et que dire de l'alcool…

effets sont similaires à ceux du Rohypnol® ou du Rivotril®, deux anxiolytiques prescrits comme tranquillisant ou somnifère. La qualification pénale de son utilisation pour une relation sexuelle est celle de «viol aggravé». Les policiers ont ainsi été sensibilisés à tous les éléments d'amnésie lors des dépôts de plainte pour viol après des faits divers impliquant des femmes mais aussi des hommes qui avaient été abusés de cette manière.

Savoir plus, risquer moins

Pour connaître les drogues qui circulent, leurs effets et leurs dangers avec, en plus, la possibilité de poser des questions, consulter le site Internet http://www.drogues.gouv.fr.
Drogues Info Services : 0 800 23 13 13, 7 jours sur 7 de 8 h à 2 h du matin. Appel anonyme et gratuit. Renseigne sur toutes les substances psychoactives, alcool, tabac et médicaments compris. Appel d'un portable au 01 70 23 13 13 au coût d'une communication locale.
Écoute cannabis : 0 811 91 20 20 de 8 h à 20 h, 7 jours sur 7. Appel anonyme, coût d'une communication locale depuis un poste fixe.
Écoute alcool : 0 811 91 30 30 de 14 h à 2 h du matin. Appel anonyme au coût d'une communication locale depuis un poste fixe.

L'homosexualité

Depuis 1973, l'homosexualité n'est plus considérée par l'OMS (ou le DSM IV qui est la bible des psychiatres anglo-saxons) comme une maladie mentale, mais comme une préférence sexuelle. Certains savent depuis toujours qu'ils sont homosexuels. Tout petits déjà, ils ont rêvé de jouer « au docteur et à l'infirmière » avec un garçon. Leurs fantasmes érotiques sont exclusivement tournés vers les hommes et, signe qui ne trompe pas, ils ont une absence totale de désir pour les femmes, voire un dégoût à s'imaginer avoir des rapports physiques avec elles. D'autres découvrent au fil du temps leur préférence pour les hommes. Les aventures successives et décevantes, voire désastreuses, avec les femmes leur ont permis de se situer vraiment, de savoir qui ils étaient.

La vraie difficulté de l'homosexuel est la difficulté sociale. La plupart des moins de 25 ans qui viennent consulter attendent avant tout une réassurance, ils veulent s'entendre dire qu'ils ne le sont pas. À cette période, le regard des autres est particulièrement paralysant et stigmatisant. Une bonne façon de se protéger est de vivre en groupe, entre soi, pour se soutenir, pour franchir plus vite les différentes étapes qui mènent à soi. Une autre façon d'apprendre à s'accepter tel qu'on est est de recourir à la psychothérapie pour y voir plus clair en soi. Peu à peu, on se familiarise avec sa différence, on l'assume et, surtout, on fait les deuils nécessaires : celui de ne pas être l'enfant rêvé de ses parents, celui de ne jamais avoir d'enfants (si l'homosexualité est exclusive et précoce), celui d'avoir un certain type de relation avec son entourage, etc.

Après ce long cheminement, il reste encore deux difficultés : trouver un partenaire et fonder un couple. La première chose est relativement aisée, chez les homosexuels, l'approche pour un « simple coup » est généralement rapide et sans grand discours, la pulsion est rapidement suivie d'un passage à l'acte, personne ne s'engage vraiment. Mais cette apparente facilité masque une réelle complexité à installer une relation plus durable si on le souhaite. La recherche de l'âme sœur est un parcours chaotique et mouvementé. Une fois cette étape franchie, la vie à deux dans un couple stable homosexuel ne présente pas de différences notables avec la vie à deux d'un couple hétérosexuel et tout ce qui est dit dans cet ouvrage à propos de la relation sexuelle ou amoureuse reste valable à peu de choses près. Il suffit de remplacer *la* partenaire par *le* partenaire et chacun s'y retrouve.

Les questions

◇ L'homosexualité est-elle génétique (voire héréditaire)?

Sûrement pas, même si quelques travaux très approximatifs essaient de réduire l'homosexualité à une simple mutation génétique contre laquelle on ne pourrait rien, puisque ce serait «la faute aux gènes ou aux hormones». Selon certains, l'homosexualité est un vrai choix, affectif, psychologique et social, malheureusement difficile à assumer à cause de la norme sociale. Mais pour d'autres qui l'expriment clairement en consultation, on ne choisit pas son attirance sexuelle, le seul choix qui s'impose à une personne homosexuelle, c'est de s'accepter ou non. Selon l'étude CSF 2008, 4 % des femmes et des hommes de 18 à 69 ans déclarent avoir déjà eu des pratiques sexuelles avec un partenaire du même sexe (ce qui ne signifie pas qu'ils sont homosexuels exclusifs ou bisexuels). 0,1 % des femmes (0,5 % des hommes) n'ont eu des rapports sexuels qu'avec une personne de même sexe. En réalité, les chiffres sont sans doute supérieurs.

◇ Y a-t-il toujours des signes annonciateurs de son homosexualité ?

Pas toujours, et si on les retrouve, c'est dans l'après-coup, souvent au cours d'une thérapie. Connaissant ses véritables préférences sexuelles, on relit son passé autrement, on se dit : « Mais c'est bien sûr, si je me comportais ainsi avec untel ou unetelle, c'est parce que j'étais déjà homosexuel sans en avoir conscience... » Et voilà comment on revisite son histoire en y trouvant du sens.

◇ Quelques rapports avec un homme suffisent-ils à dire que l'on est homosexuel ?

Non, il faut bien distinguer les pratiques occasionnelles et les comportements exclusifs et permanents. On peut avoir eu des expériences de ce type à l'adolescence, mais il s'agit le plus souvent d'une quête de soi et d'une recherche identitaire. Il arrive aussi que l'occasion fasse le larron, les circonstances, les rencontres font essayer une pratique méconnue. On peut enfin succomber à l'isolement : faute de femme à des kilomètres à la ronde (prison, armée, postes à l'étranger dans des univers très masculins), on se fait une raison.

◇ L'éducation est-elle responsable de nos choix sexuels ?

La préférence sexuelle dépend de très nombreux facteurs et, parmi eux, les parents et leur éducation ont eu – peut-être – une influence. Mais, au fond, est-il si important de savoir que c'est en partie « la faute » au père autoritaire ou trop absent, à la mère castratrice, possessive ou entretenue elle-même dans la détestation des hommes ? Il y a autant d'homosexualité que de trajectoires de vie et chacun fait avec son histoire.

◇ On n'est pas comme les autres, alors est-on normal ?

Cela signifie quoi « être normal » ? Est-ce d'adopter les façons de faire, de penser ou d'aimer du plus grand nombre ? Ou d'être fidèle à soi-même, ne pas trahir ses désirs et ses aspirations, ne pas tricher ? Si c'est cette deuxième proposition, alors oui, on est normal.

◇ Si l'on a des doutes, à qui en parler ?

Avant tout, il est indispensable d'apprivoiser pour soi cette réalité-là pour mieux la dire et mieux la vivre. Au clair avec soi-même, il est plus facile d'affronter les sarcasmes ou la peine des autres.

Choisir d'assumer son homosexualité dépend avant tout de soi. Si l'on va consulter un médecin ou un psy, l'objectif n'est pas d'affirmer son homosexualité ou de rester dans l'hétérosexualité, c'est d'être enfin en paix avec soi-même. On n'en est plus, heureusement, au temps du déconditionnement négatif où, aux États-Unis, les médecins administraient aux « malades » des décharges électriques en leur faisant visionner des images érotiques d'homosexuels.

◇ Et si l'on a une homosexualité honteuse ?

Il est difficile de passer toute une vie à faire « comme si... », à « être ce que l'on n'est pas ». Feindre de vivre une vie hétérosexuelle jugée plus normale, alors qu'on est « homo » dans l'âme, est une souffrance indicible. Les femmes peuvent être des amies, des confidentes, mais pas des amantes, et le rejet sexuel va parfois jusqu'au dégoût. L'homosexualité est une façon d'être, pas de faire. Elle va bien au-delà d'une simple pulsion. Dans ces conditions, il est plus que nécessaire de trouver une aide psychologique pour se débarrasser de sa culpabilité et de sa honte, pour lui donner un sens et se sentir enfin soi-même. Si ce que l'on a entendu dire sur les homos finit par entraîner le dégoût de soi-même, si l'on se sent honteux, il faut bien comprendre que cela est faux, ni la société ni personne n'a le droit de vouloir que l'on se haïsse. On est normal, on n'est pas le seul au monde à être ainsi, et on a droit au même respect que n'importe qui d'autre, à commencer par sa propre estime personnelle. Les comportements homosexuels font partie des comportements amoureux. Ils font partie de la personne mais ne la résument pas. Si les autres n'acceptent pas cette manière d'aimer, c'est leur problème ! Certains ouvrages peuvent aider à avancer sur son chemin personnel comme XY : De l'identité masculine» *d'Élisabeth Badinter ou* Le Rapt de Ganymède *de Dominique Fernandez. On peut aussi contacter des associations gays.*

◇ Faut-il annoncer son homosexualité à ses parents ? comment ?

Les parents font rarement preuve d'originalité face à cette situation. Ils sont surpris, dans le déni ou carrément effondrés. Certains minimisent la situation, d'autres refusent de l'affronter et préféreraient ne pas savoir, d'autres encore culpabilisent et se demandent quelle erreur éducative ils ont commise. Quelques-uns font du chantage affectif, d'autres coupent les ponts, tellement l'idée leur paraît insupportable (surtout parce qu'il leur faudra affronter le jugement et le regard des autres)... Rares sont ceux qui sortent le champagne pour fêter l'événement. Alors, avant d'aller à la confrontation, mieux vaut réfléchir, affûter ses arguments, se préparer à l'éventualité d'un conflit, voire d'une rupture (provisoire ou définitive). Si, au bout du compte, on choisit de l'annoncer, le ton a son importance. Si on présente la chose de manière catastrophée comme une mauvaise nouvelle, ils la prendront de manière catastrophée aussi, comme une mauvaise nouvelle. Si, en revanche, on aborde le sujet de façon plus neutre, mais ferme et assurée, ils comprendront que la question n'est pas négociable et qu'on ne leur demande pas leur avis : « J'ai une grande nouvelle à vous annoncer : je quitte ma femme, j'ai connu un homme, nous sommes heureux ensemble. Je sais que c'est dur pour tout le monde, mais je suis heureux ainsi, ne vous inquiétez pas ! »

◇ Faut-il le dire à ses enfants ?

L'immense difficulté est là. Oui, il faut le dire. Mais avec tact, en douceur, en choisissant ses mots, en respectant leur mère, sans entrer dans le détail de sa sexualité. Il faut en rester aux idées, évoquer le droit à la différence, la nécessité d'être soi-même, le fait qu'on n'a pas à juger quelqu'un sur ses préférences sexuelles, que le choix du plus grand nombre n'est pas forcément le meilleur pour soi. Au fond, ce qui compte pour les enfants, c'est que leur père les aime. C'est là-dessus qu'il faut insister, sur l'amour paternel qui demeure le même, et sur le fait qu'on n'a pas forcément choisi ce qui nous arrive.

◇ Quand et comment le leur dire ?

L'idéal serait de l'annoncer avant qu'ils ne l'apprennent par les autres. Ce n'est pas toujours possible. Lorsque le moment paraît le mieux choisi, à l'occasion d'une émission sur l'homosexualité à la télé ou d'un film qui vient de sortir, la vérité peut être amenée très progressivement, en posant des questions ouvertes : « Qu'as-tu pensé de tout ça ? (...) Que ferais-tu si tu avais des amis homosexuels ? (...) Et cela te ferait quoi que je sois comme ça ? » Petit à petit, l'enfant en vient à la conclusion qui s'impose, c'est de la maïeutique, c'est lui qui, de lui-même, va formuler cette vérité.

69 chiffres sur l'amour

Les films pornos et les sites Internet

52 % des hommes (et 20,4 % des femmes) ont vu « souvent ou parfois » un film pornographique. 30,3 % des hommes (et 3,6 % des femmes) ont déjà visité un site classé X, avec une prédilection entre 20 ans et 34 ans.

La masturbation

40,3 % des hommes (et 17,9 % des femmes) l'ont pratiquée « souvent ou parfois » au cours des douze derniers mois. 91,4 % des hommes (et 60,1 % des femmes) l'ont essayée « au moins une fois dans leur vie ».

La fellation

56,4 % des hommes (et 52,8 % des femmes) l'ont pratiquée « souvent ou parfois » au cours des 12 derniers mois 83,3 % des hommes (et 80,4 % des femmes) l'ont tentée « au moins une fois dans leur vie » (ce qui confirme la progression phénoménale depuis ces vingt dernières années)

Le cunnilingus

61,4 % des hommes (et 57,6 % des femmes) l'ont pratiqué « souvent ou parfois » dans les douze derniers mois, les plus jeunes étant les plus friands de ces pratiques. 85 % des hommes (et 85,5 % de femmes) l'ont tenté « au moins une fois dans leur vie ».

La pénétration anale

14,2 % des hommes (et 9,2 % des femmes) l'ont pratiquée « souvent ou parfois » dans les douze derniers mois. 45,1 % des hommes (et 37,3 % des femmes) l'ont tentée « au moins une fois dans leur vie ».

L'amour avec objet

15 % des Français ont utilisé un sex-toy, 11 % des liens, 32 % un préservatif spécial (anneau vibrant, texturé, etc.).

L'amour à plusieurs

7 % des hommes (et 1 % des femmes) ont déjà fait l'amour à plusieurs (ce qui ne veut pas dire que cette pratique soit régulière).

Les professions les plus sexy

Les pompiers (16 %), les médecins (16 %), les mannequins (14 %) et les masseurs (13 %).

L'amour avec un partenaire du même sexe

4 % des femmes et des hommes de 18 à 69 ans déclarent avoir déjà eu des pratiques sexuelles avec un partenaire du même sexe (ce qui ne signifie pas qu'ils sont homosexuels exclusifs ou bisexuels). 0,5 % des hommes (0,1 % des femmes) n'ont eu des rapports sexuels qu'avec une personne de même sexe.

L'amour « libre »

34 % des hommes (et 24 % des femmes) déclarent avoir vécu au moins une période de relations sexuelles en parallèle.

L'amour au bout de combien de temps ?

19 % des Français déclarent avoir eu un rapport lors de la première rencontre, 26 % la première semaine, 25 % le premier mois, 18 % le premier trimestre, 5 % dans les six mois, 2 % dans l'année, et encore 2 % au-delà d'un an.

L'amour « sans importance »

41,2 % des hommes déclarent avoir eu une relation sexuelle avec une personne « sans importance », comprenez sans l'aimer (c'est le cas pour 18,5 % des femmes).

L'amour sans lendemain

44 % des Français ont eu une nuit de sexe sans lendemain.

L'amour un peu plus tard

À 18-19 ans, 21 % des hommes (25 % des femmes) n'ont pas encore eu de rapports.
À 20-24 ans, c'est 8 % des hommes (13 % des femmes).
À 25-29 ans, 4,5 % des hommes (3 % des femmes).

À 30-34 ans, c'est moins de 2 % des hommes (et des femmes). Après 40 ans, moins de 1 % pour les deux sexes.

L'absence d'activité sexuelle
Un cinquième des hommes entre 18 et 24 ans ne manifestent d'intérêt ni pour la sexualité ni pour le couple. Ça représente tout de même 2 hommes sur 10. Entre 18 et 35 ans, ils sont 6,2 % d'abstinents sexuels (3,5 % des femmes).

Sources: Francoscopie 2005, *enquête CSF 2008.*

La bisexualité

De même qu'on peut aller à la rencontre de soi avec la masturbation, on peut aller à la rencontre des autres hommes, comme soi, pour découvrir de nouvelles sensations. Et retourner aux femmes ensuite. Passer alternativement de l'un à l'autre, sans se fixer. Les bisexuels explorent à la fois les deux faces opposées de la sexualité : l'homosexualité et l'hétérosexualité. Sont-ils plus heureux, plus accomplis, plus complets ou, au contraire, ambigus, indécis, insatisfaits, ambivalents, et pour tout dire incapables d'un engagement profond ? La question reste posée. À chacun de savoir où il se situe. Freud, qui a introduit le premier la notion de bisexualité en psychanalyse, écrivait déjà en 1899 : « Je m'habitue à considérer chaque acte sexuel comme un événement impliquant quatre personnes. » Merveilleux raccourci : chaque être humain abrite sa part de masculin et de féminin. Certains vont au bout de cette logique et passent à l'acte, d'autres, plus nombreux, en restent aux fantasmes ou rejettent violemment l'idée de l'homosexualité qu'elle implique.

Normal ou déviant ?

Dans la très grande diversité des comportements sexuels des hommes et des femmes, on peut distinguer :

Les fantasmes

Les fantasmes sont tous normaux, même ceux que l'on estime peu glorieux, humiliants, voire effrayants (imaginer des amours homosexuelles, pédophiles ou animales par exemple). Il n'y a pas à culpabiliser de les avoir. Ils restent du domaine imaginaire, intime, ils ne dérangent personne. Leur seule fonction est de créer de l'excitation. Ceux qui font une psychothérapie en découvrent parfois le sens. Une vie fantasmatique riche est positive, quels que soient les fantasmes.

Le comportement symbolique

Le fantasme va alimenter le comportement symbolique, il y a une mise en acte « douce » de celui-ci. Celui qui rêve de supplices sadomaso dans sa tête va se satisfaire, dans la réalité, de demander à sa partenaire de porter un collier de cuir (signe de soumission) ou des accessoires excitants (bas résille, talons aiguille). Ce goût est une habitude répétée, mais il reste normal.

Les comportements occasionnels

Une fois de temps en temps, on essaye une pratique (amour à trois, échangisme, etc.), parce que l'occasion s'y prête, qu'une rencontre la favorise, mais on n'en a pas besoin pour être capable de jouissance.

Les comportements exclusifs

Là, on entre véritablement dans la déviation pathologique ; pour obtenir de l'excitation, on est forcé de mettre en œuvre un certain type de scénario (fétichisme, sadomasochisme, frotteurisme, etc.).

Les pratiques sexuelles particulières

Autrefois, on parlait de « perversions sexuelles », un mot aux connotations morales plus fortes, laissant entendre l'idée de maladie mentale, de mal et de cruauté avec désir de nuire. Aujourd'hui, on parle plutôt de pratiques particulières ou de déviations sexuelles. Ce mot signifie simplement écart par rapport à la norme de la société. Ici, plus de notion de bien ou de mal, simplement une notion « géographique » ou « statistique » : on dévie du chemin tracé par la majorité. Une déviation peut être une simple fantaisie sexuelle ou un vrai problème pathologique. La frontière n'est pas toujours évidente.

De fait, tout le monde peut être, ponctuellement, à un moment ou un autre, voyeur, exhibitionniste, échangiste, masochiste ou sadique... Tout le monde peut tenter une expérience sexuelle « pour voir », pour relancer son désir, pour assouvir ses fantasmes... Dans un même registre, toutes les variations sont possibles. La composante sadomasochiste par exemple se joue à deux niveaux : psychologique (aimer dominer l'autre, aimer être soumis) et physique (aimer faire mal, aimer souffrir). Et là encore, toutes les nuances existent, du fantasme aux sévices physiques. Premier degré, l'imaginaire : par exemple, l'homme se rêve attaché ou fouetté alors que sa femme le chevauche dans la position d'Andromaque (la partenaire peut imaginer être prise de force). Le degré suivant est l'expression de son fantasme à voix haute, mais sans passage à l'acte. Le degré suivant est de jouer à le faire. Hop, on prend ce qui tombe sous la main (un foulard, une ceinture) et on se fait ligoter par sa partenaire aux barreaux du lit (on lui donne la fessée). Le degré suivant, on achète les accessoires, puis la panoplie du parfait petit sadomaso (bracelets, colliers, fouet, latex, etc.). Le degré suivant : on sort de chez soi et participe à des soirées spéciales, on fréquente les clubs SM. Les degrés supérieurs : on se laisse tenter par des pratiques de plus en plus extrêmes.

Ce qui fait la différence entre un déviant d'un jour et un vrai déviant, c'est la répétition de ce comportement (au moins six mois) et surtout l'impossibilité de trouver du plaisir autrement. C'est aussi le fait de vivre ses fantasmes. La déviation a besoin d'un passage à l'acte et d'une mise en scène, sinon l'excitation sexuelle demeure insuffisante. Lorsqu'on se contente, au contraire, de rêver la situation, lorsque celle-ci reste imaginaire, ce n'est pas une déviation sexuelle, c'est un fantasme.

Freud disait des enfants qu'ils sont des « pervers polymorphes ». Il signifiait simplement par là qu'ils sont curieux de tout. Ils touchent leurs excréments, jouent avec, regardent à travers le trou de la serrure, s'amusent à « touche-pipi », introduisent leurs doigts ou des objets dans les orifices naturels. Les déviants qui cherchent la stimulation vont s'appuyer eux aussi sur ces variations, ils sont un peu comme des enfants qui seraient restés bloqués à un stade primitif de leur développement.

Mais au fond, quel est le problème à emprunter un chemin sexuel différent de la norme ?

S'il en faut toujours plus pour provoquer un niveau d'excitation suffisant, comme avec la drogue, il y a le risque de l'escalade. D'où, justement, le problème de la partenaire. Est-elle d'accord avec ce qu'on lui demande ? Doit-elle faire plaisir à son amant en niant ses propres principes ? Ou est-elle l'élément moteur qui a besoin de ces situations ? Dans le premier cas, tant qu'elle est amoureuse et désirante, elle peut accepter d'entrer dans un jeu qui n'est pas le sien, mais elle voudra très vite en sortir, sauf à y perdre son âme.

→ Quelques exemples de pratiques sexuelles particulières (ou paraphilies)

• Le voyeuriste est plus excité à l'idée de voir les autres faire l'amour que d'agir lui-même. Il est passif, souvent caché. C'est le risque d'être pris qui l'excite.

• L'exhibitionniste, à l'inverse, va exposer sa nudité et plus particulièrement son sexe (c'est le fameux « Monsieur à l'imperméable »). Il est généralement inoffensif et passe rarement à l'acte. C'est le trouble provoqué chez l'autre (peur, dégoût ou surprise) qui le stimule dans l'instant ou ensuite au cours de la masturbation. Il n'est pas rare que se forment des couples « voyeuriste-exhibitionniste », en ce cas, tout le monde est content, si l'on peut dire.

• Le fétichiste a besoin d'un objet ou d'un détail morphologique pour être excité au cours de l'acte sexuel (des talons aiguilles, des bas, une tenue spéciale, une matière particulière, ou il lui faut choisir une partenaire toujours blonde ou brune, aux gros seins, qui boite, etc.). Son comportement est souvent lié à un souvenir d'enfance qui a provoqué chez lui une intense émotion sexuelle. Il a fixé par hasard, à cet instant, un objet (ou une personne), et il cherche à reproduire coûte que coûte ce même environnement pour retrouver la même émotion. L'inconvénient, c'est que pour parvenir à l'orgasme, l'objet (ou le détail morphologique) va davantage compter que la partenaire ! Celle-ci devient accessoire.

• Le masochiste a besoin de souffrir ou d'être humilié pour trouver du plaisir et de l'excitation. Il a pu, alors qu'il était enfant, être sévèrement puni par ses parents après une masturbation, ce qui a favorisé l'association d'idée « sexualité = souffrance ». Il a pu ressentir au cours d'une fessée reçue (ou en étant insulté) un plaisir inoubliable. Et de là est née sa déviation. Il réclame à sa partenaire des sévices corporels plus ou moins sévères sans forcément de satisfaction sexuelle à la clé. Ce sentiment lui apporte plus de plaisir que le plaisir lui-même. Le voilà heureux d'être « esclave », soumis, rampant, enchaîné, menotté, fessé, fouetté, traîné en laisse, mais avec des encouragements et des mots tendres quand même.

• Le sadique est l'inverse du masochiste. Il a besoin de faire mal, d'insulter, de punir, pour être excité. Voilà pourquoi se forment des couples « sadomaso ». La violence y est consentie et recherchée, mais elle doit être ritualisée et théâtralisée. On ne fait pas n'importe quoi, n'importe comment. On ne frappe pas pour brutaliser, mais pour jouer. Il y a des règles.

• Le travesti souffre d'un trouble de l'identité sexuelle. Il se sent femme dans sa tête et s'habille comme telle, souvent pour lui seul et caché, parfois exhibé à l'extérieur. Par ses vêtements, il met en scène et en acte sa bisexualité psychique.

• Le frotteur a besoin de se « frotter » contre une femme dans le bus, le métro, n'importe où il peut agir pour ressentir une excitation sexuelle. Sa déviation porte le nom de frotteurisme. Certains individus se collent à leurs victimes debout, d'autres imaginent des stratégies pour agir assis (ils utilisent un cartable par exemple : il suffit de mettre bien en évidence la première main sur celui-ci et caresser par en dessous avec la deuxième main). Personne n'y voit que du feu... et c'est cela qui entraîne l'excitation si délicieuse. Cela se passe au vu et au su de tous.

• Les appels téléphoniques obscènes (« *obscen phone calls* » en anglais) : cette fois, il s'agit de téléphoner au hasard, d'entamer la conversation avec une femme, sachant qu'à la fin, on proférera des mots ou des insultes obscènes. Comme l'exhibitionniste, le « téléphoniste » vise l'effroi et le dégoût de la personne à l'autre bout du fil. Dans le film Le Père Noël est une ordure, on retrouve une belle démonstration de cette perversion. Certaines déviations sont peu honorables, voire franchement criminelles (elles sont inscrites dans les manuels de psychiatrie, parfois réprimées par la loi) : la zoophilie (relation avec un animal), l'urophilie (jeux d'urine), la gérontophilie (relation avec un partenaire âgé), la nécrophilie (relation avec un cadavre), la pédophilie (l'adulte impose des relations sexuelles à des enfants ou des adolescents à peine pubères), la pédérastie (il recherche des relations avec des enfants exclusivement de son sexe), etc. Quelle que soit la variation sexuelle, on retrouve l'angoisse de castration, c'est-à-dire la peur d'être dépossédé de son pouvoir et de sa toute-puissance sexuelle. Le voyeur évite l'épreuve de l'acte sexuel : comme il ne met pas son organe en jeu, il ne risque pas de le perdre ; l'exhibitionniste montre son sexe, et si les autres réagissent, c'est bien qu'il existe ; le fétichiste se réfugie derrière l'objet et déplace métaphoriquement le sexe sur un objet extérieur à lui-même, etc. Certains déviants assument très bien leur penchant, et, d'ailleurs, la société est devenue beaucoup plus tolérante à leur égard. Les clubs SM ou échangistes se multiplient, les boutiques spécialisées ont pignon sur rue, la pub s'approprie leurs symboles (domination, cuir, latex, harem, etc.). Les vrais pervers ne souffrent pas et n'ont pas de culpabilité. Nombre d'entre eux s'adaptent, ils respectent leur femme et « pratiquent» hors du couple, dans des lieux adaptés. Inversement, d'autres déviants vivent très mal leur côté Docteur Jekyll et Mister Hyde. Ceux-là ont besoin de se faire aider, après que la pulsion sexuelle est retombée. Une psychothérapie les aidera à découvrir pourquoi ils fonctionnent ainsi et comment ils peuvent sortir de ce cercle vicieux. Dans certains cas extrêmes (pédophilie, agressions sexuelles), des médicaments peuvent être prescrits pour éteindre la libido (acetate de cyproterone = antihormone mâle). Mais ils ne suppriment pas totalement les érections et n'empêchent pas les fantasmes. Quoi qu'il en soit, le résultat est inégal, difficile, parfois long ou impossible, tout dépend d'où l'on part et où il faut aller.

6

LES TROUBLES DE L'AMOUR

Longtemps, on a cru que les troubles de l'amour les plus sérieux étaient dus au vieillissement et à une sorte de fatalité biologique. On admet désormais que les peines de sexe existent à tous les âges, chez les bien-portants comme chez les malades. Et qu'elles peuvent être aussi mal vécues chez les vétérans que chez les ados.

L'excellente nouvelle pour tous les hommes est que, dans la majorité des cas, il existe des solutions efficaces dans la plupart des troubles de l'impuissance ou de l'éjaculation, et ce, quel que soit l'âge. C'est suffisamment rare en médecine pour le signaler. Il y a dix ans encore, ce n'était pas vrai. Mais depuis, il y a eu toute la vague des médicaments « sexo-actifs ». Grâce à ces traitements, l'homme est enfin libéré de son obsession de mal fonctionner.

Avant 30 ou 40 ans, il se plaint plutôt d'éjaculation précoce. Ce trouble, immensément répandu, touche un tiers de la population masculine ! Il arrive aussi, mais c'est bien moins fréquent à cette période de sa vie, que l'homme souffre d'éjaculation retardée.

Après la quarantaine, mais surtout après la cinquantaine, ce sont les troubles de l'érection qui prennent le relais : un cinquième des hommes, soit environ 3 millions de personnes en France, se disent concernés par un problème d'« impuissance ».

Les troubles de l'éjaculation

→ L'éjaculation prématurée

Dire qu'une éjaculation est prématurée revient forcément à émettre une appréciation relative. Prématurée par rapport à qui ? À soi-même dans d'autres circonstances ? Ou bien à sa partenaire qui n'a pas eu le temps de prendre son plaisir ? Selon une étude vénézuélienne[1], environ 1 % des hommes interrogés éjaculent avant la pénétration et, à l'opposé, 2 % mettent tellement longtemps à venir... qu'ils n'éjaculent pas. Entre les deux ? La majorité des éjaculateurs prématurés atteint l'orgasme en moins d'une minute, voire moins de 30 secondes. Pour les autres, l'orgasme est atteint en 2 à 5 minutes après la pénétration et 8 % « durent » 8 à 10 minutes ou plus avant d'atteindre l'orgasme. Cette étude est sans doute extrapolable à l'ensemble des hommes sur la planète.

La perception du trouble de l'éjaculation, en consultation, est très différente selon que l'on est le monsieur concerné ou sa partenaire. Lorsqu'on demande au bout de combien de temps le patient éjacule habituellement après la pénétration, il répond en toute bonne foi dix minutes à un quart d'heure. Si

1. « Latency time to ejaculation in general male population in Venezuela », *Sexual medicine unit, Departement of urology, Hospital general del este de los seguros sociales,* Caracas, Venezuela, présentée au Congrès mondial de sexologie à Montréal en 2002.

l'on s'adresse à sa compagne, elle parle d'une à deux minutes maximum. Pourquoi une telle différence d'estimation ? Les hommes seraient-ils des menteurs ou des fanfarons ? Seraient-ils abusés par leur sens ? Ou les femmes seraient-elles en mal de perception, du fait de leur frustration ? Une chose est sûre, dans l'imaginaire masculin, l'éjaculation bien contrôlée est un signe de savoir-faire et non pas de puissance sexuelle, ça, c'est pour l'érection. La capacité « à durer » indique que l'on est un bon amant. Alors, reconnaître que l'on ne dure pas tant que cela...

Qu'en est-il vraiment ? Les données physiologiques indiquent qu'il est en effet très compliqué pour un homme de maîtriser sa tension sexuelle, même si c'est faisable, comme on va le voir. Différents facteurs amplifient ou accélèrent « la mise sous pression » : des rapports trop espacés, l'extrême intensité du désir, les sentiments ressentis pour la partenaire, ses manifestations d'excitation, voire ses exigences... Sans parler des facteurs physiologiques, voire génétiques.

Pourquoi tant de hâte ?

Quelques mouvements à peine et c'est déjà le bouquet final, l'éjaculation prématurée vient mettre fin au rapport sexuel. Parfois, il suffit de se déshabiller ou de frôler sa partenaire pour que « la messe soit dite ». Les médecins parlent alors d'éjaculation *ante portas*. Au début de la vie sexuelle, le manque de confiance et d'expérience aidant, l'émission de sperme vient trop vite parce qu'il y a de l'anxiété et une émotion « débordée ». Un peu comme une cocotte-minute, la pression doit s'échapper, sinon il y a risque d'explosion. Mais ce que savent bien peu d'hommes, et parfois de médecins, c'est qu'à force de jouir trop vite, se mettent en place, assez rapidement, des réflexes conditionnés (ou automatismes physiologiques). Et ceux-ci persistent même lorsque l'anxiété a disparu. Il est donc indispensable de se déconditionner, autrement dit de rééduquer son réflexe éjaculatoire pour que le corps (ré)apprenne à fonctionner plus lentement.

Comment traiter l'éjaculation prématurée ?

Le frein, la couronne du gland ou le prépuce sont des zones particulièrement sensibles chez bien des hommes. Il suffit de les stimuler pour qu'elles déclenchent l'émission du sperme, un peu comme si on avait appuyé sur un interrupteur. De nombreuses techniques comportementales, utilisées en sexothérapie, peuvent heureusement limiter ou contrer ce problème.

Le « **stop-and-go** » est une technique volontariste qui permet de retarder l'éjaculation. Son nom est éloquent : « arrêt-départ ». Pendant une période de plusieurs jours, la femme masturbe son partenaire et s'interrompt chaque fois qu'il lui fait signe (lorsqu'il perçoit l'imminence de son éjaculation). Puis, deuxième étape, lors du rapport sexuel, l'homme se place sous la femme en position allongée, afin d'être plus détendu. Sa vigilance peut alors se concentrer sur sa zone sexuelle. Lorsqu'il sent que l'excitation monte, il lui fait signe d'arrêter la stimulation afin de retarder l'orgasme. Cette méthode peut paraître frustrante au début : au moment précis où les choses prennent une tournure excitante pour elle, aussi, il faut tout bloquer. Il y a donc pénétration, sensations, puis arrêt de la stimulation par arrêt du mouvement de va-et-vient, donc risque de frustration pour la partenaire, sauf si l'on continue à s'occuper d'elle en la couvrant de baisers et de caresses. Autant dire que, sans complicité amoureuse, le « stop-and-go » n'a aucun intérêt. Mais dans un couple très investi, ce moyen reste intéressant, car il permet d'accéder à une certaine maîtrise sexuelle. L'inconvénient de départ se transforme en force et en avantage. En ce sens, on peut dire que l'apprentissage réussi du « stop-and-go » ressemble aux exercices à la barre des danseurs inlassablement travaillés.

Dans le même esprit, on peut tenter la fameuse technique du « **squeezing** », c'est-à-dire de pincement du frein (petite peau sous le gland) par la partenaire peu avant le moment crucial. Cela suppose son engagement et une grande confiance au sein du couple. Cette technique est donc déconseillée aux anxieux ou inexpérimentés. Certains exercices de kinésithérapie permettent de freiner la montée de l'excitation au moyen de mouvements musculaires (contraction des fesses notamment). D'ailleurs, pour la petite histoire, c'est ce que pratiquent les yogis tantriques. Comme ils considèrent la perte de leur précieux liquide vital comme dangereuse, ils essaient d'éjaculer le moins possible au cours de leur existence, tout en ayant des orgasmes. C'est une philosophie... mais certains passent leur vie à essayer de réussir cet exploit.

Les méthodes de relaxation et d'hypnose éricksonnienne rendent de bons services, soit en complément des médicaments, soit seules, lorsque les éjaculations sont précoces et sélectives, c'est-à-dire qu'elles surviennent avec certaines personnes, et pas avec d'autres. Au cours des séances, le patient apprend à respirer et à imaginer la situation stimulante tout en la contrôlant. Le réflexe conditionné est alors désamorcé au niveau mental, ce qui est un premier pas indispensable.

La méthode qui marche (si on prend le temps de l'apprendre)

La méthode sexocorporelle développée par le sexologue québécois Jean-Yves Desjardins est sans doute la technique non médicamenteuse la plus complète. Elle nécessite un apprentissage progressif, d'où l'intérêt d'intégrer chacune des étapes au fur et à mesure, afin que chacun des mouvements proposés devienne automatique et spontané. Au départ, mieux vaut la pratiquer debout, puis passer à l'horizontale, une fois l'exercice maîtrisé. Pour qu'un virtuose fasse une belle et grande improvisation, il lui faut avant tout faire des gammes, c'est vrai aussi en matière de sexualité. L'objectif de ce travail est de faire baisser la pression dans le bas-ventre. En voici les grandes lignes, en cinq ou six étapes.

1. Apprendre à respirer par le bas-ventre. Pour inspirer, gonfler le ventre ; pour expirer, le dégonfler. Au début, pour bien matérialiser sa respiration, placer sa main juste sous le nombril et accompagner le mouvement. S'entraîner plusieurs fois dans la journée, en voiture, au travail, devant la télé, etc.

2. Dans le même temps, c'est automatique, inspirer et expirer par la bouche (et non par le nez). La pression interne baissera plus facilement.

3. Apprendre à basculer le bassin vers l'arrière (fesse pointée en arrière), puis vers l'avant (pubis dirigé vers l'avant), dans un mouvement de va-et-vient, comme lorsqu'on fait l'amour ou que l'on danse. Lors des rapports sexuels, ce mouvement sera repris (mais on n'en est pas encore là), ce n'est pas tout le corps qui doit bouger, mais simplement le bassin.

4. Une fois ce mouvement d'oscillation du bassin bien intégré, il faudra lui associer la respiration par le ventre. Quand les fesses sont vers l'arrière, inspirer en gonflant le ventre, lorsque

La méthode sexocorporelle

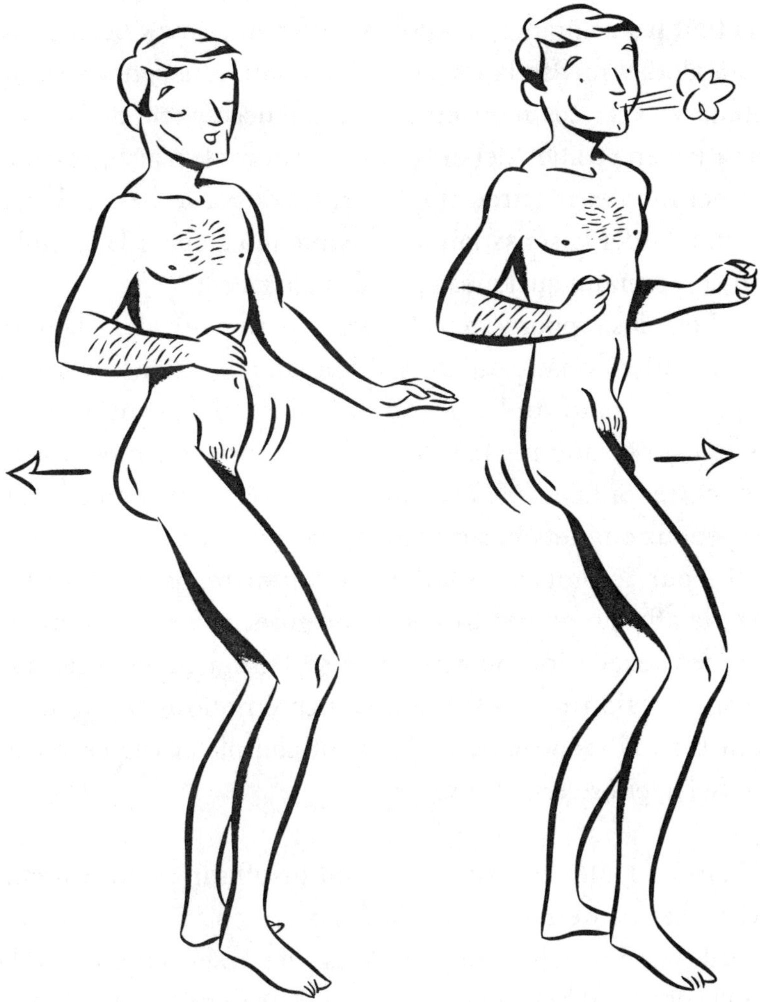

Gonfler le ventre en inspirant par la bouche, tout en basculant le bassin vers l'arrière.

Dégonfler le ventre en soufflant par la bouche, tout en basculant le bassin vers l'avant.

le pubis est vers l'avant, expirer en dégonflant le ventre. (Pour se souvenir, fesses en arrière «gonflées» = ventre «gonflé»). Cela paraît très technique, mais avec un peu d'entraînement, cela finit par se pratiquer automatiquement, sans y penser. On saura alors y mettre la forme et l'émotion indispensables. Au début, associer ces mouvements à la redécouverte de la masturbation en position debout pour faire durer le plaisir. Lorsque celui-ci monte, respirer amplement, bouger le bassin lentement, retarder la sensation débordante (ou stopper la stimulation et reprendre quelques secondes plus tard).

5. Lors des rapports sexuels avec la partenaire, dans la position du missionnaire ou en position latérale, plier les jambes en prenant appui sur les genoux afin d'éviter de contracter les fesses car cela augmente la tension nerveuse et la pression du bas-ventre. Si l'homme est sous la femme, il peut aussi plier ses genoux en mettant ses pieds à plat sur le lit.

6. Pour accompagner toute la manœuvre, garder les yeux ouverts afin de ne pas trop se concentrer sur ses sensations internes (excitation ou stress) et se laisser submerger par elles. La vision permet une distance émotionnelle tout en étant bien là sexuellement. On peut compléter ces exercices par de l'hypnose éricksonnienne.

Lorsque toutes ces méthodes sont insuffisantes ou peu efficaces, elles peuvent être complétées ou remplacées (surtout au début) par des médicaments. Ainsi, les médicaments de la famille des antidépresseurs ont pour effet secondaire de retarder l'éjaculation de plusieurs minutes. Cet effet peut être mis à profit ici, à condition d'en prendre plusieurs mois, habituellement faiblement dosés. Le premier médicament qui ait demandé l'autorisation de mise sur le marché pour cette indication précise est la dapoxetine. Son avantage : il peut être pris ponctuellement, à la demande, juste avant le rapport, à la différence des antidépresseurs, pris au long cours. On l'attend toujours...

Il est possible, aussi, d'appliquer une crème anesthésiante sur la couronne du gland une heure à une demi-heure avant le rapport, de façon à ce que le produit fasse son effet en temps voulu. Celui-ci (habituellement utilisé pour les petits actes chirurgicaux) est suffisamment puissant pour retarder l'éjaculation. Il s'obtient uniquement sur prescription médicale et n'a rien de comparable avec les crèmes vendues dans les sex-shops, sous-dosées, donc inefficaces !

→ L'éjaculation retardée

Avec l'âge, la tendance s'inverse, l'homme est un peu « plus long à la détente ». Le voilà confronté cette fois à une éjaculation plus difficile. Pour ceux qui étaient des éjaculateurs prématurés, l'effet est spectaculaire et positif. Un peu comme les myopes qui deviennent presbytes avec le temps et voient enfin normalement. Mais les autres peuvent trouver le temps long et leur partenaire aussi.

Comment traiter l'éjaculation retardée ?

Il est important de comprendre ses différentes origines pour la soigner de manière adaptée.

En cas de chute de l'hormone mâle (due à l'âge), le désir est freiné, la pulsion amoindrie, l'éjaculation laborieuse. Une solution est de prendre de la testostérone, sous forme de gel, de comprimés ou d'injection intramusculaire dans la fesse. Bien entendu, un bilan médical s'avère indispensable pour éviter d'éventuelles contre-indications dont le problème de prostate. Un autre produit, la midodrine (Gutron®), habituellement prescrit dans les cas d'hypotension orthostatique, élève la tension et aide à l'éjaculation. C'est à prendre avant le rapport et ponctuellement.

Ces thérapies médicamenteuses s'intègrent dans une prise en charge globale de changement. Il est nécessaire de rééduquer aussi ses comportements éjaculatoires, surtout lorsque l'émission de sperme est tellement longue qu'elle ne vient pas du tout (anéjaculation). Le plus souvent, tout se passe normalement au cours de la masturbation. C'est comme s'il y avait une déconnexion entre le corps et la sexualité. La rééducation consiste à partir des habitudes masturbatoires et à les adapter aux perceptions et aux mouvements perçus lors du coït. Il faudra parfois diminuer la pression sur la verge, ralentir le mouvement, etc.

L'hypnose éricksonienne permet, ici encore, d'obtenir un meilleur lâcher prise, tout en renforçant la sensation d'excitation interne.

Ce qui est essentiel : le traitement, quel qu'il soit, doit s'accompagner d'une attitude psychologique favorable. Si l'homme reste fixé sur son éjaculation comme récompense suprême, elle viendra avec difficulté voire pas du tout ou sans plaisir. Courir après l'orgasme, c'est un peu courir après son ombre. Plus on avance, plus elle nous devance. Il faut donc se focaliser sur les sensations agréables et cueillir le bonheur de l'instant. Petit à petit, à force de s'accrocher à de petits plaisirs plutôt qu'à un hypothétique orgasme explosif, le seuil éjaculatoire se rapprochera. Dans ce contexte, les jeux érotiques à deux sont essentiels (massages, caresses, fantasmes, films, etc.). Ils mettent en route le train du désir et aident à retrouver des perceptions très agréables.

Les troubles de l'érection

Tout homme a connu, connaît ou connaîtra ce genre de panne au cours de sa vie sexuelle. La pénétration est impossible à cause d'une absence durable de rigidité de la verge. Autrement dit, cela reste « mou » ! Si les épisodes se répètent, un cercle vicieux peut rapidement s'installer : « Ça ne marche pas, donc je crains l'échec, et quand j'ai peur de ne pas y arriver, ça ne marche plus ! » Mieux vaut donc réagir sans attendre, mais sans dramatiser non plus.

→ Pourquoi cette hantise de l'échec ?

Prenons le scénario classique et les choses à leur commencement, donc au lit. L'homme est à l'œuvre et s'active normalement, quand le téléphone sonne, le voisin se met à brandir sa perceuse, ou le bébé hurle dans son berceau, bref quand un élément perturbateur réduit sa belle érection à pas-grand-chose. Heureusement, grâce à une bonne dose d'humour et de confiance dans le couple, la débandade reste ponctuelle ; mais chez quelques inquiets, l'anxiété peut être telle que la peur d'une nouvelle panne prend le dessus et ne les lâche plus, au point de les rendre « impuissants » pour de bon. Second scénario : l'anxiété s'invite de manière sélective avec chaque nouvelle partenaire. L'homme ayant besoin d'être rassuré d'abord, stimulé ensuite, en situation de « première », donc de défi, il se demande, inévitablement, s'il sera à la hauteur ce qui lui fait perdre tous ses moyens. C'est la fameuse angoisse de performance. Autre terreau de la déroute, l'inexpérience sexuelle et le complexe d'infériorité face à une partenaire experte en la matière. Avec toutes ses heures de vol revendiquées haut et fort, l'homme se sent jugé « d'en haut » et attendu au tournant. La compétition ou le bras de fer se passe en réalité avec tous les amants qu'elle a eus auparavant et non avec elle.

La chute de l'Empire romain

Les pannes surviennent plus facilement dans les grandes périodes de doute et de remise en question : chômage, problèmes professionnels, relationnels, retraite, etc. L'homme a une bien piètre image de sa personne, et comme ce qui symbolise sa force, c'est son sexe, c'est là que sa difficulté s'exprime de manière plus visible. Dans *Au-delà de cette limite votre ticket n'est plus valable*, l'écrivain Romain Gary raconte avec humour et réalisme ce qui se passe dans la tête d'un homme qui voit mourir ses premières érections. Extraits de dialogues entre son héros, qui n'a pas encore de problème de virilité, et Jim Dooley, un riche financier de ses relations, terrassé par la chose : « Naturellement, je ne me considère pas encore comme foutu. Mais vous savez ce que c'est, quand vous êtes au lit avec une fille et que vous n'osez pas vous y risquer parce que vous savez que vous allez ployer, c'est pas assez dur, vous n'allez pas réussir à vous frayer le chemin, et vous débandez complètement à cause de l'anxiété et du désespoir, et vous vous trouvez alors, ou bien avec une maman qui vous console et vous caresse le front et vous dit « Ça ne fait rien, tu es fatigué », ou « Mon pauvre chéri », ou bien avec une salope qui essaie de ne pas se marrer parce que le grand Jim Dooley, il ne peut plus bander, il ne vaut plus rien, il n'y a personne. La chute de l'Empire romain, quoi. Il ne m'écoutait pas. Il ne me voyait pas. Je n'étais pas là. Il était seul au monde. On pouvait tous crever : il ne bandait plus (...).

– Vous êtes à leur merci. Ça dépend sur qui vous tombez. Si c'est une salope, vous êtes foutu. Elle raconte ça partout (...). Heureusement, il y a toujours celles qui croient que c'est de leur faute, qu'elles ne sont pas assez bandantes. (...). Et vous connaissez ça, plus on se demande si on va réussir à bander et moins on bande... encore un triomphe de la psychologie. Et plus on est angoissé, plus on baise pour se rassurer, ou, en tout cas, on essaie. Finalement, ce n'est même plus du tout parce qu'on en a envie. C'est pour se rassurer, se prouver qu'on est encore là. Quand vous y arrivez, vous vous dites, ouf! Ce n'est pas encore la fin, je suis encore un homme[1]. »

1. Gallimard, 1975.

Comment traiter l'impuissance?

L'objectif est d'être capable d'avoir des relations sexuelles sans pénétration au début afin de ne pas se focaliser sur l'absence d'érection et sur le climat de « tout ou rien » trop stressant. Idéalement, il faudrait se concentrer sur le plaisir d'être ensemble, la connivence, la confiance, cela aide beaucoup à dédramatiser la situation et à réduire l'inhibition qui bloque l'érection. Ce faisant, les caresses stimulantes et les jeux sexuels deviennent plus envoûtants. Le plaisir de la partenaire est le meilleur des dopants si on ne se sent plus bloqué. Donc, commencer par l'autre, c'est une bonne façon de s'occuper de soi. Ce n'est pas que de l'altruisme, au contraire, c'est jouer gagnant-gagnant. La pénétration est une chose, mais les préliminaires, les caresses, les mots tendres, la douceur, ou les mots crus, l'expression de son désir intense, vont rassurer la partenaire sur ses propres compétences. Le plaisir de celle-ci agit alors comme un stimulant de son propre plaisir. N'oublions pas qu'il est impossible de commander son sexe, mais sa bouche ou ses mains, oui !

Si malgré ces efforts et la complicité sexuelle, l'érection ne vient pas, il existe mille façons de s'en sortir. Les hommes (qui ne sont pas malades et qui ne reçoivent pas de traitements contre le cholestérol ou l'hypertension par exemple) finissent par dépasser leur problème, dans la majorité des cas, avec ou sans médicaments, à condition « d'avoir envie d'avoir envie » et de ne pas avoir peur des femmes. Les laboratoires ont également bien travaillé. Il existe désormais toute une panoplie de produits sexoactifs très efficaces pour stimuler le sexe défaillant.

Quand les pilules de l'amour n'existaient pas

Il y a une dizaine d'années, les médecins disposaient seulement de traitements locaux ; il s'agissait d'injecter dans la verge de la papavérine ou de la prostaglandine (injection intra-carverneuse), de proposer une pompe à vide (*vacuum* avec un anneau servant de garrot) ou enfin d'implanter une prothèse par chirurgie. Pour tous les urologues, andrologues et sexologues, l'arrivée de Viagra®, a donc été une véritable révolution. C'était le premier médicament oral, un simple comprimé à utiliser ponctuellement avant le rapport, sans impact apparent au niveau de la verge avec une efficacité réelle incontestable, nettement supérieure à celle de tous les produits testés auparavant (alpha bloquants, antidépresseurs, anxiolytiques...).

À cause de l'existence du Viagra®, les cardiologues ont été obligés de répondre à cette question simple et vitale : qui peut utiliser ce produit sans risque ? Ces spécialistes ont procédé à des études sur le travail cardiaque pendant l'acte sexuel. On a ainsi appris qu'un acte sexuel correspondait au plan du travail cardiaque à monter un ou deux étages. Ce qui n'avait rien d'exténuant. De là, cette possibilité de conseiller la reprise des rapports sexuels après un infarctus. Soyons clairs, ces médicaments ne sont pas dangereux pour le cœur à condition de ne pas être traité en plus par des dérivés nitrés. Dans le doute, toujours demander l'avis de son cardiologue.

→ Les remèdes anti-impuissance qui marchent

Les médicaments « sexo-actifs » améliorent l'érection et la dureté de la verge dans plus de 80 % des cas. Mais le font-ils suffisamment pour permettre une pénétration et un rapport sexuel accompli ? OUI, à condition de nuancer la réponse : si la cause du blocage est psychologique (angoisse de performance notamment), la pénétration redevient effectivement possible dans plus de 80 % des cas, mais si le trouble de l'érection résulte d'une maladie comme le diabète, qui peut altérer sévèrement les vaisseaux de la verge, la pénétration n'est alors effective que dans 60 % à 70 % des cas environ et parfois moins si le trouble est encore plus sévère. Il faudra alors se tourner vers d'autres méthodes, comme les injections de produits vasodilatateurs dans la verge ou la pompe à vide (voir p. 212) qui provoque une stimulation « mécanique » du sexe.

Viagra®, la pilule qui soulève des montagnes

Pfizer sort en 1998 son fameux petit losange bleu. Le sildenafil (dénomination commune internationale) est le premier médicament oral réellement efficace contre l'impuissance. Il agit localement en inhibant une enzyme massivement présente dans la verge, la phosphodiestérase de type 5 ; cela permet de maintenir la quantité de sang nécessaire sur place, du coup, les érections surviennent et se maintiennent. Elles sont de meilleure qualité (plus dures et plus durables).

Ses indications : elles sont très larges, à savoir tous les patients qui souffrent de troubles de l'érection, aussi bien les psychogènes (sans cause physique), que ceux qui ont des pathologies (maladies cardio-vasculaires équilibrées, maladies neurologiques, diabète, antécédents de chirurgie comme les cancers de la prostate localisés avec préservation du nerf érecteur, etc.). Pour que le Viagra® fonctionne chez l'homme sain, il faut qu'il y ait désir et début de stimulation. Et chez l'homme atteint de pathologies, il faut que les nerfs responsables de l'érection ne soient pas trop détruits.

Délai et durée d'action : certains patients répondent au bout de 25 minutes, d'autres une heure seulement et c'est ce qui est indiqué dans la mention légale. L'effet dure au minimum de 5 à 6 heures, parfois 12.

Les effets indésirables : maux de têtes bénins dans 12 % des cas (les abandons pour douleurs violentes sont exceptionnels), rougeur du visage, troubles digestifs, vision d'un halo bleu dans 2 à 3 % des cas.

Les contre-indications : il est formellement interdit d'associer le sildenafil à la prise de dérivés nitrés, actifs contre l'angine de poitrine ou prescrits après un infarctus du myocarde.

Les deux produits réunis provoquent une chute massive de la tension artérielle parfois à l'origine de collapsus (chute brutale de tension). Par ailleurs, l'activité sexuelle elle-même peut être contre-indiquée au patient qui peut à peine monter un étage et qui s'essouffle très rapidement, il n'est donc pas souhaitable d'utiliser du Viagra® pour faciliter le rapport puisqu'il est formellement déconseillé d'avoir des rapports. En revanche, en cas d'insuffisance cardiaque modérée, le produit est parfaitement toléré. Les hypertendus sous traitement l'emploient aussi, ils forment d'ailleurs le gros du bataillon des utilisateurs de ces produits.

Cialis®, la pilule de la Saint-Valentin

Le tadalafil, lancé le 14 février 2003 par Lilly Icos, agit au niveau de la verge avec une efficacité évidente, il a un mécanisme d'action similaire au Viagra®, des indications et contre-indications identiques. C'est aussi un inhibiteur de la phosphodiestérase 5, mais sa formule chimique, légèrement différente de celle du sildenafil, lui confère quelques petites particularités cinétiques intéressantes.

Délai et durée d'action : l'avantage de ce produit réside dans sa durée d'action : 24 heures selon la mention légale française, mais, en Australie, où l'on prend en considération certaines autres études, elle est de 36 heures. Des patients comme des experts disent même qu'il est efficace 48 heures. Les effets indésirables : maux de dos (6 %) et douleurs musculaires (6 %) modérées dans les deux cas. La nouveauté : une pilule pour tous les jours aussi. Cialis® 5 mg est le premier comprimé quotidien du genre. Une fois n'est pas coutume, la France, le Portugal et la Finlande, sortent le traitement continu avant même les États-Unis, car ces trois pays sont réputés les meilleurs prescripteurs du Cialis® (avant même le magique losange bleu). Le bénéfice attendu devrait être non seulement physiologique mais psychologique. Les érections matinales qui reviennent, c'est un sentiment de liberté et un excellent anxiolytique pour certains hommes.

Levitra®, l'espoir de toute-puissance

Le vardénafil, des laboratoires Bayer-Schering-Pharma, agit comme les deux autres produits localement, en inhibant la phosphodiestérase de type 5. Donc, mêmes indications et contre-indications, mais un petit bonus supplémentaire : sa puissance supérieure sur les cellules cultivées... *in vitro*. Ce qui signifie que, pour obtenir l'effet recherché, il faut nettement moins de produit. Des études chez les diabétiques ont révélé une amélioration de l'érection de 72 % (ce qui est massif) et de la pénétration de 64 %. Après ablation de la prostate et lorsque les deux nerfs ont été conservés, l'amélioration de l'érection est de 71 % et celle de la pénétration de 47,5 % (ce qui est élevé aussi).

Délai et durée d'action : la réponse est habituellement obtenue au bout de 30 minutes. Une nouvelle forme lyoc avec un délai d'action plus rapide est attendue prochainement. Sa durée d'action est de 6 à 12 heures, donc légèrement plus longue que celle du Viagra® et plus courte que celle du Cialis®. Les effets indésirables : ce sont pratiquement les mêmes que pour le Viagra®, sauf que le petit halo bleu s'observe dans moins de 1 % des cas.

« La bande des trois » : lequel choisir ?

Pour les hommes concernés, c'est une grande chance que d'avoir le choix entre trois produits très actifs et bien tolérés. Chacun a ses particularités avec ses avantages et ses petits inconvénients. L'avantage du Viagra® ? On le connaît déjà, des millions d'utilisateurs dans le monde l'ont essayé, il existe des études extrêmement bien faites – notamment sur des patients à risques – et le résultat est rassurant. Il n'y a pas plus d'infarctus ni d'accident chez eux. De plus en plus d'études sont rassurantes sur ce point. Les patients inquiets pour leur cœur le choisiront donc en attendant que les autres produits fassent leurs preuves eux aussi. Avec le Cialis®, c'est évidemment la durée d'action qui est mise en avant. Le rapport peut survenir n'importe quand, bien après que la pilule ait été avalée. La partenaire n'est pas à disposition séance tenante et personne ne se sent « obligé ». Avec Levitra®, c'est une certaine rapidité d'action qui est attendue, par ailleurs, on peut le prendre durant le repas (même avec un peu de vin) sans que cela retarde son action.
Les trois produits s'obtiennent sur ordonnance, ils ont pratiquement le même prix et ne sont pas remboursés. Ce ne sont pas des aphrodisiaques, ils n'augmentent ni les sensations ni l'envie de faire l'amour. Seulement les érections, ce qui est déjà magistral !

Les injections intra-caverneuses

Elles sont surtout intéressantes en cas de cause organique majeure, lorsque les médicaments se révèlent sans effet. L'injection d'un produit vasodilatateur au niveau du pénis (prostaglandines) entraîne un appel de sang quasi mécanique qui provoque l'érection. Deux produits sont actuellement sur le marché :

Edex® et Caverject®. Les stylos auto-injecteurs simplifient la tâche, la piqûre est quasi indolore. Avec le gel intra-urétral (Muse®), plus besoin de piqûres, les produits vasodilatateurs pénètrent directement au niveau du méat urinaire au moyen d'une toute petite poire à introduire dans l'urètre. Toutefois, ce produit moins efficace que les injections reste assez peu utilisé.

La pompe à vide ou *vacuum*

On introduit le pénis dans un tube relié à une pompe qui permet de faire le vide dans le tube et, donc, par le système d'aspiration, d'entraîner un afflux de sang dans les corps caverneux. L'érection devient ferme et rigide. Il suffit alors de glisser un anneau de latex de la base du tube à la base du pénis. Cela maintient la rigidité pendant environ trente minutes. Ce procédé médical a l'avantage de rééduquer la fonction érectile par la relance répétitive de l'afflux de sang dans la verge. Il a très peu de contre-indications et il est surtout utilisé quand les autres méthodes ont été essayées sans succès. Attention à ne pas confondre ce dispositif, obtenu directement auprès du laboratoire, sur prescription médicale, avec certains de ceux trouvés dans les sex-shops. Même s'ils se fondent sur un principe identique, la pompe est parfois si petite (à peine plus grosse que celle d'un vaporisateur de parfum) que l'appel d'air est ridicule. Moins cher, mais nettement moins efficace.

Les troubles du désir

Jusqu'à présent, c'étaient surtout les femmes qui consultaient pour les troubles du désir (« Pas ce soir, chéri, j'ai une migraine »). La situation est en train de changer, un nombre croissant d'hommes se plaignant eux aussi de leur libido, un peu comme si, maintenant, ce problème était sociologiquement admis. Reste qu'en consultation, il n'est pas toujours facile de bien distinguer un vrai trouble du désir d'un trouble de l'érection. Quel rapport ? direz-vous. Un homme sait bien s'il a envie de faire l'amour ou s'il a du mal à avoir des érections fermes. Eh bien non, ce n'est pas si simple. En consultation, les patients expliquent : « Je n'ai pas d'érection, car je n'ai pas de désir » (sous-entendu : « Si j'avais envie, je serais capable d'en avoir une »). Et ce que l'on découvre, la plupart du temps, au fil des séances, c'est qu'ils n'ont pas envie, car ils n'ont plus d'érection. Les échecs répétés ou la crainte de faillir bloquent le désir. Les vrais troubles du désir sont plutôt rares chez l'homme et surviennent essentiellement lors d'une chute hormonale ou d'un problème psychologique. Un dosage de la testostérone permet de faire le point. Si le taux est effondré et que la prostate n'est pas inflammatoire, l'apport d'hormones mâles aura un effet très positif sur la libido. Des traitements existent sous forme de comprimés, d'injections intramusculaires, de gel et maintenant de patch. Si le taux est habituel, deux situations peuvent se présenter : soit on traite le trouble de l'érection et l'homme guéri retrouve son envie. Soit la guérison ne change rien, et c'est bien la confirmation d'une absence de désir, souvent associée à une absence de fantasme. Rien n'excite cet homme, personne ne l'émeut, les femmes dans la rue le laissent de marbre. La solution ne peut venir alors que d'une psychothérapie, éventuellement associée aux autres moyens (sexothérapie, médicaments, etc.).

L'approche psychosomatique

Le cerveau entretient avec tous les organes des liens intimes, troublants, parfois paradoxaux. Cela tient sans doute à son histoire et à la manière dont il s'est sophistiqué au cours de l'évolution des espèces. Le cerveau le plus primitif ou cerveau « reptilien » comprend juste le tronc et le cervelet. C'est le cerveau de l'instinct ; il détermine le niveau de vigilance et régule les fonctions de base nécessaires à la survie. Au-dessus de lui se trouve le cerveau intermédiaire, encore appelé système limbique. Il a des prolongements et des connexions dans tout le corps. Il contrôle le rythme cardiaque, la respiration, la pression artérielle, la glycémie, etc. C'est aussi le cerveau des émotions, voilà pourquoi la joie, la peur, la colère, la honte s'expriment par des réactions physiques : accélération du rythme cardiaque, respiration coupée, boule dans la gorge, ventre noué, transpiration, etc.

Enfin, le cortex ou cerveau supérieur, caractéristique de l'homo sapiens, recouvre les deux hémisphères cérébraux. Il est le siège du langage, de la mémoire et de la réflexion, mais aussi des sensations et du contrôle des mouvements. Quand la surcharge émotionnelle déborde et devient non maîtrisable à un moment donné, elle peut favoriser un processus somatique « au coup par coup ». L'organe, sous l'effet de la contrainte qui persiste, se met à mal fonctionner : la peau est le siège d'allergies, la tête, de migraines, le tube digestif, de colopathies, etc. L'investigation psychosomatique consiste à rechercher dans la vie du patient et dans son histoire les événements susceptibles d'avoir déclenché la maladie : les conflits conjugaux, familiaux ou professionnels, les changements de situation, etc.

Le processus somatique, dont l'expression visible est le symptôme, ne doit pas être l'arbre qui cache la forêt. Ce

qui compte, c'est bien de renouer ce lien cassé entre le malade et son histoire, son entourage, etc. Pour y parvenir, des traitements médicaux sont associés à des thérapies brèves de quelques séances, de l'hypnose, de la relaxation ou des psychothérapies plus longues. Ces différents moyens mis en œuvre aident à cesser la répétition, c'est-à-dire à limiter les récidives, atténuer progressivement les symptômes, et même les faire disparaître.
Le « choix » de l'organe a-t-il un sens symbolique ? On peut considérer que le terrain ou l'hérédité sont une sorte de fragilité organique qui prédispose à tel trouble plutôt qu'à tel autre, en cas de vulnérabilité psychique. On peut aussi imaginer que la personne « cible » inconsciemment l'organe de son choix pour dire quelque chose : les douleurs testiculaires ou cardiaques (précordialgies) ne seraient qu'un moyen d'exprimer son inquiétude, sa frustration, et d'éviter d'être confronté à un échec. Une chose est sûre, il n'y a pas de profils types, ni de portrait-robot, n'importe quelle personne peut développer n'importe quelle maladie psychosomatique. Chacune, en fonction de son histoire et de son terrain biologique, peut s'exprimer avec tel ou tel symptôme et, éventuellement, en changer au fil du temps.

Sur les troubles de l'éjaculation

◇ À partir de quand parle-t-on d'éjaculation prématurée ?

Un homme peut être parfaitement normal avec une femme et considéré comme un éjaculateur prématuré avec une autre, s'il jouit systématiquement avant elle. On est dans le relatif, pas dans l'absolu. Pour simplifier, les médecins parlent de rapport prématuré lorsqu'il dure moins d'une minute après la pénétration.

◇ Une baisse de la libido est-elle responsable de l'éjaculation prématurée ?

C'est exactement l'inverse qui se passe. L'éjaculation prématurée entraîne la chute de la libido. L'homme qui jouit trop vite et ne laisse pas le temps à sa partenaire d'arriver à l'orgasme est lui aussi malheureux ; son plaisir en est amoindri. Les frustrations répétées lors des rapports sexuels finissent par provoquer un désintérêt qui, finalement, le protège de quelque chose de douloureux.

◇ Si je me faisais circoncire, est-ce que ça traiterait mon problème d'éjaculation prématurée ?

Non, on est maintenant revenu sur cette fausse croyance. On pensait que la circoncision diminuait la sensibilité du gland et de ce fait retardait l'éjaculation, il n'en est rien. On rencontre des hommes éjaculateurs précoces chez les circoncis comme chez ceux qui ne le sont pas.

◇ La psychothérapie permet-elle de soigner une éjaculation trop rapide ?

Il est vrai que l'anxiété et le stress sont largement responsables de l'éjaculation prématurée au début. Mais, par la suite, le phénomène est auto-entretenu physiologiquement. Donc, à ce stade, la psychothérapie ne suffit pas. Même si on est radieux et épanoui, l'automatisme continue d'entraîner une éjaculation rapide. Il faut donc créer un nouveau réflexe par les moyens décrits plus haut. Si après cela, tout va bien... on n'en parle plus. Mais si, malgré cela, on souffre toujours du même problème, alors, il faut revenir au problème psy sous-jacent. L'éjaculation prématurée est bien l'arbre qui cache la forêt, c'est maintenant aux dif-

ficultés psychiques qu'il faut s'intéresser. Certains sociologues et psychologues de l'école canadienne n'hésitent pas à affirmer que ce trouble amoureux ne serait que l'expression visible d'un rapport de force dans le couple, lequel amènerait à un rapport bref, insatisfaisant pour l'homme comme pour la femme. Ce n'est pas souvent le cas selon nous.

◇ Puis-je mettre deux préservatifs pour retarder le plaisir ?

C'est une fausse bonne idée. Lorsqu'on met deux préservatifs en même temps pour serrer le pénis et retarder l'éjaculation, on augmente considérablement le risque de rupture, et ça, ce n'est pas plaisant.

On peut en revanche tester différents types d'anneaux vendus en sex-shop qui serrent la verge afin de prolonger le rapport. Sans garantie de résultats...

◇ Les préservatifs « retardants » sont-ils efficaces ?

On trouve, en pharmacie et en grande surface, deux types de préservatifs pour usage prolongé ou « retardant ». Les premiers agissent par leur forme resserrée au niveau du gland et freinent, en théorie, l'éjaculation. Ces modèles s'adressent aux éjaculateurs rapides et à tous ceux qui veulent prolonger les rapports sexuels pour faire durer le plaisir. Les autres préservatifs fonctionnent chimiquement. Un gel anesthésiant (eau + benzocaïne) est logé dans le réservoir. Avec la chaleur, le produit fond sur la zone érogène et l'insensibilise un peu. Les résultats restent à prouver à grande échelle. En attendant, rien n'empêche d'essayer pour se faire son idée.

◇ Quand parle-t-on vraiment d'éjaculation tardive ?

Déjà par rapport à soi-même et à ses habitudes d'avant. L'éjaculation est évidemment tardive par rapport à sa partenaire. Et là, le « plus » peut devenir le « trop ». Après son orgasme, elle aimerait bien un peu de complicité et de détente, d'autant qu'au plan physiologique, elle est nettement moins lubrifiée. Le mouvement devient peu à peu un frottement gênant, voire douloureux. Cinq minutes de « bonus », passe encore, mais trois quarts d'heure, c'est un pensum, il faut trouver des solutions, et elles existent.

Depuis que je prends des antidépresseurs, j'ai du mal à éjaculer, que dois-je faire ?

Les antidépresseurs peuvent freiner l'éjaculation, voire la supprimer, et c'est beaucoup plus vrai à 50 ans qu'à 30 ans, car les pulsions sont moins puissantes avec le temps. Il est possible d'aller vers d'autres antidépresseurs qui n'ont pas cet effet indésirable. Voire d'aller vers une psychothérapie pour se sentir mieux en réduisant les antidépresseurs, si c'est possible.

◇ Quand j'éjacule, je souffre de terribles maux de tête, que dois-je faire ?

Il arrive effectivement qu'au cours de l'orgasme les hommes ressentent de gênantes céphalées. Plusieurs causes peuvent intervenir : l'augmentation du rythme cardiaque qui passe de 80 battements par minutes à 180 en moyenne lors de l'orgasme avec une élévation de la tension artérielle. Si on a une tension normale pas de problème, mais si celle-ci est un peu élevée, des maux de tête peuvent survenir. En ce cas on peut remercier l'orgasme en tant que symptôme sentinelle qui révèle une affection cachée. Le traitement sera hypotenseur. Il va de soi que les hypertendus non équilibrés par leur traitement peuvent aussi rencontrer ce type d'inconvénient.

Autre cause : l'anévrisme (dilatation locale de vaisseaux cérébraux). Lorsque la tension sexuelle monte, la dilation des vaisseaux s'accentue provoquant une douleur. Une IRM ou un scanner du cerveau permet d'établir le diagnostic et de traiter chirurgicalement le cas échéant. Là encore merci au symptôme sentinelle qui permet d'échapper à un accident souvent sérieux.

Enfin, la tension psychologique intervient aussi. Si les migraines ne surviennent qu'épisodiquement, lors des périodes de grand stress (ou avec une partenaire donnée), c'est la relaxation et la prise en charge psychosomatique qui donneront les meilleurs résultats.

Sur l'impuissance ou les troubles de l'érection

◇ J'ai parfois la verge un peu moins dure pendant les rapports, est-ce le début d'une impuissance ?

Il est important de savoir s'il s'agit d'un trouble répétitif ou permanent, ou alors d'un problème ponctuel, comme c'est le cas dans l'immense majorité des cas chez l'homme jeune ou même plus âgé, s'il n'est pas malade. Les questions à se poser sont simples : est-on capable d'avoir des érections qui tiennent en dehors de ces rapports sexuels impossibles ? Se réveille-t-on le matin avec le sexe dur ? Est-il possible de bander au cours de la masturbation ou bien en regardant des images excitantes ? Si tel est bien le cas, tout va bien, *le système physiologique fonctionne. Le reste est donc question de blocage et de temps. Si ça ne va pas, il faudra rechercher les causes de l'insuffisance érectile. Au-delà de 50 ans, celle-ci résulte souvent d'une série d'anomalies physiologiques associées à des petites maladies et amplifiées par la prise de certains médicaments (antihypertenseurs, par exemple).*

◇ Mon traitement contre l'hypertension (ou le cholestérol) m'a rendu tout mou. Faut-il arrêter de le suivre ?

Il n'est pas question d'interrompre de soi-même ses médicaments. Le remède serait pire que le mal. À quoi servirait-il d'avoir d'éventuelles érections avec un risque de tension ou de cholestérol nettement plus élevé ! En revanche, on peut en parler à son médecin, réviser les dosages, adopter une meilleure hygiène de vie et s'occuper de soi, de ce que l'on mange, de ce que l'on boit, avoir une activité physique, modifier éventuellement les produits, avoir recours à des antidotes, autrement dit à des médicaments sexo-actifs, pour compenser les effets indésirables du traitement que l'on doit poursuivre.

◇ Est-on abonné aux produits sexo-actifs toute sa vie, une fois qu'on les a essayés ?

Oui et non. D'une manière générale, lorsqu'on ne prend aucun médicament inhibiteur de l'érection (antihypertenseurs, antidépresseurs, anticholestérolémiants etc.), les pilules sexo-actives peuvent être utilisées ponctuellement, comme starter, pour se donner confiance. Au bout d'un moment, elles deviendront inutiles, et l'on s'en passera sans problème. Mais si l'on souffre de problèmes organiques ou que l'on suit un traitement, là, les « pilules de l'amour » seront indispensables au long cours comme antidotes, et pourquoi pas, puisque cela autorise une sexualité épanouie.

◇ Peut-on avoir à la fois une éjaculation précoce et des troubles de l'érection ?

Oui, les deux problèmes sont souvent associés. Le trouble de l'érection est souvent la conséquence de l'éjaculation prématurée, le traitement consiste donc à traiter les deux problèmes ensemble.

◇ Peut-on associer différents médicaments stimulants pour avoir de meilleures érections ?

Non, en aucun cas. En revanche, on peut les utiliser en relais. Si un homme ne répond pas au Viagra® par exemple, il aura tout intérêt à utiliser les autres traitements sexo-actifs (Cialis® ou Levitra®) ou les injections intracaverneuses.

◇ Ma femme n'aime pas faire l'amour. Je la crois responsable de mes troubles de l'érection. Qu'en penser ?

Certains sexologues n'hésitent pas à affirmer que les femmes peuvent être plus fortement impliquées qu'on ne l'imagine dans les troubles de l'érection de leur partenaire et que le phénomène est largement sous-estimé[1]*. Selon les études mises en avant, dans 25 à 60 % des cas, la femme d'un homme « impuissant » présente aussi des troubles sexuels. Elle souffre de chute de la libido, de douleurs en faisant l'amour, d'absence d'orgasme, d'impossibilité à être pénétrée. Ce qui expliquerait au minimum la démotivation de l'homme ou les blocages qui s'ensuivent, surtout si lui-même est fragilisé pour raisons professionnelles ou affectives. C'est donc bien le couple qu'il faut soigner et pas seulement le trouble érectile.*

1. D'après l'intervention du Dr Robert Porto, psychiatre, sexologue, Congrès annuel de la Société française de sexologie clinique, octobre 2002.

◇ Ma femme minimise mes problèmes d'impuissance et accepte très bien cette situation qui me fait souffrir, je me sens incompris...

Cette attitude trop indulgente n'est pas la meilleure, elle n'est pas non plus la pire. Dans ce type de situation, les femmes adoptent généralement trois types de comportements :

1. Les plus nombreuses sont conciliantes et disent : « Ce n'est pas grave, ça ira mieux demain. » C'est gentil en effet, mais peu motivant pour les hommes. Eux, ce qu'ils veulent, c'est une solution qui les rassure. La trop grande complaisance de leur femme peut même être interprétée – souvent à tort – comme un rejet (« Elle n'aime plus faire ça ») ou de l'indifférence (« Ça ne l'intéresse plus à cause de moi »).

2. Certaines femmes se montrent en revanche franchement négatives et hostiles devant l'impuissance des hommes. Sur le moment, et sous le coup de la frustration, elles peuvent proférer des paroles blessantes qui resteront à jamais gravées dans leur tête, parfois vingt ans ou trente ans après. Elles sont vécues comme des sanctions impitoyables : « C'est pas très brillant comme résultat ! » « J'ai connu mieux... » « Oh ! non, tu es franchement nul ! » « Ça ne va plus, il vaut mieux que tu rentres chez toi... » Le pire, c'est que ces femmes ne se vivent pas comme castratrices, beaucoup s'excusent après de leur mouvement d'humeur, mais le mal est fait. D'autres aussi interrompent la relation. Elles veulent du sexe et ce n'est pas négociable.

3. Les dernières, sans doute celles qui réagissent le mieux, pensent à elles et cherchent leur plaisir pendant le rapport, ce qui... soulage leur partenaire. Il n'est plus sous le projecteur. Ne se demande plus s'il va arriver ou pas à avoir une érection. Est heureux de voir que, malgré ses difficultés, sa compagne peut prendre du plaisir à ses caresses et cela finit par le stimuler, ce qui l'aide à sortir de l'impasse.

◇ L'infidélité est-elle un remède à l'impuissance ?

Tout dépend pour qui. Certains hommes découvriront qu'avec une autre femme, ils peuvent fonctionner mieux, ce qui leur rendra la confiance perdue ; d'autres verront au contraire qu'avec une nouvelle partenaire, l'angoisse de performance sera si forte que le rapport sera encore plus mal vécu. L'infidélité n'est ni un moyen ni un remède, et elle n'est inscrite nulle part sur les tablettes de la Faculté. Elle ne se prescrit pas et les sexologues ou les médecins qui le font dans le contexte de leur consultation outrepassent leur fonction. La vraie question à se poser pour soi-même est comment vivrait-on cette expérience ? Si c'est avec culpabilité et dans un but de vérification (« Suis-je mieux avec une autre femme qu'avec la mienne ? »), autant ne pas essayer, le « testing » est toujours désastreux sur le plan sexuel. Si c'est avec désir pour une autre, le contexte est plus favorable. À chacun d'avoir des petits arrangements avec sa conscience. Et si c'est thérapeutique, alors...

◇ Il m'arrive d'avoir une crise d'asthme pendant le rapport, est-ce dangereux ? Que faire ?

En effet, selon une étude belge, 38 % des personnes interrogées ont affirmé avoir une crise d'asthme lors d'un rapport. Et 15 % ont même dû interrompre la relation sexuelle pour cette raison. 20 % signalent avoir moins de plaisir et moins souvent d'orgasme. Ces chiffres prouvent à quel point il est important de consulter un spécialiste pneumologue pour équilibrer son traitement et éviter ainsi d'entrer dans la spirale de la crainte de la crise qui entraînera l'échec sexuel et de là une nouvelle crise.

◇ Peut-on vraiment prendre du Viagra® (ou les médicaments du même type) en cas de problème de cœur?

*Des études ont précisément cherché à répondre à cette question essentielle dans les années 2002 à 2004. Viagra® a été testé non pas dans la population tout venant, mais dans une population à risque cardio-vasculaire (patient hypertendu, patient diabétique, patients coronarien stable, patient prenant des médicaments divers). Les résultats ont été rassurants. Non seulement l'efficacité du sildénafil a été confirmée, mais la sécurité renforcée. Ces études sont parues dans des journaux aussi sérieux que l'*American Journal of Cardiology*. Viagra® a également été testé chez les patients atteints de troubles neurologiques (paraplégiques notamment). Là encore, même avec une lésion médullaire, le médicament apportait la preuve d'une efficacité comparable à celle retrouvée en population générale. Lorsqu'enfin, on a testé Viagra® sur les patients sévèrement atteints au plan vasculaire ou tissulaire au niveau de la verge (par exemple des patients diabétiques sévères avec neuropathie, ou des patients ayant subi une ablation totale de la prostate avec conservation des nerfs de l'érection), l'efficacité était toujours présente mais elle baissait (elle était de 40 % à 60 % selon le cas). Par efficacité, on entend bien entendu rapport sexuel réussi, avec satisfaction du patient. Celui-ci dit «je fonctionne beaucoup mieux, je suis content». Cialis® et Levitra® n'ont pas accompli de telles études, mais il est vraisemblable que les résultats sont transposables dans leur cas aussi.*

No sex attitude

L'une des surprises notables de la grande enquête CSF 2008 a bien été celle-là ! Alors que les pratiques sexuelles semblent plus libres, que les femmes rattrapent les hommes dans ce domaine aussi, que les jeunes se rapprochent de leurs aînés (ou l'inverse), un grand nombre de vaillants célibataires ne montre pas d'intérêt pour la sexualité (ni le couple) et c'est encore plus marquant chez les hommes jeunes : entre 18 et 35 ans, les abstinents sont deux fois plus nombreux que les abstinentes avec 6,2 % contre 3,5 %. La grande majorité des sexuellement inactifs ne vit pas en couple (88,5 % des hommes et 82,9 % des femmes) ce pourrait être l'Explication à l'abstinence mais ce n'est pas la seule. Un homme sur cinq ne souhaite pas avoir de rapport sexuel (et une femme sur deux). Les deux tiers des femmes ajoutent même que cela leur « convient parfaitement », alors que c'est le cas pour seulement un quart des hommes. Chez les plus jeunes, surtout les hommes, le fait de ne pas avoir trouvé de partenaire est invoqué en premier lieu. Ceux qui ne peuvent avoir de rapports sexuels pour raisons médicales représentent seulement 4,3 % des abstinents.

71 % des hommes (et 35 % des femmes) souhaitent pourtant sortir de leur désert sexuel. Mais peu s'en donnent vraiment les moyens, puisqu'une personne sur quatre à peine déclare être actuellement à la recherche d'un partenaire. Pour aider ceux qui hésitent encore, le désormais mythique http://www.meetic.fr ou alors http://www.pointscommuns.com (destinés à tous ceux qui veulent se rencontrer par affinités culturelles).

Sur le désir

◇ Est-il normal de ne pas penser du tout au sexe ?

On peut être normalement constitué, physiquement et psychologiquement, et ne pas éprouver, pour autant, de désir sexuel. La culture et l'éducation entrent alors beaucoup en ligne de compte. L'éducation religieuse peut faire penser que tant qu'on n'est pas marié, profondément amoureux ou que l'on ne désire pas d'enfant, il n'est pas question d'avoir de relation sexuelle. La zone génitale est endormie, et c'est bien l'esprit, ici, qui commande le corps. Lorsque l'on aura trouvé l'âme sœur, même si c'est à 25 ou 30 ans, voire plus, la sexualité fonctionnera normalement. Autre possibilité : la peur de ne pas être à la hauteur. Elle est si forte, qu'on préfère tenir le désir à distance. En pensant qu'on n'a pas de désir, on se protège (inconsciemment bien sûr) et on évite de se confronter à ses angoisses. Le sport, le travail, d'autres passions sont les seuls centres d'intérêt. Il arrive aussi que l'on mette une femme dont on est amoureux sur un tel piédestal qu'on n'imagine même pas la salir par son désir vécu comme animal...

◇ Est-il normal d'avoir très peu de rapports – et encore, en se forçant – avec la femme qu'on aime ?

Freud soulignait que beaucoup d'hommes ne peuvent désirer la femme qu'ils aiment, ni aimer la femme qu'ils désirent. Ce qui est investi ici, c'est l'image inviolable de la mère dans toute sa splendeur, elle est respectée, donc interdite. En ce cas, solution psychanalyse. Le désir avec une autre femme et l'excitation seraient possibles, au moins tant que l'on ne vit pas avec elle ou qu'on ne lui fait pas d'enfant.

◇ Peut-on vivre sans faire l'amour ?

Il n'y a pas de loi écrite dictant les galipettes, malgré « la tyrannie du plaisir[1] » qui règne dans notre société. On peut être séduisant, parfaitement équilibré, et imposer le silence à son corps pour faire le point avec soi-même. On peut aussi être malheureux à cause d'une rupture et refuser de souffrir à nouveau. La douleur morale l'emporte encore sur la perspective du plaisir. C'est un choix qui peut durer des semaines, des mois ou des années. La particularité du désir et de l'amour, c'est qu'il faut être deux à se désirer ou à s'aimer.

Si on n'a pas de compagne, l'abstinence est logique, plus ou moins bien supportée. Si on en a une, qu'elle est en phase avec cette abstinence et qu'elle n'en souffre pas, il n'y a pas de problème, c'est que le couple a investi d'autres centres d'intérêt et de complicité.

Les choses se compliquent, en revanche, s'il y a demande de l'autre et qu'on se refuse (consciemment ou pas) à cela. Parfois, le rejet va jusqu'à la répulsion de l'acte lui-même, avec cette partenaire, mais avec toutes les autres aussi. C'est plutôt dans son histoire qu'il faut aller chercher. Vers le traumatisme de départ, refoulé et qu'il faut identifier à l'aide d'une psychothérapie. Cette démarche devient nécessaire si l'on veut préserver un minimum d'harmonie dans son couple.

◇ Après une longue abstinence, peut-on retrouver facilement une vie sexuelle normale ?

Le sexe, c'est un peu comme le vélo, ça ne s'oublie pas. Mais, après des mois ou des années de « pause », surtout si on a dépassé la cinquantaine, il faut avoir des attentes réalistes. On ne retrouvera pas forcément toutes ses sensations dès la première fois. Les tissus génitaux sont moins réactifs. Se surajoute surtout à cela une

1. Jean-Claude Guillebaud, *La Tyrannie du plaisir*, Le Seuil, 1999.

appréhension de l'échec. L'erreur serait de rester fixé au souvenir du dernier rapport sexuel. Ce serait un peu comme si un sportif qui avait arrêté pendant des années de s'entraîner décidait de courir un 100 mètres avec les mêmes résultats et sans échauffement.

◇ L'absence prolongée de rapports peut-elle avoir des conséquences sur la santé?

A priori non, puisque la sexualité n'est pas un besoin vital comme de respirer, manger ou dormir. C'est une pulsion raisonnée (en amour, nous ne sommes pas des bêtes) et une nécessité physiologique si l'on veut se reproduire. Toutefois, l'abstinence prolongée et mal vécue peut entraîner des réactions psychologiques: nervosité, irritabilité, impatience, agressivité, voire maladies psychosomatiques localisées au niveau de la zone génitale ou ailleurs (démangeaisons de la verge, douleurs pelviennes de l'urètre, etc.).

Sur les sexologues

◇ À quoi sert un sexologue?

On va voir ce «thérapeute du sexe» pour surmonter des difficultés ou des blocages jugés préoccupants pour soi ou pour son couple: problèmes d'érection, de désir, troubles sexuels ou amoureux.

◇ Comment les sexologues sont-ils formés?

On dénombre environ 1 000 sexologues en France, dont près des deux tiers sont des médecins (généralistes, pour la plupart, ou psychiatres, gynécologues, endocrinologues, urologues). Le tiers restant se compose de psychologues, thérapeutes, kinésithérapeutes, conseillers conjugaux, hypnothérapeutes. Depuis quelques années maintenant, des formations universitaires de trois ans sont ouvertes aux médecins comme aux non-médecins pour éviter les dérives nombreuses et les fantaisies thérapeutiques observées dans cette profession mal définie. Le diplôme interuniversitaire (DIU) de sexologie est le seul diplôme consensuel reconnu par l'Ordre des médecins. L'enseignement est suivi dans plusieurs universités en France (Bordeaux, Lyon, Montpellier, Marseille, Nantes, Paris, Toulouse...). Selon une enquête réalisée par l'Association pour le développement de l'information et de la recherche sur la sexualité), un sexologue sur six consacre 100 % de son activité à la sexologie, et un sur six ne l'exerce qu'occasionnellement.

Selon la formation de départ du thérapeute, l'entretien sera très médical, « mécaniciste » ou plutôt psy. Mais pour tout le monde, l'objectif est le même, traquer la cause du mal (lésion organique, traumatisme psychologique, problème relationnel) et la traiter, seul ou avec l'aide d'un médecin.

◇ Y a-t-il des exercices pratiques ?

Oui, ils sont même inévitables. Ces exercices ne sont évidemment pas des travaux pratiques au cabinet avec le sexologue (la profession est très féminisée), mais des missions à accomplir d'une fois sur l'autre à la maison, sur soi, avec sa partenaire ou dans sa vie (caresses, adoption de certaines positions amoureuses, contractions du périnée, changement de comportements du couple, éviction du chien du lit conjugal, installation d'un verrou sur la porte pour que les enfants ne déboulent pas à l'improviste, etc.). Une thérapie dure quelques séances pour un problème simple (certaines éjaculations prématurées), voire quelques mois pour un trouble plus installé (anorgasmie par exemple). Mais, bien sûr, tout dépend du problème et du couple.

◇ Faut-il consulter seul ou à deux ?

Au début, il vaut mieux faire ce qui paraît le plus facile. Certains hommes se sentent gênés, voire humiliés, par la présence de leur partenaire. D'autres sont soutenus par cette même présence. Et pourtant, celle-ci demeure parfois essentielle pour préciser le diagnostic de trouble sexuel, aider le médecin à faire le bon choix thérapeutique et améliorer l'observance du traitement. Lorsqu'on l'interroge en consultation, elle donne une mine de renseignements auquel on n'aurait pas forcément pensé ou auxquels on n'aurait peut-être pas donné la même importance : « Tous les soirs, sa mère lui téléphone pendant une heure ! » « Il préfère se masturber et, après, il n'a plus envie. » « Il n'accepte de pratiquer que la sodomie... » Dans 70 % des cas, le diagnostic est modifié après son intervention, car l'homme fait des erreurs ou des omissions.

Certaines femmes refusent cependant énergiquement de se rendre chez le médecin. Raison avancée : « C'est ton problème, tu te débrouilles... Moi je vais bien. » C'est à la fois vrai et faux. Jusqu'à preuve du contraire, l'amour se fait à deux. Et si chacun faisait un pas vers l'autre, le chemin à parcourir serait moins long et moins difficile. Un homme rassuré par l'attitude de sa compagne fonctionne plus rapidement (c'est d'ailleurs exactement la même chose pour la femme qui a des problèmes sexuels ; si elle se sent soutenue par son compagnon, elle récupère mieux et plus vite).

Le but du jeu n'est pas de savoir qui est responsable, mais si on peut s'entraider mutuellement. Au final, tout le monde y trouve son compte lorsque la relation sexuelle s'améliore, non ? Voilà ce qu'on peut éventuellement lui dire pour la convaincre de consulter aussi.

Où trouver un spécialiste ?

Pour un sexologue
Association inter-hospitalo-universitaire de sexologie : 22 cours Pierre-Puget, 13006 Marseille – http://www.aihus.fr.
Société française de sexologie clinique : 32 avenue Carnot, 75017 Paris – 01 45 72 67 62 – http://www.sfscsexo.com.
Syndicat national des médecins sexologues : www.snms.org.

Pour un psychosomaticien
Société française de gynéco obstétrique psychosomatique : sfgops@gmail.com.

Pour un thérapeute de couple
Association française des centres de consultation conjugale : 44 rue Danton, 94 270 Le Kremlin-Bicêtre – 01 46 70 88 44 – http://www.afccc.fr.

Pour un hypnothérapeute
Institut de médecine psychosomatique, d'hypnose clinique et de thérapie brève : http://www.hypnose.org.
Association française pour l'étude de l'hypnose médicale : http://www.hypnose-medicale.com.

Pour un urologue
Association française d'urologie : 12 rue de la Croix-Faubin, 75577 Paris Cedex 11 – 01 44 64 14 85 – http://www.urofrance.org.

7

Contraception et désir d'enfant

L'amour se conçoit à deux, la contraception aussi... pour éviter d'être trois. Au temps « préhistorique » où la pilule n'existait pas, les hommes avaient l'entière responsabilité « d'éviter la catastrophe », on l'a complètement oublié. Tout reposait sur leur capacité à se retirer à temps ou sur l'usage du préservatif. Mais avec l'avènement de la pilule, ils ont très vite compris qu'ils étaient enfin libérés de ce fardeau. Et beaucoup (la plupart, pour dire la vérité) ont alors considéré que c'était maintenant aux femmes de prendre leur tour ! Ils étaient d'autant plus encouragés à le penser que le discours médical confortait, pensaient-ils, leur désengagement : la pilule étant nettement plus efficace que le préservatif comme moyen d'éviter une grossesse.

Depuis les années 1970, ils ont donc observé une période de néant contraceptif. Et lorsque le sida est apparu dans les années 1980, le préservatif est revenu au premier plan, mais seulement comme bouclier contre les infections sexuellement transmissibles (IST).

Pourtant, depuis un arrêt de la Cour de cassation du 28 mars 2000, il y a du nouveau, dans la jurisprudence, qui donne à réfléchir. Une femme peut déclencher une procédure de reconnaissance imposée de paternité avec test à l'ADN à la clé pour faire la preuve de la filiation entre l'enfant qu'elle a et le père biologique présumé[1]. Des prélèvements de sang ou de salive sont effectués par un laboratoire agréé par le tribunal sur le père présumé, la mère et l'enfant. Les différentes empreintes génétiques sont analysées et comparées. Si l'homme est reconnu comme étant bien le père biologique, il devra verser une pension jusqu'à la fin des études de l'enfant, parfois bien après la majorité, et ce, qu'il reconnaisse ou pas celui-ci. Cette demande de test de paternité est devenue courante. Une aventure d'un soir – sans protection – peut donc avoir des conséquences incalculables. Avant, c'était la parole de la femme contre la sienne et, même de bonne foi, on pouvait la réfuter. Aujourd'hui, c'est l'ADN qui parle, et là, plus question de se dérober. Les hommes ont doublement intérêt à se sentir concernés par la contraception : d'abord par souci de responsabilité partagée avec leur partenaire, ensuite par souci de se « protéger » eux-mêmes. Un homme complice et impliqué vaut mieux qu'un amoureux transi ou un égoïste qui ne pense qu'à son plaisir sans se soucier des conséquences de ses actes.

1. Cette demande ne peut se faire que dans un cadre légal, ordonné par le juge, dans le contexte d'une action en justice. Elle est enfermée dans des délais précis : deux ans à compter de la naissance de l'enfant, deux ans à compter de la cessation de la cohabitation entre la mère et le père présumé, ou deux ans à compter de la cessation de l'entretien de l'enfant par le présumé père. Si l'action n'a pas été faite pendant la minorité de l'enfant, celui-ci peut reprendre cette action à son compte à sa majorité et, là encore, il a deux ans pour agir.

Pourquoi se protéger et de quoi ?

Le but de la contraception est d'éviter une grossesse, celui du préservatif d'éviter une IST, et, éventuellement de diminuer le risque de grossesse.

Même si l'avortement existe et qu'il est légal, la décision d'interrompre volontairement une grossesse n'est pas anodine. Elle crée parfois une grande souffrance ou culpabilité chez la femme qui doit accomplir ce geste, chacun de son côté doit tout mettre en œuvre pour l'éviter.

Il suffit de presque rien

Un seul rapport peut suffire pour faire un bébé. Même le tout premier. Sur les 100 à 600 millions de spermatozoïdes émis dans le sperme, un seul suffit à féconder l'ovule. Une jeune fille pubère de 12 ans peut avoir un enfant, dès ses premières règles. Et une femme peut théoriquement enfanter jusqu'à sa ménopause (le risque s'effondrant toutefois vers 47 ans). Le nombre de spermatozoïdes chez l'homme diminue significativement après 55 ans, mais il reste suffisamment de cellules fécondantes jusqu'à 70 ou 80 ans s'il a des rapports avec une femme très fertile, il n'y a qu'à voir Charlie Chaplin, Yves Montand ou Belmondo pour ne citer que les plus célèbres.

Les contraceptions qui reposent sur l'homme

→ Le préservatif (ou capote)

C'est (presque) la seule vraie contraception masculine. Le préservatif est un capuchon de latex qui se place sur le pénis en érection. Son but est de récupérer le sperme libéré par l'éjaculation. Il sera peut-être proposé par la partenaire, mais c'est essentiellement à l'homme qu'il revient de savoir s'en servir, le poser et le retirer. Ce moyen est fiable à 96 % lorsqu'il est bien utilisé (ce qui est loin d'être toujours le cas, surtout au début de sa vie sexuelle ou lorsqu'on l'utilise pour la première fois à 40 ans). Ce chiffre est donc à revoir à la baisse.

À quoi sont dus les échecs ?

Aux conditions de stockage et d'utilisation le plus souvent. Les préservatifs n'aiment ni le soleil, ni la chaleur, ni la trop grande humidité. Ils détestent également être à l'étroit dans un portefeuille ou une poche trop serrée. Il vaut donc mieux les conserver dans leur boîte d'origine. Ils ont une date de péremption qui garantit leur efficacité (un préservatif trop vieux peut sécher). Les ruptures pendant les rapports sont souvent dues à l'utilisation de ciseaux, des ongles ou des dents pour extraire l'objet de sa pochette. L'utilisation de produits gras (vaseline, crèmes, corps gras) pour lubrifier la partenaire crée des pores dans le préservatif qui diminuent sa sécurité. Il faut des lubrifiants ou gels à base d'eau.

Enfin, l'excès de zèle n'est pas une garantie : deux capotes superposées augmentent dangereusement le risque de rupture. En revanche, il est bien recommandé d'utiliser deux préservatifs l'un après l'autre au cours d'un même rapport si l'on change de site de pénétration (car la partenaire risque une infection). Ou si la relation se prolonge (changer de matériel après chaque éjaculation). On ne lave pas un préservatif pour le réutiliser une deuxième fois, c'est la meilleure façon de mettre sa partenaire enceinte.

Quelques avantages insoupçonnés du préservatif

Une femme qui voit un homme à l'aise avec « l'objet » est totalement rassurée par son sens des responsabilités et sur ses compétences sexuelles. Libérée de l'angoisse des IST, voire de la grossesse, elle peut s'abandonner plus facilement, ce qui majore les sensations du couple. En revanche, si elle voit son partenaire « coincé » question latex, elle-même sera plus facilement fermée qu'ouverte, et c'est cela qui rendra l'érection plus difficile.

Par ailleurs, le temps est bien fini du préservatif « à la papa ». Il existe désormais des modèles aux goûts variés (vanille étant le parfum préféré des Français), mais aussi aux formes et aux textures différentes. Les modèles nervurés et gravés procurent de nouvelles sensations ; l'extrémité plus large de certains spécimens permet aux deux partenaires de ressentir des émois ignorés avec un préservatif classique ; on trouve aussi des variétés à l'effet prolongateur, resserrées au niveau du prépuce, qui aident à allonger l'acte sexuel. Impossible à ignorer lorsqu'on est un amant infatigable ou un éjaculateur prématuré, non ?

Et la première fois, comment fait-on pour le mettre ?

L'idéal est de s'entraîner avant, au moins trois fois tout seul. Cela évite que le jour J, souvent dans la pénombre, on s'abstienne de protection par peur de perdre l'érection. L'opération se déroule en quatre temps :

1. Déchirer l'emballage délicatement à partir du point de découpe, sans ciseaux, ni dents.

2. Placer le préservatif sur la pointe du pénis, en érection de préférence, mais ce n'est pas obligatoire. Attention au sens ! La partie renflée doit être à l'extérieur. Même les « pros » peuvent s'y tromper. Si le préservatif ne se déroule pas ou s'il faut forcer, c'est qu'il est à l'envers, donc le poser dans l'autre sens. Cela prend un quart de seconde.

3. Dérouler le préservatif jusqu'au bout. Ceux qui sont à l'aise avec leur partenaire peuvent en faire un jeu sexuel à deux.

4. Une fois le préservatif installé (à choisir de préférence lubrifié et avec réservoir), tirer délicatement la pointe du réservoir en la pinçant pour créer un espace supplémentaire d'un demi-centimètre ou d'un centimètre, meilleur moyen d'éviter les fuites ou les ruptures.

Le vrai jour de l'utilisation à deux, prévoir le préservatif « prêt à l'emploi » à proximité (l'emballage déjà ouvert car dans la passion ou l'empressement, on peut le déchirer).

Pour les jeunes

Un site Internet, pour éclaircir ses notions sur le cycle menstruel, la contraception, mais aussi connaître l'actualité dans ce domaine et poser des questions : www.pilado.com.
Un site dédié au préservatif : www.jcapote.com. Une adresse canadienne ciblée jeunes, pleine d'astuces et d'infos.
Fil santé jeunes : 0 800 235 236. Accessible de 8 h à minuit. Numéro anonyme et gratuit.

Comment mettre un préservatif

Déchirer l'emballage à partir du point de découpe, en évitant d'endommager le préservatif.

Retirer délicatement le préservatif de son enveloppe

Avant toute pénétration sexuelle, placer le préservatif à la pointe du pénis en érection, en pinçant le réservoir.

Dérouler le préservatif jusqu'à la base du pénis. S'il se déroule mal, il a été placé à l'envers, ne pas forcer.

Se retirer immédiatement après l'éjaculation en retenant le préservatif à la base du pénis.

Pour tous les goûts

Depuis 1998, tous les préservatifs doivent être estampillés de la norme européenne (CE) garantie de leur qualité et de leur fiabilité, qui prend ainsi le relais de la norme française (NF). Les préservatifs sont de différentes tailles (du XS au XL), de différentes couleurs, de goûts variés, de textures et de formes nouvelles (nervurés, perlés...). Il existe même des préservatifs phosphorescents qui brillent dans le noir. (pour ne pas se perdre ?) ou des préservatifs équipés d'anneau vibrants qui stimulent aussi bien la partenaire que soi-même. Ils sont de plus en plus fins, de plus ou plus doux, lubrifiés ou pas (le lubrifiant peut être chauffant, ce qui est censé exciter davantage la partenaire) avec ou sans réservoir. Pour les allergiques au latex, il existe un préservatif masculin en polyuréthane, l'Aventi de Durex. On trouve Crystal de Manix, fait d'un latex très purifié, qui minimise les risques ; mais il faut savoir que les vraies allergies au latex sont rares ; les irritations ou inflammations observées sont dues, le plus souvent, à une mauvaise lubrification ou à une IST non soignée. On trouve tous ces préservatifs à des prix très différents, (gratuits pour les mineurs dans les centres de planning familial). Le moins cher : Be Love à 20 centimes l'unité, aux normes de qualité évidemment, en vente dans les stations services ouvertes toute la nuit, dans les grandes surfaces, les presse Relay, lycées et pharmacies.

Et à 40 ans, on fait quoi ?

Les quadras et autres hommes pétris d'expérience se voient mal commencer à utiliser le latex alors que, toute leur vie, ils ont très bien su s'en passer. Un beau jour, pourtant, ils ont une aventure ou alors, ils se séparent de leur femme et se retrouvent « sur le marché », et là se pose la question qui fâche : capote or no capote ? Les critiques et rationalisations contre le fâcheux engin ne leur manquent pas.

« Je vais perdre l'érection. » Cette peur ne tient plus lorsqu'on s'est entraîné. Et le préservatif aide parfois même à la maintenir. Relire consciencieusement le paragraphe ci-dessus.

« Ça fait écran au plaisir. » Un préservatif en latex fait en moyenne 50 à 60 microns d'épaisseur (0,050 à 0,060 mm !). À titre indicatif, c'est cinq à dix fois moins épais qu'un gant de latex chirurgical. De plus, la sexualité est un apprentissage qui fait appel à des systèmes réflexes conditionnés. Si l'homme se met au préservatif, il est évident que ce changement de repère le perturbera. *Au début* seulement. Il aura des sensations différentes. Mais au bout de 15-20 séances, il finira par l'intégrer dans son schéma corporel et « l'emballage » ne le gênera plus. Le plaisir obtenu avec capote sera identique à celui obtenu auparavant, sans. En revanche, si le préservatif est utilisé une fois de temps en temps seulement, le réflexe conditionné ne se mettra pas en place et l'homme se référera toujours à son ancien schéma corporel.

« Elle va moins me sentir. » Rares sont les femmes qui refusent le préservatif. Mais bon, admettons... La seule solution : montrer à sa partenaire qu'on est sûr de soi avec son petit caoutchouc, elle n'y verra alors que du feu. L'enfiler dans l'action et cela passera tout seul.

« Ça serre trop. » Il existe des modèles XXL (King size, Xtrapleasure, etc.) qui font en moyenne 18,5 cm à 19 cm. Se renseigner auprès de son pharmacien, et si on n'ose pas dire que l'on est gratifié d'un bel organe, l'écrire sur un morceau de papier, c'est plus discret et tout aussi efficace. « Je suis sûr

de moi, donc inutile de me protéger. » Cette idée peut faire sourire, beaucoup d'hommes s'imaginent que, s'ils sont sains (ils sont habituellement monogames, vivent dans une province reculée, leur test HIV est négatif), ils ne risquent rien. C'est un peu la politique de l'autruche ou la pensée magique (« Je ne veux pas attraper de maladie, donc je n'en aurai pas »). Ils oublient que leur partenaire peut avoir eu des relations de son côté et, elle, être séropositive. Et puis, il n'y a pas que le sida, le préservatif protège de toutes les IST. Le plus incroyable reste que certains hommes sont prêts à payer plus cher une prostituée pour qu'elle accepte les relations à nu, on se dit qu'on a affaire à des... kamikazes du sexe.

« Ce n'est pas romantique. » Oui, c'est vrai, c'est moins spontané a priori (quoique, si on a pris le tour de main...), mais est-il plus romantique de se réveiller le lendemain avec la peur au ventre ? La nuit fauve passée, l'égarement oublié, on se dit qu'on a été foutrement inconscient de faire l'amour sans protection. De quoi maudire sa faiblesse ! Sans latex, il ne reste plus que le test.

Quand le poser ?

Comme on l'a dit, avant même les premières étreintes, ouvrir l'emballage et laisser le préservatif à demi sorti pour n'avoir plus qu'à l'enfiler le moment venu. Agir avant la première pénétration et ne pas se dire qu'il sera bien temps de le faire après. Le contact peau à peau est sans doute plus doux et plus agréable, mais il faut savoir que, sans préservatif, on n'est absolument pas protégé des MST. Avec sa compagne que l'on suppose fidèle, cela va sans doute, mais avec une nouvelle partenaire, c'est plus risqué. En outre, au cours du jeu sexuel et des premières pénétrations, l'orgasme peut venir de manière brutale et rapide. Une goutte de liquide pré-éjaculatoire est émise quelques secondes avant l'éjaculation sans même que l'on s'en rende compte. Et dans cette goutte qui n'a l'air de rien, il peut y avoir des centaines de spermatozoïdes.

La capote protège de tout, même de l'angoisse

Vincent venait consulter avec sa femme pour mettre en route une fécondation *in vitro*. Le couple était très amoureux, tout allait bien. Les tests de la procédure habituelle ont été lancés, dont celui du HIV obligatoire à chaque tentative de FIV. Et là, coup de tonnerre dans un ciel bleu ! Le nouveau test de Vincent revient positif et celui de sa femme négatif. La conclusion s'impose d'elle-même, il avait eu un rapport extraconjugal non protégé ! Un seul rapport, admet Vincent. Il était sûr de lui (c'était sa première incartade) et de sa femme, il n'avait donc pas jugé utile de mettre un préservatif avec sa partenaire (une copine de travail). Il avait confiance en elle, elle avait confiance en lui et, dans la fougue de l'instant, personne n'avait osé jeter un soupçon de défiance sur l'autre. Sauf que la galante était séropositive sans le savoir. Cette histoire vraie, mais hélas banale, montre à quel point la vie peut basculer en un instant. Pour la petite histoire, la femme de Vincent l'a quitté...

Quand le retirer ?

Aussitôt après l'éjaculation, il faut se retirer et retirer le préservatif. Il est malheureusement déconseillé de rester sur place, bien au chaud. Car le pénis dégonfle, le préservatif ne l'enserre plus suffisamment et le sperme peut s'écouler à l'intérieur. Donc, partir courageusement en maintenant fermement le préservatif au niveau de la base du pénis pour empêcher qu'il glisse ou déborde dans le vagin. Ensuite, faire un nœud et le jeter à la poubelle.

Peut-on rester en contact intime, collé l'un contre l'autre à l'extérieur, après l'éjaculation ? Si la partenaire prend la pilule, c'est sans risque. Dans le cas contraire, il existe un risque minime de grossesse. Les plus inquiets peuvent s'essuyer juste après le rapport.

→ Le retrait

C'est une technique naturelle de contraception, vieille comme le monde, mais pas bonne, loin de là ! Même ceux qui ont une excellente maîtrise sexuelle et se retirent « comme ils veulent, quand ils veulent » ne peuvent pas toujours contrôler l'émission du liquide pré-éjaculatoire avant l'orgasme. D'où des échecs de la méthode naturelle une fois sur trois. En plus, il est très frustrant, pour soi, comme pour sa partenaire, de se retirer pour jouir à l'extérieur, juste au moment où on sent que cela vient. Cela pousse à une vigilance permanente et empêche de se laisser aller, alors que, justement, ce qui caractérise le plaisir de l'orgasme, c'est la perte totale de contrôle.

→ La vasectomie

Cette stérilisation définitive consiste à ligaturer les canaux déférents au cours d'une intervention chirurgicale bénigne. Les suites sont habituellement peu douloureuses et peuvent durer quelques jours (œdème, inflammation...). Cette intervention reste très peu pratiquée dans l'hexagone au point qu'un urologue réputé à qui on avait posé la question : « où en est la stérilisation masculine en France ? « avait répondu « nulle part ! ». Chez nous, parmi les couples qui optent pour la stérilisation définitive, 1 % choisit la vasectomie, contre 50 % en Hollande. Comme pour la stérilisation féminine, cette décision doit être longuement mûrie et réfléchie. Elle touche un organe lourd de sens et de symboles, même si elle n'affecte ni la virilité ni la puissance sexuelle. Au moment de l'éjaculation, le même volume de liquide est émis mais il ne contient plus de spermatozoïdes. La vasectomie n'affecte pas davantage la production d'hormones mâles et n'entraîne pas de troubles de l'érection ou de l'éjaculation (celle-ci ne sera ni plus précoce ni plus tardive). La stérilité survient 12 semaines après l'intervention, il faut donc utiliser une autre méthode contraceptive en attendant. Il est possible et même prudent de demander à un laboratoire agréé de conserver du sperme « au cas où ». Celui-ci ne pourra être utilisé que par le donneur. Tout peut arriver : un divorce, une nouvelle rencontre avec une femme qui n'a jamais eu d'enfant et pour laquelle ce sera un enjeu capital, etc. L'expérience des médecins montre qu'une vasectomie peut être amèrement regrettée après coup. Voilà le pourquoi des réticences. Il est indispensable de signer une décharge écrite au médecin pour y recourir, bien que cette intervention soit absolument légale.

Et la pilule pour homme?

Rien en vue pour l'avenir proche. Les projets n'ont pourtant pas manqué et les études non plus. On a commencé par imaginer de copier la pilule pour femme en l'adaptant aux hommes. Celle-ci apportait de la testostérone et des progestatifs. Comme ces hormones mettaient les testicules au repos pour bloquer la fabrication des spermatozoïdes, on observait une baisse de libido. On a proposé dans la foulée des piqûres de testostérone deux fois par semaine, puis une seule fois par semaine, et des essais en cours en 2008 auprès de couples chinois utilisent l'injection de testostérone une seule fois par mois seulement avec une efficacité proche de 95 %. On espère pour l'avenir l'utilisation de l'hormone mâle sous forme de gel afin d'éviter le côté intrusif des injections. Cependant, les effets indésirables de la contraception masculine hormonale restent encore trop présents chez certains : acné, poils et perte de cheveux, plus prise de poids et troubles de l'humeur. Le moyen le plus prometteur serait le vaccin. Une seule piqûre annuelle (chez l'homme ou chez la femme) qui immuniserait contre les spermatozoïdes. Cette simplicité en fait un enjeu formidable pour le tiers-monde, mais pour le moment, les chercheurs cherchent...

La contraception qui repose sur le couple

→ Pilule + capote, c'est le top !

Avec les adolescentes et les femmes de moins de 30 ans, une double protection est souhaitable dès la première fois, car la fertilité est à son maximum. La pilule représente la contraception la plus sûre et la mieux adaptée avec seulement 0,5 % d'échecs. C'est vrai aussi pour les autres dispositifs hormonaux (patch, anneau vaginal, implant). Le préservatif reste préférable tant que l'on n'est pas installé dans une relation sexuelle stable, avec quelqu'un de fidèle. Beaucoup de femmes se sentent rassurées lorsque leur partenaire leur propose le préservatif, même si elles sont sûres qu'il est parfaitement sain ou fidèle.

→ Les spermicides (ovules, éponges, crèmes)

Ce sont des substances qui se placent au niveau du vagin et agissent localement. Comme leur nom l'indique, ces substances détruisent les spermatozoïdes. Leur taux d'échec est supérieur ou égal à 5 %, ce qui est moins efficace que la pilule ou le préservatif, mais toujours mieux que rien.

Lorsque la partenaire n'a aucune méthode sérieuse de contraception ou qu'elle a oublié sa pilule à un moment quelconque du cycle, on peut associer le préservatif à un spermicide pour réduire le risque de grossesse. Double avantage de ces produits quand même : on les obtient sans ordonnance en pharmacie, ils permettent aussi une relative spontanéité (pas besoin d'y penser tous les jours comme la pilule). Ils s'utilisent au minimum 10 minutes avant (sauf l'éponge) et demandent que la toilette reste très superficielle après le rapport (surtout pas de savon). L'homme ne ressent ni irritation, ni picotement ou sensation de brûlure. L'éponge peut être gardée 24 heures d'affilée tout en conservant son effet protecteur.

→ Les autres méthodes naturelles pour les nostalgiques ou les kamikazes...

La méthode Ogino ou le choix du 14e jour

C'est une technique très tentante, mais infiniment moins efficace que la pilule. On se dit qu'en évitant tout rapport le jour de l'ovulation (le 14e jour donc) on va éviter la fécondation. Eh bien non ! Il faut savoir que l'ovulation peut en réalité survenir n'importe quand. Les femmes ne sont pas forcément réglées comme du papier à musique. Celles qui ont un cycle de 28 jours ont habituellement leur ovulation le 14e jour avant les règles, soit à la moitié du cycle. Mais il suffit d'un stress important, d'une émotion intense, d'un voyage en avion, pour que le cycle s'embrouille et que l'ovulation ait lieu plus tôt ou plus tard. Il est même arrivé (heureusement, c'est rare), que l'orgasme provoque une émotion si forte qu'il entraîne la ponte de l'ovule. On a vu aussi des grossesses survenant pendant les règles ou juste avant. Par ailleurs, certaines femmes ont des cycles plus courts ou plus longs que 28 jours. L'ovulation n'a donc pas lieu le 14e jour, mais 14 jours avant les règles, ce qui est très différent. Si le cycle est de 35 jours, l'ovulation a lieu le 21e jour. Etc.

Pour brouiller totalement les pistes, certaines ont des cycles irréguliers, absents ou imprévisibles. Il est donc impossible de calculer la période soi-disant la plus propice.

Enfin, la date présumée de l'ovulation n'est pas le seul paramètre « technique » à prendre en compte. Un fringant spermatozoïde peut vivre jusqu'à 4-5 jours dans les voies génitales féminines (en moyenne 2 ou 3 jours). La période à risque se situe donc 3 jours avant et 3 jours après l'ovulation.

Mais insistons : tous ces comptes d'apothicaire ne sont pas très fiables !

Les autres techniques naturelles sont tout aussi cafouilleuses.

La **méthode des températures**. Utilisée autrefois, elle tente de repérer l'émission de l'œuf, grâce à l'élévation de température qui a lieu le lendemain de celle-ci (au-dessus de 37 °C). Il faut alors éviter les rapports dans la zone rouge qui suit.

La **méthode Billings**. Elle est basée sur la nature de l'état de la glaire sécrétée par le col de l'utérus qui se modifie au cours du cycle (ne pas confondre la glaire utérine avec les pertes blanches). Le taux d'échec de ces deux méthodes est estimé à 15 voire 20 %. Aujourd'hui, ces méthodes sont réservées aux couples… qui sous-estiment leur fertilité ou rêvent d'un enfant sans le savoir. Elles sont formellement déconseillées aux femmes après 40 ans : leurs cycles très capricieux les rendent encore plus hasardeuses.

La contraception qui repose sur la femme

→ La pilule

C'est la méthode de contraception par excellence pour les adolescentes et les autres femmes. Elle est sûre et peut s'utiliser quelques mois après les premières règles, pendant des décennies si on veut, jusqu'à la ménopause quasiment.

La pilule classique contient deux types d'hormones, proches des hormones féminines naturelles : les œstrogènes et la progestérone. On parle de pilule « œstro-progestative ». Son but est de bloquer l'ovulation. Elle doit être prise les trois premières semaines du cycle, avec 7 jours d'arrêt ensuite.

D'autres pilules ne contiennent que des progestatifs à faibles doses. Ce sont les « micropilules ». Leur mécanisme est différent, ce n'est pas l'ovulation qui est bloquée, mais la glaire sécrétée au niveau de l'utérus qui est modifiée et épaissie, si bien que les spermatozoïdes ne peuvent plus circuler normalement ni s'implanter dans la paroi utérine. Cette pilule doit être prise en continu, sept jours sur sept, cycle après cycle, à heure fixe. La pilule protège dès le premier jour à condition de la prendre tous les jours jusqu'au bout de sa plaquette. Elle n'est pas en vente libre, quelle que soit sa marque, et doit forcément être prescrite par un médecin. C'est un vrai médicament, il faut savoir l'utiliser, donc comprendre comment « elle marche », être sûr qu'il n'y a pas de contre-indications, savoir qu'elle ne fait pas bon ménage avec le tabac. Selon la marque, elle est remboursée ou non par la Sécurité sociale. Mais, les mineures peuvent se la procurer au planning familial de manière anonyme et gratuite.

Les questions

◇ La pilule a-t-elle un impact sur la libido?

Il est difficile de répondre scientifiquement à la question. Malgré de nombreuses études, aucune influence n'a pu être mise en évidence, dans un sens ou dans l'autre d'ailleurs. La pilule est parfois soupçonnée de faire chuter le désir, elle endosse le rôle du bouc émissaire de tous les mal-vécus dans son histoire ou dans son couple, ce qui évite des remises en question plus profondes. Mais est-ce bien elle qui freine le désir ou le plaisir ? Est-ce le désir d'enfant devenu trop fort qui fait refuser inconsciemment la pilule, ce qui s'exprime par une chute du désir ? Les difficultés du couple font-elles passer le sexe au second plan ? À chaque couple de tenter de répondre honnêtement à ces questions...

◇ Ma partenaire ne prend pas la pilule et prétend être protégée par un simple patch, c'est possible ?

Oui, ces dernières années, la contraception pour les femmes a fait des progrès extraordinaires et ne se résume plus à la pilule ou au stérilet. Elles disposent désormais de patchs (Evra®) à coller sur la peau qui diffusent des hormones pendant une semaine, ou alors d'anneau (Nuvaring®) à introduire dans le vagin, actif pendant trois semaines, voire d'implant placé dans le bras (Implanon®) efficace pendant trois ans. Ces trois méthodes limitent les oublis et sont parfaitement efficaces.

◇ Que faire en cas d'oubli de pilule juste avant un rapport ?

D'une manière générale, les oublis en début de plaquette sont plus préoccupants qu'en fin de plaquette.

Si elle l'a oubliée depuis moins de 12 heures, la femme doit immédiatement la prendre, puis continuer normalement sa plaquette (ce qui oblige à avaler deux fois sa pilule le jour de l'oubli). Si c'est une micropilule qui doit être prise à heure relativement fixe, considérer qu'elle n'est plus protégée, il faut donc utiliser un préservatif ou un spermicide local.

Si elle est en retard de plus de 12 heures, voire 24 heures, il faut prendre deux fois plus de précautions au cours des rapports à venir et utiliser pilule + préservatif (ou spermicide), jusqu'en fin de plaquette. Si un rapport a eu lieu et que l'oubli survient juste après, lire attentivement le paragraphe qui suit.

◇ Que faire en cas d'accident ?

Préservatif déchiré, pilule oubliée, rapport non protégé, il existe deux solutions de rattrapage : la « pilule du lendemain » et le « stérilet d'urgence ». Contrairement à ce que beaucoup imagi-

nent, ces moyens ne sont pas réservés aux adolescentes : ils sont valables à toutes les étapes de la vie sexuelle.

La pilule du lendemain est une méthode préventive à utiliser dans les trois jours qui suivent le rapport à risque. Norlevo® (sans ordonnance en France) consiste à prendre un seul comprimé de progestérone. Cet afflux hormonal empêche la nidation de l'ovule fécondé qui ne peut se développer

Enfin, cette information essentielle : selon la loi du 9 janvier 2002, cette pilule est gratuite en pharmacie pour les mineures, et ce, sans autorisation parentale. De moins en moins de pharmaciens refusent à présent de la donner. Reste encore la solution de l'infirmerie du collège, du lycée ou le recours au planning familial.

Pour poser des questions sur la contraception du lendemain : www.norlevo.com.

Le stérilet d'urgence permet d'éviter l'implantation de l'œuf s'il est posé dans les huit jours qui suivent le rapport non protégé. Il est souvent conservé par la suite comme méthode contraceptive.

◇ La pilule du lendemain est-elle efficace à tous les coups ?

Non, c'est une solution de rattrapage d'autant plus efficace qu'elle est prise rapidement après le rapport. L'efficacité pour un même produit varie de 95 % à 58 %. Les règles surviennent le plus souvent à la date normale, parfois un peu avant, parfois un peu après. Au-delà de 5 jours de retard, il faut absolument consulter un médecin, c'est peut-être le signe d'une grossesse malgré le traitement.

◇ Mon amie peut-elle prendre la pilule du lendemain après chaque rapport autour du 14e jour, plutôt que de prendre la pilule tous les jours ?

Non, la pilule du lendemain est un contraceptif nettement moins efficace que la pilule classique prise à petites doses mais tous les jours. Elle serait trop forte, moins bien tolérée et pourrait présenter à la longue de sérieux risques pour la santé. Et puis, on l'a déjà dit, tous les rapports non protégés sont potentiellement fécondants.

L'interruption volontaire de grossesse

Si la pilule du lendemain n'a pu être prise à temps, et qu'il y a grossesse, on peut garder le bébé ou demander une Interruption volontaire de grossesse (IVG signifie avortement). Depuis juillet 2001, l'IVG est autorisée en France jusqu'à la fin de la 12e semaine de grossesse (soit 14 semaines après le début des dernières règles) pour la technique de l'aspiration. Le nombre d'IVG est estimé à 220 000 par an. Si l'on observe la courbe en cloche, représentant le nombre d'IVG en fonction de l'âge, on voit aux deux extrémités les 15-19 ans, qui totalisent 16 000 interruptions de grossesses, et les 35-39 ans, qui représentent 24 000 IVG, auxquelles s'ajoutent les 9 000 IVG de la tranche des 40-44 ans. Chez les plus de 40 ans, le nombre d'IVG est donc très loin d'être négligeable. Les femmes, se croyant moins fertiles, cessent de se protéger efficacement, parfois même pour se prouver qu'elles sont encore capables d'avoir un enfant.

Pour 5 femmes sur 6, le recours à l'avortement est accidentel et unique. L'IVG n'est donc pas un moyen de contraception.

Deux techniques existent : l'aspiration utérine (l'œuf est aspiré) sous anesthésie locale ou générale. Le traitement médical est réservé aux femmes dont la grossesse est inférieure à 5 semaines (7 semaines après les dernières règles). La pilule RU 486 provoque une expulsion de l'œuf ressemblant à une fausse couche.

La demande d'IVG comporte des démarches obligatoires à accomplir pour l'une ou l'autre méthode. Le dispositif légal comprend deux visites médicales et un entretien social (ce dernier est obligatoire pour les mineures et conseillé seulement au-delà de 18 ans). Toutes ces démarches peuvent être faites directement dans un même centre à condition qu'il soit agréé. À noter que, pour les mineures, non seulement il n'y a pas besoin d'autorisation parentale (à condition qu'elles se présentent avec un adulte de leur choix) mais qu'en plus, depuis mai 2002, l'Assurance maladie permet la prise en charge gratuite de l'IVG. Celle-ci est également gratuite pour les bénéficiaires de la CMU et leurs ayants droit.

Décider d'avoir un bébé

→ Un enfant, si je peux !

Après avoir pris une contraception pendant des années, beaucoup de femmes et de couples pensent démarrer une grossesse dans les deux ou trois mois qui suivent l'arrêt de celle-ci. Un peu comme pour la pensée magique, on se dit : « Puisqu'avec la pilule, on n'a pas d'enfant, sans pilule, on va en avoir un. » Eh bien, c'est loin d'être si simple et les chiffres le prouvent. Les chances de concevoir à chaque cycle s'élèvent à environ 25 % à 25 ans, 12 % à 35 ans, 8 % à 40 ans et 2 % à 42 ans ; ce pourcentage est appelé fécondabilité. Au final, un couple sur sept présentera une infertilité (ce qui ne veut pas dire stérilité). Cette difficulté à concevoir est 30 % d'origine féminine, 20 % d'origine masculine, 40 % d'origine mixte et 10 % d'origine inexpliquée. Cependant certaines « associations » de partenaires peuvent être plus heureuses que d'autres en termes de fertilité : un homme peu fécond aura un enfant sans problème avec une femme qui, elle, sera très féconde, mais échouera avec une femme hypofertile comme lui.

→ Au bout de combien de temps consulter ?

Idéalement, le mieux serait de concevoir un enfant avant les 30 ans de sa compagne. À cet âge, et si au bout d'un an, aucune grossesse ne s'annonce, le mieux est qu'elle en parle à son gynécologue pour un bilan standardisé. Si le bilan est positif, le couple peut attendre encore sans recourir à la procréation médicalement assistée. En revanche, en cas d'anomalie constatée dans le bilan, le couple sait qu'il n'a pas intérêt à trop attendre. À partir de 35 ans et si les tentatives de conception se sont révélées infructueuses, il est préférable pour la femme de consulter son gynécologue au bout de six mois seulement.

→ Les causes d'infertilité chez l'homme

Les **causes médicales** : dans la majorité des cas, les spermatozoïdes sont en cause. Ils peuvent être absents (azoospermie) ou en nombre insuffisant (oligospermie), parfois peu mobiles (asthénospermie) ; quand ils présentent plusieurs anomalies de forme, on parle de tératospermie. D'autres causes interviennent. Par exemple, les canaux qui acheminent les spermatozoïdes des testicules vers l'urètre peuvent être bouchés à la suite d'une infection ou des suites d'une intervention chirurgicale dans la zone génitale (hernie, etc.). Le varicocèle est une dilatation des veines au-dessus du testicule. Il peut quelquefois être à l'origine d'une infertilité.

Les **IST** : en augmentation, elles provoquent des infections qui affectent la fabrication des spermatozoïdes et peuvent entraîner des lésions au niveau des tubes séminifères qui les produisent (voir chapitre 8, « Éviter les IST et le sida »).

Les **oreillons** : 5 % des hommes atteints des oreillons après la puberté ont des problèmes de reproduction.

Alcool, tabac, cannabis et médicaments jouent un rôle plus ou moins important. Pour les différents « excitants » rien n'est établi : quelques études montrent une altération des spermatozoïdes et une diminution de leur mobilité chez les fumeurs, mais le phénomène est loin d'être systématique. (Une étude plus récente a montré que le délai d'obtention d'une grossesse double quand la femme est fumeuse.) Quant à l'alcool, il agit sur la libido par le biais de l'impuissance... Pour ce qui est des médicaments : substances anti-cancéreuses, certains neuroleptiques, des anti-hypertenseurs ou anti-ulcéreux, certains anti-inflammatoires et corticoïdes à fortes doses, on sait qu'ils peuvent altérer le sperme.

La **pollution** : un ensemble d'études montre un déclin de la concentration du sperme ces cinquante dernières années. Différentes pistes ont été évoquées. Le plus grand dénominateur commun pourrait être la pollution ou l'alimentation (par augmentation des œstrogènes qui sont des substances féminisantes retrouvées dans la nourriture, les engrais et polluants de l'air ; on les appelle perturbateurs endocriniens).

Les **jeans trop serrés** et les **slips très ajustés** pourraient jouer un rôle très modeste. On sait que la température idéale des testicules est de 35 °. Au-delà, la qualité du sperme et son rythme de reproduction peuvent être affectés. Les professions « à risque » à cause de la chaleur, les cuisiniers ou les boulangers sont rendus provisoirement hypofertiles. Par ailleurs, de nombreux travaux ont montré que les métaux lourds (plomb, mercure), les pesticides, les fongicides, pouvaient avoir des effets négatifs sur la fertilité des travailleurs de ces industries.

Première consultation pour infertilité et bilans

La première consultation peut se faire chez le médecin traitant, mais c'est au spécialiste gynécologue ou à l'andrologue qu'il appartiendra de suivre et de traiter le couple. Au cours du premier entretien, le médecin essayera de retrouver les causes médicales (ou les pratiques du couple) susceptibles d'expliquer l'absence de procréation.

Il fera pratiquer, en première intention, des examens simples mais décisifs, à savoir une vérification que les trompes de la femme ne sont pas bouchées à l'aide d'une radio. Une vérification que les ovaires fonctionnent normalement (sans avance ou retard de l'ovulation) cela nécessite une échographie et un bilan hormonal (prise de sang). Une vérification que la glaire fabriquée par le col de l'utérus en milieu de cycle est bien favorable à l'ascension des spermatozoïdes jusqu'à l'ovule (Test de Hünher). Le bilan masculin est évidemment nécessaire mais il est plus simple, c'est un spermogramme (comptabilité des spermatozoïdes) et une évaluation de leur qualité à l'aide d'un test de migration-survie.

Un bilan complet parfois plus approfondi sera fait dans les trois à six mois.

Des contraceptions... sans le savoir !

Par ignorance ou par habitude, le couple peut réduire à son insu ses chances de fécondation et retarder ainsi la survenue d'une grossesse au point qu'il finit par se considérer stérile. En vrac, quelques méthodes, trop aléatoires pour servir de contraception efficace, mais significativement embêtantes lorsqu'on s'acharne à faire un bébé[1] !

La fièvre du samedi soir

Un seul chiffre à retenir : un couple qui a un seul rapport par semaine réduit de moitié, voire des trois quarts, ses chances de conception par rapport à un couple qui multiplie les rapports hebdomadaires.

Viser juste

C'est-à-dire viser l'ovulation. On détecte celle-ci grâce à la méthode des températures. Si on attend le décalage de température matinal qui indique que l'ovule est lâché dans la nature pour avoir un rapprochement sexuel, il est trop tard car l'ovule ne vit que 12 heures. On réduit alors ses chances de fécondation de 80 à 95 %. Pour viser juste, mieux vaut faire l'emplette d'un test de détection de l'ovulation vendu en pharmacie. Moyennant quoi, tout est possible : les spermatozoïdes survivent deux à cinq jours et peuvent féconder l'ovule en toute tranquillité.

Enrichir le sperme

Quelques rusés imaginent qu'en « s'économisant », c'est-à-dire en réduisant leur activité sexuelle, ils vont « enrichir leur

1. Selon les observations du Pr Yves Malinas, gynécologue.

sperme». C'est peine perdue. Car la glaire du col utérin sélectionne, de toute façon, les spermatozoïdes les plus actifs. La répétition des rapports ne peut qu'augmenter les chances de sélection des «bons» spermatozoïdes, donc de grossesse.

Quelques contacts

Association française pour la contraception : 01 60 15 31 98. Demande de renseignements, contraception, pilule du lendemain, IVG, etc. Site Internet : www.contraceptions.org.

Pour toute question sur sexualité, contraception et avortement : 0 800 105 105. N° vert mis en place par la DRASS de la région PACA. Des conseillères conjugales et familiales du planning familial répondent du lundi au vendredi de 9 h à 12 h et de 14 h à 19 h, le samedi, de 9 h à 12 h.

Site Internet www.docteurclic.com. L'amour, ses pratiques, ses risques, sa contraception, ce qu'il faut faire en cas d'urgence.

N° vert écoute-Sexualité-Contraception : 0 800 803 803 du lundi au vendredi de 9 h 30 à 19 h 30 et le samedi de 9 h 30 à 12 h 30.

Pour tout ce qui concerne la famille (textes de lois, divorce, concubinage, violence, pension alimentaire, garde des enfants, travail, formation, etc.). Des infos au Centre national d'informations et de documentation des femmes et des familles : 7 rue du Jura, 75013 Paris. Les hommes aussi peuvent se manifester.

Pour la pilule ou la contraception d'urgence.
Renseignements auprès du Mouvement français pour le planning familial : 4 square Saint-Irénée, 75011 Paris – 01 48 07 29 10.

Et quand l'enfant paraît...

◇ Les femmes enceintes ont-elles davantage de désir?

Toutes les femmes enceintes sont inondées d'hormones féminines, pourtant toutes n'ont pas le même désir sexuel. C'est bien que le psychologique est déterminant. Au niveau du bassin, on observe une congestion et une vascularisation accrue, le vagin gonfle et s'épaissit, il est mieux lubrifié, ce qui s'accompagne d'une plus grande sensibilité ; les petites et grandes lèvres deviennent hyper-réactives ; tout cela peut être source de plaisir augmenté pour les unes et de douleur exacerbée pour les autres. Parfois, la frontière entre le plaisir et la douleur se montre bien ténue. Les seins grossissent et deviennent plus tendus. Ils peuvent générer des sensations délicieuses ou insupportables. C'est là que le compagnon intervient. Il peut idéaliser la grossesse, aller dans le sens de sa partenaire et jouir de ce surplus de sensations ou alors craindre de lui faire mal et respecter ses réticences. Selon sa propre histoire familiale, il peut renforcer chez sa compagne l'image d'une femme épanouie, rassurée et désirable ou celle d'une femme déformée, inquiète et moins attrayante.

Toujours est-il qu'une femme sur cinq découvre pour la première fois l'orgasme lorsqu'elle est enceinte...

◇ Peut-on s'aimer pendant ces neuf mois comme avant?

Faut-il ralentir la cadence ? Choisir ses positions ? Cesser lorsque le terme est proche ? Que de questions... Jusqu'au dernier mois, voire jusqu'à la veille de l'accouchement, le couple peut avoir un rapport sexuel, il suffit d'un peu d'imagination pour trouver la position la plus confortable. Le fœtus est protégé dans sa poche des eaux, elle-même protégée par le col fermé de l'utérus. À ces barrières s'ajoute un verrou de sécurité supplémentaire : le col est orienté vers l'arrière pendant toute la grossesse, il ne passe vers l'avant que les dernières heures avant l'accouchement pour faciliter le passage du bébé dans la filière génitale. D'ailleurs, Bébé n'est pas spécialement incommodé par les relations sexuelles de ses parents, bien au contraire. On a découvert que le rapport déclenchait la production d'endorphines (substances du bien-être) chez le fœtus.

Toutefois, les précautions s'imposent (surtout le dernier trimestre) en cas d'ouverture du col (menace d'accouchement prématuré) ou de contractions régulières et croissantes. Attention aussi aux pertes de sang après un rapport, il peut s'agir d'une plus grande fragilité du col à vérifier, mieux vaut alors consulter le médecin ou la sage-femme avant toute reprise des relations sexuelles.

◇ Je voulais un enfant et, maintenant que ma femme est enceinte, j'ai envie de la quitter. Que m'arrive-t-il ?

L'annonce du bébé est parfois très bien vécue, mais, au fil des mois, les relations du couple deviennent tendues. Là, c'est un autre phénomène psychologique qui intervient. Plus le terme avance, plus certaines « mères » sont centrées sur leur ventre, et plus les compagnons découvrent un sentiment d'inutilité. Avant même d'être né, Bébé prend toute la place, ils peuvent se sentir délaissés et devenir jaloux. Par-dessus tout cela, la belle-famille s'en mêle, donne des conseils, aide aux derniers préparatifs, annexe le foyer conjugal avec femme et bébé in utero. Si bien que certains futurs papas, déboussolés, se rassurent comme ils peuvent : ils « nient » la grossesse et font comme si de rien n'était (invitations, couchers tardifs, trajets épuisants), ils sortent avec les copains, voire se consolent avec d'autres femmes, ce qui, en soi, ne signifie absolument pas qu'ils ne sont plus amoureux, mais est souvent, évidemment, très mal vécu par la compagne. L'incommunicabilité dans le couple cache la demande énorme d'être rassuré de part et d'autre. Les femmes ont encore plus besoin qu'on leur répète à cette période précise : « Je suis là pour t'aimer et te protéger », les hommes désirent la même chose sans oser l'avouer. Ils se sentent abandonnés, superflus, « vides », paumés. Le remède passe, bien évidemment par le dialogue, par la prise de conscience de tous ces doutes et de leur normalité (beaucoup de couples passent par là, même si peu l'avouent). Si nécessaire, il faudra prendre des distances avec l'entourage pour retrouver son intimité, rêver à deux, élaborer de nouveaux projets ensemble et consolider la relation avant l'accouchement. L'affaire est sérieuse, 15 % des couples divorcent à la naissance du premier enfant.

◇ Depuis que ma femme attend un bébé, je rêve tous les soirs qu'elle m'abandonne...

Preuve que cette période n'est pas neutre, les hommes – et leurs femmes – font beaucoup de cauchemars pendant ces neuf mois. La venue de l'enfant remue beaucoup de « strates » au niveau inconscient. Les rêves sont la traduction de toute cette activité invisible. Ils témoignent souvent d'une angoisse d'abandon, de la crainte de perdre sa liberté avec l'arrivée de Bébé, de la rupture avec l'enfance et avec le passé, de l'équilibre menacé du couple. Rien de tout cela n'est prémonitoire. Au lieu d'inquiéter, ces rêves devraient rassurer, puisque les conflits inconscients se rejouent la nuit pour être apaisés par la suite.

◇ Pourquoi la naissance d'un enfant déstabilise-t-elle à ce point le couple ?

L'attente de Bébé est un vrai cataclysme, même quand tout se passe bien. Les femmes qui portent leur premier enfant s'inquiètent beaucoup des métamorphoses de leur corps et des sensations inconnues jusque-là. Certaines ressentent, dès le premier mois, des fausses « contractions » qui les angoissent, mais qui n'ont rien à voir avec celles de l'accouchement, elles le découvriront plus tard. D'autres sont très étonnées d'être si fatiguées, d'avoir tellement besoin de dormir, d'être nauséeuses, gonflées, si lourdes, de n'avoir « plus envie de rien ». Enfin, elles s'interrogent beaucoup sur la normalité de l'enfant à naître et sur tout ce qui pourrait l'abîmer... trop de travail, les longs trajets et, naturellement, l'activité sexuelle.

Les hommes vivent de leur côté des sentiments très forts, parfois contradictoires, ce qui peut générer incompréhension et décalage dans le couple. À l'annonce de leur paternité, certains peuvent perdre pied, même s'ils ont désiré très fort ce bébé. Lorsqu'ils apprennent la nouvelle, ils réagissent avant tout de manière émotionnelle, et plus du tout rationnelle. Ils étaient d'accord pour un enfant avec cette femme, c'était le bon moment, ils avaient leur situation professionnelle en main, oui mais... tout cela s'effondre devant les idées qui se bousculent dans leur tête plus ou moins consciemment. Être père, c'est aussi avoir le sentiment d'être mis au pied du mur, mesurer le poids de ses responsabilités, craindre de ne pas être à la hauteur. C'est renoncer à l'éternelle adolescence, s'inscrire dans la lignée des générations, revivre sa propre enfance avec tout ce que cela comporte de problèmes réglés ou douloureux. C'est enfin redouter que sa femme ne change du tout au tout. Sera-t-elle encore amoureuse et complice, se transformera-t-elle en mère poule exclusive ? L'enfant passera-t-il au premier plan, devant le couple et la sexualité ? Certains hommes prennent alors toute la mesure de l'angoisse qui les habite. D'autres, sans même comprendre pourquoi, deviennent grognons, irritables, inquiets, distraits, vulnérables, tristes... Mais leur réaction ne préjuge en rien de l'amour pour leur compagne ou du père qu'ils seront.

8

ÉVITER LES IST ET LE SIDA

Une maladie sexuellement transmissible (ou MST) est une maladie qui peut se transmettre par contact sexuel avec une personne contaminée, ce qui, heureusement, n'est pas le cas à chaque rapport sexuel. Autrefois, les MST portaient le nom de maladies vénériennes, du nom de Vénus, déesse de l'amour. La dénomination a encore changé : on parle maintenant d'infections sexuellement transmissibles. Ces maladies sont contagieuses et se transmettent entre hommes et femmes ou personnes de même sexe. Dans tout ce chapitre, par commodité, nous parlerons de la relation hétérosexuelle (parce que c'est la plus fréquente), mais il va de soi que les risques sont de même nature dans une relation homosexuelle. Il suffit éventuellement de remplacer le terme de « la » partenaire par « le » partenaire pour s'y retrouver. En cas de spécificités relatives aux pratiques « gays », nous le signalerons.

Toutes les IST ne sont pas aussi dangereuses que le sida. Certaines sont banales. D'autres, en revanche, doivent absolument être traitées rapidement, car elles peuvent avoir des conséquences sérieuses comme la stérilité. On ne sait jamais à l'avance à quel microbe on va se frotter, mieux vaut donc utiliser systématiquement un préservatif au cours de la relation sexuelle avec une nouvelle partenaire. C'est aujourd'hui le meilleur rempart contre les IST, sida y compris.

Les moins de 30 ans plus vulnérables

Les jeunes, surtout célibataires, sont particulièrement exposés à ces maladies, davantage encore que les hommes engagés dans des couples stables. Pourquoi cela ? Pour au moins trois raisons, l'une « statistique », l'autre « psychologique », la troisième « biologique » :

1. Plus on est jeune, plus on multiplie les partenaires sexuels (théoriquement du moins), donc les risques de contamination. Même si on est fidèle, on fait des rencontres plus régulièrement. Et qui dit plus de rencontres dit plus de risques.

2. Les jeunes vivent davantage dans l'instant, sans toujours avoir envie de programmer un rapport, ni d'acheter à l'avance des préservatifs. Ils se sentent encore invulnérables. Ils peuvent aussi être dans le déni et se dire que les IST n'arrivent qu'aux autres. Ils ne vont pas enfiler une capote ou demander un test à leur nouvelle conquête (elle a l'air tellement bien), ça briserait l'ambiance et finie la connivence. Les casse-cou pensent que la vie est une succession de prises de risque, alors...

3. Chez les moins de 30 ans, les conséquences d'une IST sont plus sérieuses, parce que les tissus génitaux sont plus fragiles et le risque de complications (stérilité par exemple) est important. Perdre sa fécondité lorsqu'on a déjà eu des enfants est moins grave que la perdre alors qu'on n'en a pas encore eu.

Les plus de 30 ans plus phobiques

À 18 ans, on n'a peur de rien, à 40, cela peut devenir l'inverse, surtout si les mauvaises expériences avec « les microbes » se sont multipliées. Quand la peur des IST s'installe durablement, elle peut induire de nombreux troubles psychosomatiques ou difficultés sexuelles. « J'ai attrapé cette saleté à cause de ma partenaire », se plaint Lucas. Alors que beaucoup d'hommes vivent leur infection comme une misère banale de plus, d'autres, au contraire, rejettent la responsabilité entière sur l'Autre et sont terrorisés par le moindre petit bouton au niveau de la zone génitale. Les réassurances données par le médecin n'ont aucune prise, ils se sentent contaminés, « trompés sur la marchandise », piégés, voire agressés. Après ces mésaventures, certains hommes oscillent entre la pulsion sexuelle et la crainte de nouvelles menaces. S'ils cèdent à la tentation du plaisir, ils se sentent faibles ou coupables, s'ils ne cèdent pas, ils sont frustrés et agressifs envers les femmes. Les obsessionnels vont jusqu'à se passer le sexe à l'eau de javel après le contact intime pour évacuer tout nouveau risque de contamination. Dans ce climat plutôt tendu, le rapport sexuel a du mal à être satisfaisant. L'infection sexuellement transmissible est une maladie « honteuse ». « Je n'ai trompé ma femme qu'une fois », assure Adrien qui voit en sa blennorragie une punition venant le rappeler à ses devoirs de mari égaré dans une aventure. « J'ai eu ces brûlures lorsque ma petite amie m'a quitté », explique Victor. « Depuis ma première MST, il y a vingt ans, tous mes rapports sexuels ont été douloureux », déplore Ivan. Les IST disent parfois à maux couverts la culpabilité de l'adultère ou la blessure immense d'une rupture mal vécue. Elles touchent précisément les hommes là où ils entendent affirmer leur virilité et peut-être même leur pouvoir. Chez Ivan comme chez beaucoup d'autres, ce mal en cache un autre, la brûlure au niveau de l'urètre focalise toute son attention, il oublie qu'avant l'IST, il était éjaculateur précoce et impuissant. Lorsque rien de cela n'est formulé (ni à un médecin, ni à soi-même), la peur avance masquée et s'exprime indirectement par des troubles fonctionnels ou psychosomatiques : douleurs génitales, fatigue sexuelle, insomnie, manque d'appétit, etc. La crainte de la contagion, l'angoisse, le mal-être, prennent trop de place. Pour sortir de cet engrenage infernal, il existe heureusement des traitements médicaux anti-IST, anti-douleurs ou anti-névralgiques utiles dans l'immédiat, mais une prise en charge psychologique par un psychosomaticien s'avère presque toujours salutaire dans les cas de phobies ou de « maladie-écran ».

IST ne rime pas nécessairement avec trahison

Il va de soi que, dans le couple, les IST peuvent entraîner des conflits à la hauteur des fantasmes qu'ils réveillent. Les conjoints peuvent devenir agressifs : « C'est de ta faute... tu m'as trompé(e)... où as-tu attrapé cela... comment as-tu pu me faire ça ? » Suspicion, doute, jalousie, colère, peur, angoisse d'abandon, tout y passe... D'autant que les gynécologues, bien malgré eux, peuvent envenimer les choses. Un mot de trop, une allusion douteuse, une explication erronée, rapide ou trop floue, et c'est la porte ouverte à toutes les interprétations.

Ce qu'il faut savoir pour ne pas échafauder le pire à tort :

1. Bon nombre de germes transmis par contact sexuel peuvent avoir été attrapés des mois, des années, voire des décennies, auparavant et se manifester tardivement. C'est le cas des papillomavirus, parfois rencontrés à l'adolescence et qui peuvent déclencher chez la femme des lésions précancéreuses cinq, dix ou vingt ans plus tard. Si le gynécologue ne met pas les points sur les « i », la femme fidèle depuis son mariage peut penser que son mari l'a infectée et le mari peut s'imaginer que sa femme l'a trompé, or elle était déjà porteuse des papillomavirus sans le savoir. C'est vrai aussi pour les infections à chlamydiae ou l'herpès génital qui peuvent évoluer à bas bruit, c'est-à-dire sans le moindre symptôme pendant des années. 60 % des personnes qui découvrent un herpès génital ne savent pas comment elles l'ont attrapé. Il n'existe qu'une seule infection dont on soit sûr de la contamination récente, c'est la blennorragie. Hormis cette IST, et encore, il est tout à fait inutile de lancer des enquêtes policières pour savoir qui, quand, comment. Dans l'immense majorité des cas, on n'aura pas la réponse.

2. Toutes les infections trouvées sur le sexe féminin n'ont pas forcément été transmises par voie sexuelle. Le vagin d'une femme normalement constituée abrite entre 100 millions et un milliard de germes par millilitre de sécrétion vaginale, et l'on retrouve davantage de germes encore dans l'anus ou la bouche. Cette flore ne pose aucun problème tant qu'elle demeure équilibrée. D'ailleurs, 85 % de celle-ci est constituée de germes « policiers » (les lactobacilles) qui « maintiennent l'ordre » dans la cavité vaginale. En cas de rupture de cet équilibre (à la suite d'une toilette trop détergente, d'un ennui

mécanique, d'une infection, de la prise d'antibiotiques...), des germes, jusque-là inoffensifs, se multiplient et provoquent une infection vaginale. Certains de ces germes ne peuvent pousser que dans un vagin de femme, d'autres, au contraire, peuvent migrer chez le partenaire au cours du rapport sexuel. Voilà pourquoi il faut l'examiner et le traiter systématiquement. Pour toutes ces raisons, il vaudrait mieux parler de maladies potentiellement transmissibles par voie sexuelle[1], cela justifie que le partenaire soit examiné, mais cela sous-entend aussi que l'infection ait pu être attrapée autrement.

Comment reconnaître une IST?

Ce n'est pas si évident. Certaines IST sont faciles à repérer (quand elles vous tombent dessus, on ne s'y trompe pas!), mais d'autres passent totalement inaperçues. Ces IST-là, difficiles à détecter, sont les plus ennuyeuses, car souvent traitées plus tard.

→ Les IST repérables

La blennorragie

Elle est la plus connue de toutes, c'est la fameuse « chaude-pisse » ou urétrite en termes savants. Chez l'homme, elle se repère par une envie fréquente d'aller aux toilettes, des douleurs et brûlures en urinant, du pus de couleur blanche ou jaune qui s'échappe spontanément du gland. Le gonocoque est le germe responsable. Trois ou quatre jours après le rapport

1. Selon Jean-Marc Bohbot, spécialiste des IST, Institut Alfred-Fournier, Paris.

non protégé, au plus tard dix jours après, les brûlures apparaissent. Dès les premiers signes, il faut voir un médecin. La « blenno » se traite vite et bien grâce aux antibiotiques. Si l'on néglige de se soigner rapidement, on risque à terme des complications pouvant aboutir à la stérilité par obturation des canaux éjaculateurs ou atteinte des testicules. Il est indispensable de mettre au courant sa partenaire afin qu'elle se traite aussi. Une femme met plus de temps à ressentir les premiers symptômes (quelques jours à quelques semaines), car tout se passe « à l'intérieur » et non en surface. Elle peut aussi avoir des brûlures, du pus. En l'absence de traitement rapide, il existe un risque de complications immédiates (douleurs, fièvre) ou ultérieures (infections des canaux éjaculateurs chez l'homme, des trompes et grossesses extra-utérines, chez la femme, stérilité dans les deux cas). Une partenaire contaminée peut, à son tour, transmettre la maladie au cours de rapports sexuels non protégés, et réinfecter un homme qui s'était débarrassé de ses gonocoques. C'est la partie de ping-pong. à chaque fois qu'on croise ce germe, on risque une nouvelle infection. On ne s'immunise pas une fois pour toutes ! Heureusement, il existe un « traitement minute » simple, rapide et efficace : plusieurs comprimés à prendre en une seule fois ou une seule injection. Les rapports peuvent reprendre une fois que l'écoulement de pus a disparu, ce qui est le cas la semaine suivante en général. Le préservatif est ensuite fortement recommandé pendant une quinzaine de jours. Le risque de ce type d'infection est la survenue quelques mois ou quelques années après d'un rétrécissement de l'urètre appelé sténose de l'urètre (gêne voire impossibilité d'uriner). D'où l'intérêt d'un traitement précoce de cette infection au départ bénigne.

Les mycoses

Elles ne sont plus considérées par les spécialistes comme des IST, mais comme on peut les confondre avec des infections sexuellement transmissibles, nous en parlons quand même ici. Elles sont dues à de minuscules champignons, souvent les *candida albicans*. Chez l'homme, elles restent rares et se manifestent par des rougeurs, des points blancs et des irritations au niveau du gland décalotté (sous le prépuce) avec des démangeaisons, picotements, brûlures au moindre contact, bref, c'est très désagréable. Mais à la différence de la blennorragie, les brûlures ne viennent pas « de l'intérieur » en urinant, elles résultent du contact externe de l'urine avec la peau du gland. Le traitement est local et se résume à une crème antimycosique pendant quelques jours. Chez les femmes, les mycoses sont beaucoup plus fréquentes : 75 % d'entre elles rencontreront ce problème au moins une fois dans leur vie. Et chez certaines, le problème sera quasi chronique ! Ces mycoses se traduisent ici encore par des démangeaisons ou des brûlures intenses dans le vagin et sur la vulve avec des pertes blanches, épaisses et abondantes. Le traitement consiste à mettre un ovule anti-mycosique dans le vagin et une crème traitante sur la vulve. Ce qu'il faut retenir pour soi : si sa partenaire a une mycose, elle ne peut pas la transmettre sexuellement, sauf cas exceptionnel. Mais cela provoque chez elle une sensation de brûlure qui peut l'amener à refuser tout rapport sexuel.

Les condylomes

Appelés couramment crêtes de coq, ils sont dus à des virus appelés papillomavirus. Ils se manifestent par des petites « verrues » souvent microscopiques sur le gland, les zones génitales, le pubis ou la zone anale. Elles ne sont pas du tout douloureuses, mais très contagieuses. Une péniscopie permet d'observer la verge à la loupe. Le traitement doit être le plus précoce possible. Il est facile : une simple crème (Aldara®) détruit les lésions en stimulant l'immunité naturelle. L'azote liquide est lui aussi très efficace (et peut être associé à la crème) et enfin, on peut aussi recourir au traitement laser si nécessaire. Il va sans dire que la partenaire est, elle aussi, menacée et doit être traitée, d'autant plus que certains des virus en cause peuvent être responsables, des années plus tard, de lésions précancéreuses ou cancéreuses. La présence d'anomalies au niveau du col de l'utérus est facilement détectable par un simple frottis et un éventuel test HPV. Il est donc essentiel que la femme en période d'activité génitale se fasse faire des frottis régulièrement afin de détecter des condylomes qui pourront être éliminés par laser sans conséquences graves. Évidemment, si une lésion a été détectée chez elle par le frottis, le partenaire, qui en apparence n'a rien, devra se faire examiner aussi par péniscopie (examen non douloureux) et se faire traiter.

L'herpès génital

C'est un bouton qui ressemble un peu au « bouton de fièvre » c'est-à-dire à l'herpès labial. Au stade le plus précoce, la zone touchée (sexe, pubis, bas du dos, fesse, etc.) démange et brûle, puis de nombreuses petites vésicules translucides bourrées de virus apparaissent et s'agglutinent les unes contre les autres, elles sont très contagieuses. Au stade suivant, les vésicules sèchent après avoir laissé échapper leur liquide. Au total, la première crise (primo-infection) peut durer deux à trois semaines. Le traitement à base d'antiviraux est à prendre localement dès les premiers signes, en comprimés associés parfois à une crème antivirale (aciclovir). Les rapports doivent être évités ou au minimum protégés pendant la phase contagieuse (jusqu'à ce que le bouton sèche). Malheureusement, il existe de fréquentes récidives. C'est là qu'il faut être particulièrement attentif : le retour de l'herpès génital se manifeste d'abord par des brûlures ou picotements à l'endroit du précédent bouton. C'est dès ce moment qu'il faut commencer à traiter, avant l'éruption et à titre préventif, c'est aussi dès ce moment qu'il faut éviter les rapports sexuels ou du moins les protéger. Enfin, certains sujets atteints d'herpès génital peuvent contaminer leurs partenaires, même en l'absence de lésions visibles, car le virus peut être présent dans les sécrétions génitales sans aucun symptôme. Des traitements spécifiques sont alors possibles pour éviter la contamination. Précisons qu'en cas de lésions visibles, le préservatif ne protège que ce qu'il couvre, il reste donc malheureusement sans effets dans les situations excentrées. La contamination se fera à moins de pratiquer l'amour en scaphandre ou de pouvoir appliquer facilement un sparadrap protecteur. Les Américains plutôt radicaux sur la question recommandent l'artillerie lourde : des gants pour toute masturbation si l'herpès se situe au niveau des doigts. Un film alimentaire transparent (type Albal) à positionner entre les lèvres du monsieur et celle de la dame pour les rapports bucco-génitaux s'il y a un bouton de fièvre sur la bouche ou sur le sexe, un préservatif si la lésion se situe sur le pénis, un pansement si elle se situe dans une zone couvrable ! Tout cela laisse un peu rêveur...

Le trichomonas

C'est une vieille connaissance. Ce minuscule parasite s'attrape presque exclusivement par contact sexuel. Chez l'homme, l'infection provoque parfois des brûlures en urinant, des démangeaisons et, quelques jours encore après, un écoulement de pus, un peu comme la blennorragie. Chez sa partenaire, la maladie se signale par des pertes vaginales inhabituelles et malodorantes, des brûlures et démangeaisons, une vulve rouge et irritée. La solution : prendre des médicaments antiparasitaires (quatre comprimés, en une seule prise, dès les premiers symptômes, pour les deux partenaires). Pas d'alcool ni de bière dans les deux jours qui suivent la prise des médicaments. Si le trichomonas est détecté tardivement, au bout d'une ou deux semaines, le traitement sera plus long.

La syphilis

On l'imaginait d'un autre âge, elle refait surface (surtout chez les toxicomanes, les prostitué(e)s, les séropositifs). Au début, elle se manifeste par un bouton sur le sexe ou un chancre (petite plaie dure, pas forcément douloureuse, formant une sorte de cratère, dont les bords sont plus ou moins blancs et rouges). Le microbe responsable, le tréponème pâle, terrassait à tour de bras au XIXe siècle, il entraînait des troubles neurologiques, puis la mort. De nos jours, c'est lui qui trépasse grâce à un traitement par des antibiotiques très performants. Il va de soi que, quand un homme a cette infection, sa partenaire doit être prévenue pour se traiter.

Les morpions

Ce sont des poux exclusivement localisés au niveau du pubis, ils sont responsables de la phtiriase (nom de cette parasitose). Ces parasites munis de six pattes se déplacent sur les poils du pubis, les draps, les serviettes de toilette. Non seulement ces « vampires » sucent le sang de leur hôte pour se nourrir, mais leur salive contient une substance particulière qui donne une furieuse envie de se gratter. Ils sont visibles à l'œil nu (bien qu'ils ne soient pas plus gros qu'une tête d'épingle) et on peut s'en débarrasser facilement, sans pour autant se raser, à l'aide de crèmes, lotions, shampoings ou sprays insecticides. Deux recommandations importantes : recommencer le traitement une semaine après la première application pour tenir compte du cycle reproducteur de l'insecte. Laver la literie et son linge soigneusement à haute température ou au nettoyage à sec pour ne pas se réinfecter.

→ Les IST cachées

Les infections à mycoplasmes et chlamydiae

Elles ne se manifestent par aucun signe au départ. Mais au bout de quelques jours à quelques semaines après le rapport non protégé, des symptômes finissent par apparaître : brûlures en urinant, douleurs au niveau des testicules et fièvre, démangeaisons, écoulement de pus. À ce stade, il faut vraiment un traitement sous peine de stérilité : le canal déférent peut se boucher à cause de l'infection. Chez la partenaire : mêmes causes, mêmes effets, ce sont les trompes qui peuvent être définitivement bouchées. Pour l'infection à chlamydiae, il existe un traitement antibiotique. Pour le mycoplasme : une certaine quantité est normale, mais au-delà d'un seuil limite (100 000 germes par ml), on doit se traiter aux antibiotiques aussi.

L'hépatite B

Elle est due à un virus qui attaque le foie et peut le détruire. Cette maladie se transmet par le sang, le sperme, les sécrétions vaginales, peut-être la salive, mais pas la sueur. On peut avoir une hépatite sans signe visible, il n'y a en ce cas que les examens de sang qui révèlent la présence du virus. D'autres fois, l'hépatite provoque une jaunisse, le « blanc » des yeux devient jaune, on se sent très fatigué, avec de la fièvre. Dans 80 % des cas, l'hépatite B guérit toute seule, sans séquelle. Mais dans 20 % des cas, le virus peut continuer à évoluer. À terme, dans moins de 5 % des cas, la maladie provoque une cirrhose ou un cancer du foie, etc. Il existe un vaccin contre l'hépatite B (remboursé par la Sécurité sociale). Il est recommandé chez le célibataire susceptible d'avoir des partenaires fréquentes, puisqu'il évite, à terme, d'avoir des maladies graves.

Le sida

Il est dû à un virus, le HIV (virus de l'immunodéficience humaine). Il s'attaque progressivement au système de défense de l'organisme (ou système immunitaire). Cette destruction lente expose le malade à des infections répétées appelées infections « opportunistes ». Avant d'en arriver au stade de sida déclaré, on peut rester des années sans symptômes apparents. La personne est séropositive, elle n'est pas « malade », mais, tout le problème est là, elle peut transmettre le virus sans le savoir et propager l'épidémie. Grâce aux trithérapies, on meurt infiniment moins du sida (500 décès en 2006). Selon une étude canadienne publiée en juillet 2008, la mortalité aurait diminué de 40 % grâce à la prise précoce des antirétroviraux et l'espérance de vie aurait augmenté de treize ans pour les malades sous traitement. Ainsi le nombre de personnes vivant avec le HIV s'accroît tandis que le nombre annuel des nouvelles contaminations avoisine les 6 000 en France. Plus de la moitié des séropositifs et malades du sida vivent en région Île-de-France. Tous les indicateurs de tendance confirment le relâchement des comportements de prévention (relapse) : la vente des préservatifs se maintient (au lieu d'augmenter) et certaines IST, stabilisées depuis des années, flambent à nouveau. Quant au recours au dépistage, il a fortement régressé depuis 1994, surtout chez les jeunes, les célibataires et les multipartenaires, bref, chez les plus concernés. Les trithérapies rassurent, alors on se protège moins. Mais si le traitement prolonge la vie, il ne guérit pas. En outre il provoque de nombreux effets indésirables, pas toujours faciles à supporter. Il est loin d'être la panacée. Alors que le préservatif est le seul moyen – à part l'abstinence ou le safer sexe – qui permette d'éviter le virus. Les pratiques sexuelles dangereuses (sans préservatif) sont d'abord la sodomie, puis la pénétration vaginale, enfin la fellation. Toutes les sécrétions de l'organisme sont potentiellement contaminantes (sperme, sécrétions vaginales, sang) si elles pénètrent par une petite plaie ouverte (au niveau du vagin, du pénis, des gencives). Ex : une femme (ou un homme) ne sera pas contaminée par le sperme d'un séropositif sur son ventre, en revanche, elle (ou il) pourra l'être par une fellation avec ce même partenaire, si elle (ou il) a des petits saignements au niveau de la bouche.

À retenir

Si l'on sent la moindre irritation ou brûlure dans la zone génitale, il vaut mieux consulter pour rien, plutôt que de se dire que cela va passer. Et même si cela passe, comme c'est le cas pour certaines infections à chlamydiae, les symptômes gênants disparaissent, mais les germes restent et la contagiosité aussi, alors qu'on se croit guéri.
Ce serait courageux, responsable, et pour tout dire franchement BIEN de prévenir sa partenaire que l'on a une IST. Elle doit consulter de son côté pour se faire éventuellement soigner. Ce n'est pas facile, c'est même délicat, mais c'est utile pour tous et même pour soi. Si elle n'est pas traitée, elle peut réinfecter son partenaire guéri et les suivants...

Sur les IST, leurs signes et leurs conséquences

◇ Pourquoi emploie-t-on maintenant le terme d'IST à la place de MST ?

MST sous-entend qu'il y a maladie, donc symptômes ; le terme est trop restrictif, car il ne prend pas en compte les infections transmises sexuellement sans signes apparents, à l'insu du porteur sain (condylomes, chlamydiae, etc.).

◇ À qui s'adresser en cas d'anomalie sur la zone génitale ?

Le mieux est de commencer par consulter son médecin traitant. Il sera éventuellement amené à orienter vers un dermatologue, un urologue, un andrologue ou un centre spécialisé dans le dépistage des IST.

◇ Peut-on attraper une IST ou le sida dès les premiers rapports non protégés ?

Malheureusement oui. Il suffit d'une fois, si sa partenaire est contaminée. Et elle peut l'être sans le savoir, et se présenter comme saine en toute bonne foi.

◇ Y a-t-il un âge plus défavorable pour les IST ?

Non, à partir du moment où on a des relations sexuelles, même à 80 ans, on risque une infection. Il suffit d'un seul rapport. Mais, statistiquement, les jeunes sont plus exposés puisqu'ils ont théoriquement plus de partenaires.

◇ Le préservatif ne protège pas à 100 % de la grossesse, protège-t-il à 100 % des IST et du sida ?

Non, même avec un préservatif, on n'a pas une « assurance tout risque ». Mais c'est en tout cas le meilleur moyen que l'on ait, à l'heure actuelle, pour se protéger de la plupart des IST et du HIV. Il offre des garanties dont personne ne peut raisonnablement se passer, sauf à aimer jouer à la roulette russe.

◇ La mauvaise hygiène est-elle responsable de ces maladies ?

On peut se doucher deux fois par jour (et la partenaire aussi) et attraper malgré tout une IST. Les microbes existent et personne n'y peut rien. Souvent, nous les portons déjà sur nous, sans qu'ils soient dangereux, mais à une occasion ou une autre, ils se multiplient anormalement et deviennent alors plus menaçants. Il n'y a vraiment pas de honte à avoir une IST. Cela dit, il est vrai qu'une hygiène défectueuse accroît le risque de complications.

◇ J'ai un kyste sur la verge, puis-je l'avoir attrapé par contact sexuel ?

Non, il s'agit peut-être tout simplement du gonflement d'une glande sébacée. La petite boule n'est ni douloureuse ni purulente, elle peut rester sur place pendant des années. Si elle grossit et devient gênante, il est possible de la supprimer par un petit acte chirurgical au cabinet même du dermatologue ou chez le chirurgien.

◇ J'ai du sang dans le sperme, est-ce une infection ?

Pas nécessairement. Le plus souvent, il s'agit tout bonnement d'un petit capillaire logé dans la prostate ou dans les vésicules séminales qui s'est rompu et qui libère du sang lors de l'éjaculation. Celui-ci est brun si la rupture date un peu, ou rouge vif, si elle est récente. C'est un symptôme désagréable mais généralement bénin. Il s'agit plus rarement d'une infection. Pour le savoir, le médecin demandera une spermoculture (mise en culture du liquide séminal) afin d'identifier l'éventuel germe en cause et de mettre en route le traitement adapté.

◇ Un écoulement urétral peut-il être contagieux ?

Oui, le signe « phare » de la blennorragie est d'ailleurs l'écoulement spontané de liquide à l'extrémité de la verge. Des trichomonas, chlamydiae, mycoplasmes peuvent être en cause (avec des brûlures), parfois plusieurs germes sont associés. Cependant, il arrive que l'écoulement ne soit pas du tout infectieux, mais physiologique (petite inflammation bénigne de l'urètre ou de la prostate...).

◇ Ma nouvelle partenaire s'inquiète de taches brunes que j'ai sur la verge. Sont-elles normales ?

Oui, avec des nuances. Le plus souvent, les taches brunes et planes ont toujours existé, mais on ne les a pas remarquées auparavant. Il arrive aussi qu'elles soient tout bonnement la conséquence de l'âge, elles s'installent sur le sexe tout comme sur le dos des mains ou sur le visage. Il peut exister aussi des maladies dermatologiques qui se révèlent par des taches de ce type. En tout cas, il n'est pas question d'IST...

◇ J'ai des boutons blancs sur le sexe, dois-je cesser les rapports sexuels ?

Cette question revient très souvent dans les forums sur Internet ou en consultation, et pour cause : de nombreux hommes ont des « boutons blancs » sur la couronne du gland. Il s'agit de granulations physiologiques, donc tout à fait normales, qui forment « la couronne perlée du gland ». Ces granulations sont plus ou moins visibles d'un homme à l'autre ou selon les périodes de la vie. Une nouvelle partenaire étonnée ou une petite gêne douloureuse au niveau du sexe, et voilà l'alerte déclenchée. S'il existe seulement un ou deux boutons blancs sur le gland ou sur le sexe, c'est un cas bien différent ; il s'agit peut-être d'un condylome ou d'une mycose. En ce cas, d'autres signes sont là : irritations, démangeaisons, douleurs, rougeurs...

◇ Les brûlures pendant les rapports signalent-elles une infection ?

Tout dépend du contexte et de leur localisation. Il s'agit peut-être du manque de lubrification de sa partenaire (très sèche) ou d'un rapport particulièrement prolongé et fougueux. Quelques minutes ou heures plus tard, le frottement occasionne une gêne douloureuse, un échauffement et même un œdème. Il suffit d'interrompre son activité le temps nécessaire (48 heures en général), de soulager le pénis avec des compresses d'eau froide et d'étaler une crème hydratante et apaisante pour calmer la brûlure. Il s'agit peut-être aussi d'une infection de la partenaire : peu lubrifiée – c'est classique en cas d'IST –, elle souffre d'échauffements sur sa propre muqueuse et le contact avec l'homme entraîne des brûlures chez lui aussi. En ce cas, il faut traiter l'IST.

◇ J'ai le gland qui pèle, est-ce dangereux ?

Le plus souvent, il s'agit des suites d'un frottement répété (voir question précédente) ou d'une mycose parfois passée inaperçue. Cette dernière assèche la peau, ce qui entraîne très logiquement une desquamation. Lorsque celle-ci est le signe unique et que tout va bien ensuite, inutile de consulter. En revanche, s'il persiste des signes associés (démangeaisons, brûlures, etc.), il faut un traitement adapté.

◇ Si on a des boutons et si ça démange, est-ce forcément une IST ?

En l'absence de comportement ou de rapport à risque, une rougeur, un bouton, un écoulement, une démangeaison ne sont pas nécessairement une IST. Les boutons sont souvent la conséquence de poils qui se sont infectés et qui deviennent douloureux. Ils signalent la présence de germes habituellement sur la peau (staphylocoques, etc.). Une fois « séchés », tout va mieux. Au moindre doute, consulter un médecin. N'oublions pas qu'un bouton ouvert ou percé (surtout s'il est sur le gland ou sur la verge loin des poils du pubis) peut signaler le chancre de la syphilis. Un test de vérification sera demandé. Il va de soi que le médecin est lié par le secret médical.

◇ Une IST se manifeste-t-elle forcément au niveau du pénis ou du vagin ?

Non. On observe de plus en plus d'IST extragénitales à la suite de rapports extragénitaux (surtout fellation et sodomie, plus rarement cunnilungus, anulingus). Des lésions peuvent apparaître au niveau de la bouche, de la gorge, de l'anus, ou même du doigt. On peut confondre un bouton d'herpès ou un chancre de syphilis avec de simples hémorroïdes. Des petites plaies sur la gorge peuvent être prises pour une banale angine. Autrement dit, une femme qui a des gonocoques ou des chlamydiae au fond de la gorge peut les transmettre par fellation. Et vice versa. Un homme infecté qui met sa verge dans la bouche de sa partenaire peut la contaminer.

◇ Depuis mon dernier rapport, j'ai une douleur au testicule, que faire ?

Une douleur persistante doit forcément inciter à consulter un médecin. Il s'agit peut-être d'un simple problème mécanique ou d'une infection qui a suivi une relation un peu fougueuse. Il faut alors traiter pour éviter des complications plus sérieuses.

◇ Une IST qui fait très mal (ou qui est très étendue) est-elle plus dangereuse ?

Non, une IST très douloureuse peut guérir très bien et très vite avec le bon traitement ; inversement, une IST indolore (souvent non soignée) peut avoir à terme des conséquences plus sérieuses.

IST: les signes qui doivent vous alerter

Les lésions du pénis et du gland
– pénis ou gland irrités;
– petites ulcérations ou plaies;
– verrues plus ou moins nombreuses qui poussent très vite.

Les lésions de l'anus
– irritations;
– petites ulcérations ou plaies;
– verrues plus ou moins nombreuses.

Les signes urinaires
– écoulement anormal, en dehors des émissions d'urine (souvent le matin, avant d'aller aux toilettes);
– picotements et brûlures du conduit;
– brûlures en urinant;
– douleurs, pendant ou après les rapports.

Les signes liés à une infection de la prostate ou des testicules
– douleur dans les bourses et les testicules (en plus des signes urinaires);
– douleur dans le bas-ventre et fièvre;
– parfois seulement, douleur ou gêne à l'éjaculation.

Dans ces situations, consulter d'urgence, car ces infections sont potentiellement graves et peuvent être à l'origine d'une stérilité.

Sources: CRIPS et Institut Alfred-Fournier, http://www.institutfournier.org.

◇ Les IST peuvent-elles guérir toutes seules ?

Les symptômes de certaines IST peuvent disparaître spontanément, sans traitement, laissant croire à une guérison. En fait, l'infection est toujours présente et risque de réapparaître plus tard sous forme de complication... Dans le doute, mieux vaut consulter, car la maladie peut flamber d'un seul coup et l'épidémie se propager rapidement (si on mène une vie de bâton de chaise ou si sa partenaire sort avec d'autres hommes). À éviter : se servir au hasard dans l'armoire à pharmacie des crèmes antiseptiques, des plantes, des antibiotiques. Contre chaque microbe, il existe un traitement précis. Une bactérie n'est détruite qu'avec un antibiotique ; un virus avec un antiviral, un parasite avec un antiparasitaire, un champignon avec un antimycosique. De plus, le remède qui a si bien marché la fois précédente sur soi ou qui a guéri un collègue de bureau, n'est pas forcément le plus adapté, cette fois, pour ce microbe et cette IST.

◇ Une stérilité à la suite d'une IST est-elle forcément irréversible ?

Pas nécessairement. Si l'infection n'a atteint qu'un testicule, la fertilité peut être préservée. Si les deux testicules sont atteints et que les voies éjaculatrices sont bouchées, une intervention peut être tentée pour lever l'obstacle. Les résultats sont très inégaux et dépendent de la durée d'obturation des canaux. Si les spermatozoïdes sont préservés et qu'ils ne peuvent être acheminés normalement vers la sortie, il est possible de tenter de les ponctionner directement à la source, au niveau de l'épididyme, et de les utiliser en faisant appel aux techniques de procréation médicalement assistée si on désire un enfant. Si l'infection s'est étendue jusqu'aux testicules (orchite), elle a pu affecter la fabrication même des spermatozoïdes, en ce cas la stérilité risque d'être plus délicate à traiter.

Chez la femme, l'atteinte d'une seule trompe n'empêche pas une éventuelle grossesse. En cas d'atteinte bilatérale, une intervention pour «déboucher» les trompes peut être tentée. Le plus souvent, aujourd'hui, on fera directement appel aux techniques de procréation médicalement assistée, car il y a moins de chirurgiens qui pratiquent la microchirurgie des trompes.

Sur les modes de transmissions des IST

◇ Peut-on attraper une IST s'il n'y a pas d'éjaculation dans un rapport?

Oui, c'est possible. Si la partenaire est contaminée (par un herpès par exemple), il suffit d'un contact intime (de muqueuse à peau) pour l'attraper. Si on a une IST, on peut, de son côté, contaminer sa partenaire pendant l'érection, car l'urètre est lubrifié par le liquide prééjaculatoire (produit par des glandes) qui peut être infecté.

◇ Des rapports sans pénétration protègent-ils des IST?

Beaucoup d'hommes et de femmes considèrent que la fellation n'est pas une pénétration. C'est faux puisque la verge pénètre dans la cavité buccale! Donc, une fellation sans préservatif peut être contaminante. Un simple baiser aussi, un contact peau à peau peut transmettre de l'herpès, etc., mais ceci est plus rare. De même, le fait d'introduire les doigts à la place du sexe n'est pas complètement sans danger, même si les risques sont infiniment plus faibles que lors d'une pénétration ou, a fortiori, d'une sodomie.

◇ Peut-on attraper des maladies avec un vibromasseur ?

A priori, si sa partenaire est seule à l'utiliser (ou si on est seul à le faire), il n'y a aucun problème. Maintenant, s'il passe de main en main et n'est pas soigneusement nettoyé entre chaque partenaire, c'est une autre histoire...

◇ Peut-on attraper une IST par les serviettes de toilette ou dans les lieux publics ?

On connaît, en effet, des cas de vulvo-vaginites de la petite fille à trichomonas qui feraient suite à une contamination par des serviettes ou un bain pris avec la mère, mais soyons clairs, ce phénomène demeure exceptionnel. Le trichomonas vit très peu de temps hors du milieu vaginal et encore moins sur du linge. Quant aux infections attrapées dans les lieux publics (toilettes, etc.), c'est un vieux mythe à oublier.

◇ Peut-on attraper des infections dans les piscines ?

Non, pas le moindre danger d'attraper la plus petite IST à la piscine, avec tous les détergents qu'il y a dans l'eau.

◇ Ma femme a souvent des mycoses, peut-elle me les transmettre sexuellement ?

Non. Lorsqu'une femme prend des antibiotiques, par exemple, sa flore vaginale peut s'en trouver déséquilibrée, et les candida albicans *normalement présents dans le vagin se développent et provoquent une mycose vaginale. Mais la verge se défend très bien contre ces germes dans 99,9 % des cas. Les exceptions exis-*

tent chez les hommes diabétiques, car leurs défenses locales sont amoindries. Depuis 1999, les mycoses ne font plus partie de la liste « officielle » des IST.

◇ Un homme peut-il être responsable de mycoses répétées chez sa partenaire ?

Généralement non, sauf s'il a des lésions évidentes de mycoses sur le gland, ce qui peut arriver chez un diabétique ou s'il a un prépuce long et serré qui favorise la multiplication des candida.

◇ Ma compagne a des condylomes et pas moi, m'a-t-elle trompé ?

L'homme est souvent examiné à la suite de la découverte de condylomes chez sa partenaire, et c'est là qu'il tombe des nues, car il se trouve confronté au mot de maladie sexuellement transmissible qui fait peur. Il doit comprendre que la contamination de sa partenaire est parfois très ancienne, et peut même être liée à des verrues qu'elle a eues pendant l'enfance au niveau des mains. Il a suffi qu'elle s'essuie après être allée aux toilettes pour s'autocontaminer et garder le virus à l'état dormant pendant des années. Puis à l'occasion d'une grossesse, d'un excès de rapport sexuel, ou de n'importe quel stress, le virus a été réactivé. Chez l'homme, ce mode d'autocontamination est bien plus rare car les mécanismes de défense de la verge sont plus élaborés. En tout cas, pour répondre à la question, non, elle n'a pas forcément été infidèle.

◇ J'ai de l'herpès labial, puis-je contaminer ma partenaire en la léchant ?

Oui. Il y a quelques années encore, on considérait qu'il y avait l'herpès de type 1 (labial) et l'herpès de type 2 (génital). On estimait qu'il n'y avait pas de relation entre les deux affections. On sait maintenant que l'herpès de type 1 peut provoquer des lésions (vésicules, douleurs) dans la zone génitale aussi et inversement. Autrement dit, au cours d'un cunnilingus (ou d'une fellation), il y a un risque certain de contagion s'il existe un « bouton de fièvre » sur la lèvre. On sait aussi que le virus de type 1 donne des lésions au niveau des mains (des panaris herpétiques). Ces derniers sont souvent sous-diagnostiqués, mais potentiellement infectieux en cas de caresses au niveau des muqueuses. Il faut donc prendre toutes les précautions pendant la phase contagieuse (rougeur, apparition des vésicules) afin de ne pas contaminer sa partenaire ou être contaminé par elle si elle a un bouton d'herpès.

En revanche, il n'y a pas d'autocontamination du virus. Celui-ci ne se promène pas sur soi de la bouche à la zone génitale.

◇ Peut-on attraper un herpès (buccal ou génital) avec quelqu'un qui vous serre la main en pleine crise ?

Ce sont des bruits qui courent parfois et qui sont absolument sans fondement. Pour qu'il y ait transmission et infection, il faut qu'il y ait une certaine quantité de virus émise, ce qui n'est le cas qu'au niveau de la plaie (buccale ou génitale) et que le contact ait lieu au niveau des muqueuses du « récepteur ». Ces muqueuses se défendent grâce à un « système barrière » très au point et éliminent la grande majorité des germes. Les deux ou trois virus qui se battent en duel sur les mains n'ont donc aucune chance d'infecter qui que ce soit.

◇ J'ai de l'herpès génital, suis-je contagieux en permanence ?

Pour simplifier, un homme (ou une femme) qui déclenche une à deux crises par an n'est contagieux qu'au moment précis de ces crises. Il suffit d'éviter les rapports jusqu'à la chute des croûtes ou de mettre un préservatif. En revanche, une personne qui déclare plus de 6 crises annuelles est potentiellement contagieuse tout le temps car le virus est excrété dans ses fluides génitaux de manière totalement invisible. Le traitement (valaciclovir) est à prendre à raison d'un comprimé par jour pendant plusieurs mois. Il permet de faire disparaître quasi totalement les poussées et de limiter très fortement la contagion. Évidemment, si les deux partenaires sont déjà atteints d'herpès (une prise de sang le montre), toutes ces précautions deviennent inutiles et il ne sera plus nécessaire d'utiliser de préservatifs pendant les crises et en dehors.

Consulter : http://www.herpes.asso.fr.

◇ Peut-on transmettre des germes à sa partenaire lorsqu'on a une mycose buccale ?

Non, si on a un muguet (mycose buccale), il n'y a pas de risque de transmission. Les champignons inoculés au cours de l'acte sexuel seraient maîtrisés par les défenses vaginales (ou du sexe masculin au cours d'une fellation). Par ailleurs, le muguet est une affection très rare, qui survient généralement chez les personnes immunodéprimées ou séropositives au HIV.

◇ Est-on davantage protégé des IST et du sida avec deux capotes ?

Non, c'est plutôt l'inverse qui se passe. Le risque de déchirure par frottement est plus grand, donc le risque de contamination aussi.

◇ La pilule et les spermicides protègent-ils un peu des IST ?

Non, ils ne protègent que de la grossesse.

◇ Peut-on attraper l'hépatite C par des relations sexuelles ?

La réponse est non ou alors à titre exceptionnel. Aujourd'hui, l'hépatite C s'attrape presque exclusivement par échange de seringues souillées ou par toute situation mettant en contact avec du sang infecté (percing, tatouage lorsque le matériel n'est pas stérile, échange de boucles d'oreilles, etc.). Il n'y a pas de vaccin contre cette hépatite.

◇ Peut-on savoir facilement si sa partenaire a une IST ou le sida ?

Non, cela n'est pas évident du tout. Une femme peut être infectée sans s'en douter et transmettre la maladie en toute bonne foi. Les signes visibles et dont elle pourrait se plaindre sont : des douleurs inhabituelles au cours de la relation sexuelle, des brûlures ou des picotements au niveau vaginal, des pertes qui sentent mauvais et qui tachent le slip. Quant au sida, surtout au stade de la séropositivité, il ne se lit pas sur le visage ni dans le comportement. Au départ, la maladie n'est absolument pas douloureuse... Seul le test permet de savoir.

Sur le sida en particulier

◇ Peut-on attraper le sida lorsqu'on est vierge et sa petite amie aussi ?

Non, aucun risque, à moins d'être toxicomane et d'avoir utilisé des seringues contaminées. Un couple vierge (qui n'a eu aucun contact sexuel) ne peut attraper d'IST mais risque une grossesse... c'est un vrai problème ! Autre difficulté : est-on sûr que sa partenaire est vierge et n'a jamais eu de jeux sexuels à l'entrée du vagin ou de l'anus ? On sait qu'aujourd'hui, pour raisons culturelles ou religieuses, de nombreuses femmes « préservent » leur hymen pour ne pas être déflorées, mais acceptent la sodomie et la fellation...

◇ Quels sont les modes de contamination du sida les plus fréquents ?

Chez les personnes infectées, le virus est massivement présent dans le sang, le sperme, les sécrétions vaginales et le lait maternel. En revanche, dans les larmes, la salive et les urines, sa concentration est si faible qu'il n'y a pas risque de contamination.

La transmission par transfusion sanguine a quasiment disparu. Restent la transmission chez les usagers de drogues et surtout la transmission sexuelle. Le risque de contamination est encore accru dans certaines situations : maladie sexuellement transmissible associée, rapport sexuel pendant les règles, violence sexuelle, charge virale élevée chez le sujet infecté.

◇ Le sida se transmet-il au cours de la pénétration ou de l'éjaculation ?

Le risque majeur a lieu au cours de l'éjaculation. Si on est séropositif, on peut donc transmettre le virus du sida à ce moment-

là, mais également avant, au cours de l'émission du liquide pré-éjaculatoire (juste avant l'orgasme) qui abrite le HIV en plus petite quantité, mais qui l'abrite quand même.

◇ Peut-on transmettre (ou attraper) le sida par une fellation ?

Oui. Jusqu'à présent, le risque était largement sous-estimé. Mais une étude américaine[1] *a totalement modifié la donne. 102 homosexuels qui venaient d'apprendre leur séropositivité ont été interrogés sur leurs pratiques sexuelles. Parmi eux, près de 8 % pratiquaient la fellation sans préservatif (par précaution, les auteurs ont éliminé tous les autres comportements qui auraient pu être responsables de l'infection HIV). Le risque d'infection par ce moyen est donc avéré. Qu'en déduire ? Primo, dans une relation homo, il n'y a pas de salut sans capote, surtout avec un nouveau partenaire. Avant toute fellation, éviter de se brosser les dents, cela fragilise la gencive et permet plus facilement le passage du HIV. Dans une relation hétéro, prendre toutes les précautions nécessaires si l'on est séropositif ou si on n'a pas fait de test depuis plusieurs mois. L'éjaculation dans la bouche de sa partenaire augmente son risque. Il existe des modèles de préservatifs non lubrifiés (plus agréables pour cette pratique) et parfumés (vanille, fraise, etc.).*

◇ Le cunnilingus et l'anulingus sont-ils dangereux ?

Le fait de lécher le sexe ou l'anus de sa (ou son) partenaire n'est pas non plus dénué de risque. Cependant, celui-ci est extrême-

---

1. « *Primary HIV Infections associated with oral transmission* », CDC d'Atlanta, 7e conférence sur les rétrovirus et les infections opportunistes, 30 janvier-2 février 2000.

ment faible. On peut raisonnablement le tenter avec sa compagne (ou son partenaire) si elle (il) est fidèle. Les plus anxieux doivent éviter de se brosser les dents pour minimiser la menace. Attention à la période des règles, de nombreux virus passent par le sang.

✧ Que signifie au juste l'expression « *safer sex* » ?

Le « sexe sûr » était à l'origine une pratique des milieux gays, qui a fait suite aux premières hécatombes du sida. Elle s'est ensuite étendue aux hétéros, comme l'abstinence durable d'ailleurs. Elle consiste à éviter tout contact des muqueuses et, a fortiori, toute pénétration pendant l'acte sexuel, en se faisant plaisir quand même. Cela signifie se masturber réciproquement ou chacun de son côté, s'embrasser, se caresser, mais pas plus... malgré les affinités. Moyennant quoi, on amoindrit largement le risque. Mais combien de temps cela peut-il durer ?

✧ Quand abandonner le préservatif avec son amoureuse ?

Lorsqu'une atmosphère « durable » et de confiance s'installe dans le couple, on peut décider de se passer du préservatif. Chacun doit alors faire le test de dépistage du HIV et des autres IST pour se lancer sur des bases parfaitement saines. Attention quand même au risque de grossesse si on n'a pas du tout de contraception.

✧ J'ai pris un risque, dois-je faire le test de dépistage du sida ?

Oui. En cas de rapport non protégé ou de préservatif défaillant avec une nouvelle ou un nouveau partenaire, il vaut mieux faire le test. Quelle que soit la durée qui sépare d'une prise de risque, il est important de consulter. Il existe des tests et des prises en charge aux différentes étapes de l'infection.

◇ Comment faire le test de dépistage du sida ? Où ?

Le test peut être prescrit par son médecin habituel et effectué dans un laboratoire d'analyses médicales. Il est remboursé à 100 % par la Sécurité sociale. Si l'on préfère l'anonymat, on peut directement s'adresser à un médecin dans un centre de dépistage anonyme et gratuit (CDAG). Les mineurs peuvent s'y rendre (sans autorisation parentale), les sans-papiers aussi, ils n'ont pas besoin de carte de Sécurité sociale. Il existe au moins un CDAG dans chaque département et une dizaine à Paris. Autres solutions : le Planning familial, le dispensaire, le centre antivénérien, la consultation de PMI (protection maternelle et infantile). *Voir les adresses p. 303.*

◇ Le test de dépistage du sida, ça marche comment ?

Il s'agit d'une simple prise de sang. La nouvelle génération de tests Elisa est beaucoup plus sensible et performante qu'autrefois. On peut utiliser le test Elisa un mois après le rapport à risque, le temps que les anticorps anti-HIV soient apparus dans le sang de la personne séropositive, cela donne une première indication. Ce test est relativement fiable. Mais pour avoir une certitude absolue, il faut refaire un test de confirmation 3 mois après l'éventuelle contamination, car il arrive, hélas !, qu'un résultat négatif devienne positif entre-temps.

◇ Y a-t-il des signes physiques de la première infection ?

La « primo-infection » qui suit la contamination s'accompagne deux fois sur trois de symptômes, mais ils sont difficiles à interpréter : fièvre, fatigue, diarrhée, vomissements, courbatures, angine, rien de vraiment très spécifique. Ces signes durent plus ou moins longtemps, se manifestent plus ou moins fort. Or c'est durant cette phase que le malade est le plus contagieux. Ensuite, il devient totalement asymptomatique, alors que le virus se multiplie et s'intègre dans un grand nombre de cellules de l'organisme. Au moindre doute et face à ces signes quelques jours après un rapport non protégé, demander un test de recherche du HIV.

◇ Combien de temps peut-on rester porteur sain ?

Les spécialistes considèrent qu'un séropositif peut rester asymptomatique pendant de longues années à condition d'avoir un bon système immunitaire et de ne pas souffrir d'une maladie qui aurait déjà affaibli ses défenses. Grâce aux trithérapies qui ont pris le relais des monothérapies, on connaît même des porteurs sans symptôme depuis vingt ans, mais ils restent hélas exceptionnels. Les traitements mis en route au stade de la séropositivité permettent de maîtriser la charge virale et de maintenir le taux de CD4 (les cellules du système immunitaire qui sont la cible précise du virus HIV).

◇ Où en est le vaccin antisida ?

Avec le vaccin préventif, destiné à protéger de l'infection une personne séronégative, la grosse difficulté reste la très grande variabilité du HIV. Les fragments du virus sélectionnés pour la préparation vaccinale ne sont pas forcément ceux qui séviront au moment de l'infection. D'où le pessimisme de certains chercheurs. Le vaccin curatif stagne aussi. Son principe consiste à augmenter la réponse immunitaire chez le séropositif, de façon à prolonger la période sans développement du sida.

◇ Le préservatif s'est déchiré, que faire pour limiter les risques de sida ?

En cas de problème de préservatif (rapport non protégé ou mal protégé avec une personne séropositive ou appartenant à un groupe à risque, viol, etc.), la première chose à faire est de mettre fin au rapport sexuel (si possible) pour limiter au maximum le contact avec la muqueuse. La contamination sexuelle avec un séropositif n'est heureusement pas systématique. On peut avoir plusieurs rapports non protégés sans être infectée, on peut aussi en avoir un seul et être contaminée, c'est un peu la loterie...

Il existe un « traitement d'urgence » préventif qui réduit les risques. Il a pour principe de bloquer la multiplication du virus avant même sa dissémination dans l'organisme. Il doit être mis en route dans les heures qui suivent la prise de risque (48 heures, grand maximum). Ce traitement dure un mois et repose sur l'association de trois antiviraux. Se rendre au service d'urgence de l'hôpital ou, quand on est loin de tout, appeler Sida info service pour connaître le lieu le plus proche où s'adresser. Ce traitement ne se prend pas à la légère. Il est lourd avec des effets indésirables (nausées, vomissements, etc.) et coûteux (mais remboursé par la Sécurité sociale). Il n'y a pas de preuve absolue de son efficacité et, s'il marche, on ne saura jamais si c'est parce qu'on est passée au travers du virus toute seule ou parce que le traitement a fonctionné, mais en tentant cette thérapie d'urgence, on met toutes les chances de son côté.

En pratique

N° vert Fil santé jeunes : 0 800 235 236.
Hépatite info service : 0 800 845 800. Permet de s'informer sur toutes les hépatites, oriente et soutient. 7 jours sur 7, de 8 h à 23 h. Communication gratuite.
Sida info service : 0 800 840 800. Aide à évaluer son risque de contamination en cas de doute et donne l'adresse du centre de dépistage anonyme et gratuit le plus proche de chez soi. 7 jours sur 7, de 8 h à 23 h, en France métropolitaine, dans les DOM-TOM et à Mayotte. La communication est gratuite. À noter : de nombreux CDAG dépistent aussi l'hépatite B.
Site Internet de l'association Aides :
http://www.aides.org. Fournit des flashs info et offre la possibilité de poser des questions. Des tests de dépistage rapide du sida (en 30 mn), pour savoir si on est séropositif ou pas, vont être expérimentés en 2009 et 2010 auprès d'un millier d'hommes homosexuels grâce à l'aide de bénévoles de l'association. Pour en savoir plus, consulter le site d'Aides ou http://www.arcat-sante.org, ou encore http://www.anrs.fr (pour télécharger le communiqué de presse du 19 novembre 2008 « VIH, vers de nouvelles stratégies pour le dépistage et la prévention ».)
Site de l'Institut de veille sanitaire :
http://www.invs.sante.fr. Pour toutes les données statistiques notamment.
Site Internet www.docteurclic.com. Propose une base de données importante sur les différentes pratiques sexuelles, leurs risques éventuels et les IST.

9

Les maladies d'hommes

Les maladies de la zone génitale sont souvent perçues comme des maladies honteuses. Certains sauront dédramatiser et se soigner. D'autres seront minés, entamés dans leur image, voire franchement déprimés, au point de ne plus avoir de relation sexuelle et d'envisager l'avenir sous le jour le plus sombre. Ils peuvent consulter au premier signe, ou au contraire mettre le problème de côté en s'abstenant de toute vérification pour éviter d'être confrontés à ce qu'ils vivent comme une blessure narcissique. Une mycose sera négligée pendant des semaines ou des mois alors qu'une simple crème pourrait résoudre le problème rapidement. Des brûlures ou douleurs seront supportées stoïquement, alors qu'il s'agit peut-être du signe avant-coureur d'une maladie plus sérieuse (IST, diabète, cancer). Des troubles à répétition seront acceptés virilement sans se préoccuper ni de soi ni de sa partenaire, et sans se poser trop de questions. Compte tenu de l'importance symbolique des organes génitaux, l'angoisse suscitée par ces difficultés chez les hommes est en général bien supérieure à celle qu'éprouvent les femmes devant le même type de problèmes. La règle d'or est que tout nouveau symptôme douloureux ou gênant doit entraîner un examen médical. Plusieurs médecins peuvent être consultés : généralistes, dermatologues (vénérologues), andrologues, urologues, voire psychosomaticiens, ils sont là pour ça. Et si la douleur revient régulièrement, raison de plus pour ne pas la négliger « parce qu'on y est habitué ». Une atteinte chronique des testicules ou de l'urètre, une gêne du gland attirent l'attention sur un problème qui se situe là et pas ailleurs et qui ne doit plus rien au hasard, puisque, justement, il se répète chroniquement. Dans ce chapitre, nous allons donc nous intéresser aussi à l'influence de la maladie sur la relation du couple ou à l'influence de la relation du couple sur la maladie. C'est une approche qui réserve quelques surprises !

Les (petites) maladies de la verge ou des testicules

Des hommes se préoccupent beaucoup de leur sexe et de leurs performances, mais sont plutôt négligents avec leur santé dans ce secteur-là, comme s'ils avaient peur de la moindre anomalie. C'est donc souvent leur compagne qui les incite à aller chez le médecin. Elles ont l'œil (ou le nez) aiguisé lorsqu'une bizarrerie apparaît soudainement : « Ça ne sent plus pareil », « C'est devenu rouge », etc. Parfois, elles s'inquiètent à tort, parfois à juste raison, mais comme personne ne peut le savoir à l'avance, il vaut mieux prendre un avis autorisé.

→ Le prépuce douloureux (phimosis)

Lorsque le prépuce (peau qui recouvre le gland chez les non-circoncis) a un orifice trop étroit, il est difficile de le faire coulisser afin de décalotter le gland. C'est gênant au cours de la toilette, de l'acte sexuel ou de la masturbation. Des saignements peuvent survenir parfois. Au point que certains préfèrent espacer les rapports, négligent les jeux érotiques ou perdent l'érection dès les premiers frottements (une manière inconsciente, mais efficace, de se dérober par crainte de souffrir).

> « *Éric en est l'exemple même. Il a toujours eu un phimosis, mais celui-ci le gênait peu. Avec les années, le tissu est pourtant devenu moins élastique (plus fibreux) et s'est mis à le tirailler de plus en plus. Jusqu'au jour où les rapports sont devenus trop douloureux. Il a donc cessé toute relation sexuelle avec sa femme et ne s'est décidé à consulter qu'au bout de cinq ans. L'examen médical a montré un phimosis très étroit. Il a suffi d'un petit geste chirurgical pour transformer sa vie sexuelle et redonner le moral à sa femme qui pensait qu'il ne la désirait plus.*

L'intervention consiste à élargir suffisamment l'orifice. Elle dure peu de temps. En cas de phimosis plus sévère, le médecin peut proposer une circoncision qui consiste, cette fois, à enlever le prépuce. Cette intervention ne doit pas être pratiquée à la légère chez tout le monde. Il y a des hommes qui tirent malgré tout un certain plaisir du coulissage de la peau du prépuce sur le gland, lors de la masturbation, par exemple. Ils ne le décalottent pas complètement et le mettent à nu, juste ce qu'il faut mais pas trop... et c'est ce mouvement précis qui déclenche l'orgasme. Pour ces hommes, un simple élargissement du prépuce reste préférable.

···› La rupture du frein

Le frein est le petit lambeau de peau qui relie le prépuce au gland. Il est situé sous ce dernier et on le voit bien apparaître lorsqu'on décalotte le prépuce. Habituellement, le décalottage est facile et indolore, mais si le frein est court (même en l'absence de phimosis), il peut y avoir tiraillement, voire courbure du gland vers le bas. Lors du rapport sexuel ou de la masturbation, la tension peut déclencher une fissure (légère), voire une rupture ou une déchirure accompagnée de douleur et de sang. Malgré le traumatisme apparent, ce n'est pas grave, mais il vaut mieux aller consulter aux urgences pour stopper l'hémorragie, nettoyer la plaie et calmer la douleur. Si le frein est rompu, il suffit d'attendre la fin de la cicatrisation pour que tout rentre dans l'ordre. S'il est déchiré, il faudra peut-être le renforcer par un petit geste chirurgical afin d'éviter par la suite des séquelles douloureuses pouvant retentir sur la relation sexuelle.

···› Le lichen (scléro-atrophique)

Cette maladie chronique d'origine mystérieuse survient vers la quarantaine ou après. Elle peut toucher la peau et les zones génitales. Elle se caractérise par des petites papules blanches nacrées isolées, qui confluent parfois en plaques. Comme elle peut dégénérer en cancer (dans 4 à 7 % des cas), elle demande une surveillance attentive et régulière, autrement elle est absolument bénigne. Elle ne se transmet pas sexuellement et n'est pas contagieuse. Chez l'homme, les lésions d'aspect blanchâtre atteignent le méat, le gland et le sillon situé entre le gland et le prépuce. Leur présence peut entraîner un phimosis. Le diagnostic à vue n'est pas aussi évident que cela. Le plus souvent, le médecin devra s'aider d'un prélèvement (systématique en cas de saignement ou d'induration pour éliminer le risque d'évolution négatif). Heureusement, il est rare d'en arriver là, les lésions débutantes dans cette zone si sensible font consulter rapidement.

Le traitement se limite à une pommade à base de cortisone pendant trois à huit semaines, avec des androgènes, et, éventuellement, une circoncision en cas de phimosis. Cette intervention peut être discutée, mais elle est rarement utile quand le traitement est bien conduit.

→ La verge courbée

La maladie de Lapeyronie survient généralement vers la cinquantaine. Des nodules se forment au niveau des corps caverneux, parcourus de nerfs, de vaisseaux et de fibres musculaires lisses. Certaines de ces fibres perdent de leur élasticité et s'agglutinent pour former des paquets. Cette ou ces petites boules douloureuses que l'on sent au toucher empêchent le pénis de s'allonger normalement. La maladie n'est pas grave en soi, elle n'évolue vers aucune complication sérieuse. On sait que le stress peut en être à l'origine, mais les causes exactes demeurent très mystérieuses.

L'apparition de la courbure de la verge provoque en tout cas un tel choc chez certains hommes, qu'ils interrompent toute relation sexuelle. Or, justement, c'est l'inverse qu'il faudrait faire. Plus les rapports sont répétés, plus la verge reste fonctionnelle et plus la courbure a des chances de réduire. Une seule exception tout de même : lorsque la verge est courbée à angle droit ou presque ; l'intervention devient alors inévitable. Le nodule responsable est supprimé au prix d'un pénis un peu plus petit à l'arrivée (moins 1 à 2 cm en moyenne). Tous les autres traitements (médicaments, infrarouges, etc.) ont donné de piètres résultats pour le moment.

> *Pour Lucas (44 ans), la maladie est survenue brutalement après une belle promotion. Il était heureux de grimper dans la hiérarchie, mais souffrait d'une angoisse de performance professionnelle. Il redoutait de ne pas être à la hauteur de la confiance mise en lui. Ses ennuis ont commencé un soir, juste après l'amour. Il a eu le sentiment que sa verge s'était « fracturée ». En fait, il a senti une douleur qui a persisté ensuite. Le lendemain matin, en palpant sa verge en érection, il a détecté une petite boule et a découvert son sexe qui partait sur le côté. Sa panique lui a fait perdre l'érection sur-le-champ. Il a décrété devant le médecin qu'il était devenu « impuissant ». L'échographie a mis en évidence le nodule, rien n'était « cassé », progressivement Lucas a donc été pleinement rassuré. Il a accepté de reprendre ses relations sexuelles puisque c'était le meilleur des traitements. Et ça a marché. Peu à peu, la verge a retrouvé une physionomie normale (même si elle demeure encore un peu coudée).*

→ La verge qui « craque » (fracture de la verge)

Suite à un traumatisme souvent dû à un « faux pas » du coït (erreur d'aiguillage en voulant réintroduire fougueusement la verge dans le vagin et en se cognant à l'extérieur), la verge peut gonfler et passer par toutes les couleurs de l'arc-en-ciel en quelques jours : rouge, bleue, aubergine, verte avant de retrouver sa couleur d'origine. Cette mutation chromatique s'accompagne de douleurs et de sang dans les urines et nécessite de consulter aux urgences urologiques. Les séquelles à distance peuvent être une courbure de la verge (30 % des cas). Heureusement, une « fracture » de la verge, ça n'arrive pas tous les jours.

« *Jules (27 ans) a eu des rapports sexuels ardents. Lors d'un mouvement en extension, il a senti soudain une douleur vive qui l'a obligé à cesser les ébats, séance tenante, comme un sportif qui s'est fait un claquage. L'érection s'est éteinte. Sa verge est devenue plus rouge à la base. Sa partenaire, très inquiète, décide de l'emmener aux urgences d'urologie, sans attendre que ça passe. L'hématome est calmé sur place par des glaçons sur la zone tuméfiée, il reçoit des anti-inflammatoires, fait un bilan par échographie et cystoscopie (introduction d'un petit scope dans l'urètre pour savoir exactement quels sont les tissus lésés). Par chance, il y a plus de peur que de mal, on retrouve un simple bleu qui se résorbera en quelques jours.*

La fracture peut être plus sévère lorsqu'elle survient à la suite d'un coup ou d'une chute. Elle nécessite parfois une chirurgie réparatrice (voir « Les précieuses traumatisées »).

→ L'érection rebelle (priapisme)

Non, ce n'est pas un signe de virilité, mais une urgence médicale ! La verge se durcit sans raison et reste en érection prolongée de manière interminable. Il faut absolument réagir dans les trois ou quatre heures maximum à cause du risque réel d'impuissance. Le sang bloqué sur place n'oxygène plus correctement les tissus qui perdent souplesse et élasticité.

La première chose à tenter est la douche froide ou l'application locale de glaçons ; ils provoquent un resserrement des vaisseaux (vasoconstriction) donc un désengorgement local. Le jogging lui aussi entraîne un appel de sang au niveau des muscles des jambes qui vide en théorie le pénis.

Mais lorsque ces petits moyens restent sans effet, il n'y a plus qu'à se rendre aux urgences. Le médecin donnera des comprimés ou injectera des produits qui font rapidement baisser la pression au niveau génital ; il peut même proposer de pratiquer la bonne vieille « saignée » en ponctionnant jusqu'à un demi-litre de sang dans la zone lésée. Sensations garanties, le liquide retiré est tout noir à cause du gaz carbonique. Les cas de priapisme sont heureusement devenus très exceptionnels, ils étaient surtout dus aux injections de produits trop dosés dans la verge pour la maintenir en érection (papavérine notamment).

Les nouveaux produits (Edex® et Caverject®) sont plus sûrs à condition de les utiliser à doses progressives. Quant aux comprimés (Viagra®, Cialis®, Levitra®), ils n'ont entraîné, à ce jour, aucune déconvenue de ce style.

Le pénis prisonnier (« *penis captivus* »)

Il y a de quoi se faire très peur avec ces histoires de penis captivus qui hantent encore les manuels d'andrologie et les récits de salle de garde. Le sexe reste bloqué dans le vagin de la dame. Soudé comme des siamois, le couple est intimement prisonnier. Dans la vraie vie, cet accident demeure plus qu'exceptionnel. Pour éviter de faire appel au médecin en position si délicate, une seule solution, implacable et efficace : le toucher rectal. C'est l'homme qui doit introduire un doigt dans le séant de sa partenaire, ce qui provoque un relâchement salvateur des muscles qui entourent le vagin et qui retiennent le pénis prisonnier.

Les « précieuses » traumatisées

Par chance ou par malheur, les testicules sont très innervés, donc particulièrement vulnérables aux chocs, même minimes. On peut perdre connaissance à la suite d'un coup mal placé. La première attitude salutaire : appliquer des glaçons emballés dans un mouchoir là où ça fait mal pour éviter les bleus très douloureux ensuite. Ajouter des anti-inflammatoires (en comprimés). Si la douleur s'estompe, en rester là, à condition de vérifier que l'érection revient normalement au bout de quelques heures ou de quelques jours. Au moindre doute, ou si la douleur est persistante, qu'elle empêche de marcher normalement, de s'asseoir ou de dormir, il est indispensable de consulter un urologue ou un andrologue pour vérifier qu'il n'y a pas eu de lésion des tissus (rupture de l'urètre ou des corps caverneux, fracture du bassin, etc.). Une échographie sera parfois nécessaire.

→ Brûlures et picotements qui durent

Ces signes sont souvent rencontrés à l'occasion d'une infection sexuellement transmissible. Chose troublante : des mois, voire des années après cet épisode, le problème persiste alors que les germes ont bel et bien disparu. On n'est plus du tout ni infecté ni contagieux, mais les séquelles sont là. Le nerf qui innerve la verge ou les testicules est resté sensible et douloureux. Les hommes concernés se soulagent à l'aide d'antibiotiques parfois pendant quinze ou vingt ans. Inutilement, bien sûr.

« *Kamel (31 ans) se plaint de brûlures constantes en urinant depuis un rapport, il y a huit ans. Il avait alors contracté une blennorragie occasionnant des irritations. Les antibiotiques l'ont soulagé ponctuellement et puis, la gêne est revenue. L'entretien médical révèle un autre problème sexuel qui l'inquiète beaucoup : c'est un éjaculateur prématuré. Kamel est absolument persuadé que ce souci est la conséquence directe de son infection passée. Vu ses brûlures persistantes, il évite les rapports, et plus ces derniers sont espacés, plus l'éjaculation est rapide, c'est physiologique ! Un vrai cercle vicieux, donc. Sans se l'avouer vraiment, Kamel est insatisfait de sa fonction sexuelle. Cette blessure morale entretient à son tour sa plainte. Par sa douleur, il signifie qu'il souffre de ne pas être un homme capable de donner du plaisir à sa partenaire. Les conseils et les produits qui retardent l'éjaculation (voir chapitre 6, « Les troubles de l'amour ») l'ont aidé à avoir une sexualité satisfaisante, avec du plaisir et, progressivement, avec de moins en moins de douleurs.*

→ Le testicule qui se tord

Une douleur brutale et intense au niveau des bourses est une priorité chirurgicale. Il faut absolument se rendre aux urgences à l'hôpital ou directement dans un service d'urologie. Les testicules sont deux boules ovales suspendues dans les bourses. Ils sont soutenus par un cordon fait de vaisseaux sanguins nourriciers et de fibres. Si le testicule tourne sur lui-même, le cordon se tord et le sang ne parvient plus à destination. On dispose de quelques petites heures pour intervenir chirurgicalement (moins de 6 heures en général). Au-delà, il y a risque d'asphyxie du testicule par manque d'oxygène. Par chance, les deux testicules sont rarement menacés en même temps. Et il suffit d'un seul pour être fertile, conserver le bon taux d'hormones mâles et une libido normale.

→ Le testicule qui gonfle

On peut avoir un testicule si enflé qu'il est difficile d'enfiler un caleçon ou de marcher. La bourse qui le contient est toute rouge et généralement douloureuse. À la palpation, le testicule paraît très dur. Le gonflement est dû à un liquide qui s'infiltre entre les deux feuillets de la poche testiculaire. En général, le phénomène est brutal et survient surtout chez les adolescents et les hommes jeunes. Pourquoi ? On l'ignore le plus souvent. Les médecins disent doctement que c'est « idiopathique », c'est-à-dire sans cause connue. La douleur vient de l'inflammation des vaisseaux qui irriguent le testicule, elle nécessite un soulagement rapide à l'aide d'un traitement anti-inflammatoire. Une ponction du liquide en excès s'avère très apaisante dans bon nombre de cas. Lorsque le testicule gonfle de manière cyclique, il est envisageable de scléroser les vaisseaux comme pour les varices en cas de mauvaise circulation locale. Dans la plupart des cas, après le traitement, la bourse qui contient le testicule redevient normale. Elle peut cependant demeurer plus volumineuse que par le passé, sans être gênante, car elle n'est plus douloureuse. Les hommes finissent par s'habituer à cette particularité sans conséquence. À noter aussi trois autres causes de gonflement :

– Le varicocèle est une dilatation anormale des veines du testicule qui forme une véritable varice, plus visible en position debout. Cette varice pour des raisons anatomiques est plus fréquente du côté gauche. Elle peut se traduire soit par une petite augmentation de volume du testicule, soit par une douleur qui survient notamment lors de la pratique sportive. Un varicocèle ne se traite que lorsqu'il est associé à des douleurs gênantes ou lorsque l'anomalie est associée à un nombre insuffisant de spermatozoïides (bilan d'infertilité). Le traitement consiste à boucher la veine dilatée.

– Le gonflement est associé à une tumeur de l'épididyme (partie qui chapote le testicule et qui permet de conduire les spermatozoïdes vers l'urètre). Il s'agit toujours de tumeurs bénignes, souvent douloureuses à la palpation, uni ou bilatérales, uniques ou multiples, correspondant à des kystes bénins. Une échographie des bourses rassurera tout le monde, cette lésion étant extrêmement fréquente (près de 30 % des hommes) et totalement banale.

– La tumeur peut toucher le testicule lui-même. À la palpation, on sent un petit nodule dur qui grossit progressivement de façon souvent indolore. Il faut consulter rapidement un médecin.

⇢ Un seul testicule

Avoir un seul testicule (à cause d'une mauvaise descente testiculaire, d'un traumatisme, d'une torsion ou d'un cancer) n'est pas un handicap médical ou sexuel, du moins en théorie. On peut très bien avoir une fertilité normale et une sexualité épanouie, tout dépend de l'idée que l'on s'en fait et de la réaction de sa partenaire. Il est possible cependant de se faire implanter une prothèse (en silicone) qui donne l'illusion parfaite d'en avoir deux. Une simple différence de texture trahit la transformation opérée (c'est plus dur), et encore, pour des mains expertes.

Si le testicule est resté dans le ventre, il est recommandé de se faire opérer pour le faire descendre ou l'ôter car le risque de cancérisation n'est pas exclu.

⇢ Les testicules et les oreillons

Tous les hommes savent qu'il vaut mieux avoir eu les oreillons enfant, puisqu'à cet âge, la maladie n'a pas de conséquences sur la fertilité. En revanche, à l'adolescence ou à l'âge adulte, elle peut s'accompagner de l'infection d'un ou deux testicules (orchite) qui pourrait rendre infertile ou hypofertile (spermatozoïdes de moins bonne qualité ou carrément absents, mais fabrication d'hormones mâles et sexualité préservées). La majorité des enfants d'aujourd'hui est vaccinée puisque le ROR (vaccin contre la rougeole, les oreillons et la rubéole) est demandé à l'entrée en crèche ou en maternelle. Si l'on appartient à la génération des non-vaccinés et qu'on n'a jamais eu les oreillons, mieux vaut éviter le contact d'un malade. L'incubation dure 21 jours.

→ Le cancer du testicule

Cette maladie garde une terrible réputation à cause du souvenir de ces hommes jeunes (âgés au maximum de 40 ans) qui pouvaient mourir de cette tumeur en quelques semaines, voire quelques mois. Les signes d'alerte sont peu spécifiques : douleur dans un testicule, augmentation de volume d'une bourse, gonflement des seins (gynécomastie).

Aujourd'hui, le pronostic est devenu excellent, grâce aux progrès du diagnostic (marqueurs tumoraux, échographie) et ceux de la radiothérapie et de la chimiothérapie venues compléter efficacement le traitement chirurgical.

La menace porte cependant sur la fertilité, car le traitement peut détruire tous les spermatozoïdes présents. En général, on propose à l'homme de recueillir son sperme à titre préventif et de le conserver par congélation avant que la chimiothérapie ne commence.

Quant à la sexualité, elle n'est pas affectée grâce au testicule sain qui sécrète des androgènes pour deux. Après la guérison, la vie peut reprendre son cours normal, si des troubles psychologiques ne sont pas venus compliquer la maladie comme cela arrive parfois.

« *Romain a eu un cancer du testicule parfaitement soigné. Il a 27 ans et vit depuis quatre ans avec Constance. Il réagit bien mieux qu'elle au diagnostic et au traitement. D'ailleurs, il a toujours des érections et du désir. Mais sa compagne s'effondre après coup. Sa pensée est parasitée par de nombreuses idées fausses : « Son cancer est contagieux, je vais l'attraper » ; « Comment oser le caresser à cet endroit ou le toucher, ça va lui faire mal » ; « On ne se sort pas indemne d'une telle maladie, il peut récidiver ou mourir », etc. Lorsque Romain est venu en consultation, sa demande était simple : rassurer Constance en lui disant la réalité de sa maladie et de sa guérison. Quelques entretiens avec le couple lui ont permis de retrouver la confiance et la complicité perdues.*

Les problèmes de miction

Chez l'homme, l'organe sexuel et l'organe urinaire sont en partie confondus puisque l'urètre sert à la fois à acheminer le sperme et l'urine. Les deux fonctions sont mêlées aussi dans l'imaginaire masculin, pour le meilleur et pour le pire. Quand la fonction urinaire va mal, l'homme s'inquiète pour son sexe.

→ Miction impossible

Si les hommes « en mettent partout » sur la lunette des WC, voire par terre, ce n'est ni par distraction ni avec de sales intentions pour embêter leur femme. C'est physiologique, tout simplement, et la prostate n'est même pas en cause. La tâche d'uriner requiert en fait plus de doigté et de concentration qu'il n'y paraît. Pour plusieurs bonnes raisons : la première, c'est que l'urètre qui traverse la verge n'est pas un long canal tranquille. À l'extérieur, il est irrégulier, avec des zones dilatées et des zones resserrées, sans parler des deux toutes petites coudures qui modifient son trajet. À l'intérieur, il n'est pas lisse ni homogène, mais tapissé de plis et de creux. Enfin, il arrive que le méat urinaire par lequel sort l'urine soit plus ou moins accolé, entraînant un jet dédoublé en deux directions opposées. Ces petites raisons anatomiques ou « problèmes de tuyauterie », comme on veut, expliquent certains débordements et défauts de maîtrise bien excusables.

À cela, il faut naturellement ajouter les problèmes de puissance de jets, liés à l'âge. À l'adolescence, le jet est particulièrement viril, mais, justement, il est bien difficile de calculer l'orientation optimale pour le faire échouer proprement dans la cuvette, a fortiori si c'est le matin et qu'on est en érection. Les accidents ne sont pas rares, loin de là. Avec l'âge, le jet est nettement moins puissant, on peut donc espérer voir les éclaboussures diminuer. Mais ce serait compter sans les dernières gouttes. Les plus pernicieuses qui s'accrochent et nécessitent que l'on secoue énergiquement la verge pour les éliminer... parfois n'importe où. Enfin, avec le grand âge, le jet devient tellement réduit que les hommes sont surpris de le voir atterrir directement « dans les chaussettes ». Des solutions existent pourtant, et ce, quel que soit l'âge : tout d'abord, lever la lunette pour élargir son champ d'action et limiter les dégâts ; ou le matin, lorsqu'on est un peu au radar, s'asseoir et pisser assis en orientant bien son instrument vers le bas (et non devant hors de la cuvette, ce qui serait pire) ; enfin nettoyer soi-même en cas d'accident pour éviter le sale boulot à sa compagne et... éviter des conflits.

→ Fuites nocturnes

Aussi surprenant que cela puisse paraître, 1 % des jeunes adultes seraient encore énurétiques, c'est-à-dire feraient pipi au lit la nuit (selon les anciens cahiers de réforme du service militaire).

Beaucoup ne consultent jamais, par honte, ignorant qu'il existe des moyens ou même des médicaments qui peuvent résoudre leur problème. C'est souvent la perspective de vivre en couple qui les amène en consultation, après des années de secrets auprès de leur entourage. Il y a toujours une participation psychologique à ce problème, d'où l'intérêt d'une aide psychothérapique, éventuellement accompagnée de séances d'hypnose éricksonnienne.

Sur le plan physiologique, on retrouve, la plupart du temps, une simple immaturité de la vessie et le traitement par des médicaments anticholinergiques ou un régulateur de la fonction urinaire comme la desmopressine (Minirin®) se montrent vite efficace.

Le cas de Mathias en dit long. Ses «ennuis» avaient bien sûr une influence sur sa vie amoureuse. Il a toujours été énurétique par périodes, avec de grandes accalmies de plusieurs années. Lorsqu'il s'est marié, il n'avait plus eu de fuite depuis trois ans. Il se croyait guéri. Puis, cela a recommencé épisodiquement, une fois par mois. Son ex-femme avait bien accepté son problème. Mais le couple avait fini par se séparer pour mésentente conjugale. Un jour d'énervement, sa femme lui avait même assené cette phrase humiliante: «Et en plus, tu pisses au lit.» Depuis un an et demi, Mathias n'osait plus dormir avec une femme, car il était incapable de prévoir quand les inondations nocturnes se produiraient. Sa dernière partenaire, à laquelle il tenait pourtant, ne comprenait pas pourquoi il la fuyait passé minuit, alors que, sexuellement, tout se passait bien. Elle pensait même qu'il avait une double vie et l'appelait à n'importe quelle heure de la nuit pour vérifier son emploi du temps. Au fil des consultations, Mathias a découvert que l'anxiété et le stress augmentaient son risque d'énurésie comme c'est le cas chez la plupart des énurétiques. Les médicaments ont fonctionné dès la deuxième prise, ce qui lui a redonné confiance, et il les a abandonnés rapidement en les gardant à proximité comme un grigri pour se rassurer. La thérapie, elle, a duré huit mois pour installer ces résultats dans la durée et éviter les récidives. Celle-ci s'est appuyée sur l'hypnose. Mathias a appris à faire face aux événements de sa vie et à mieux gérer son stress.

→ Du sperme dans les urines

Ce symptôme est rare, mais inquiète beaucoup les hommes et notamment ceux qui ont des difficultés sexuelles (perte d'érection, éjaculation prématurée). Lorsqu'ils vont à la selle et qu'ils poussent, ils remarquent quelques gouttes d'« urine » blanche ou trouble. Il s'agit en fait d'un reste de sperme qui s'évacue par la pression et qui se mêle au liquide. Ce n'est pas une anomalie et, de fait, si l'on cherchait des spermatozoïdes dans la vessie, on n'en trouverait pas, la plupart du temps.

Les ennuis de la prostate

La prostate chez l'homme, c'est un peu comme l'utérus chez la femme. Un symbole d'appartenance sexuelle. Quand on n'en a plus, rien n'est comme avant. Mais de là à savoir où se niche exactement cette glande et à quoi elle sert vraiment ? Mystère ! Les hommes la connaissent finalement bien mal.

Une prostate, pour quoi faire ?

Tous les garçons naissent avec une petite prostate. Elle se développe ensuite à la puberté sous l'action des hormones mâles et parvient à maturité vers 20-25 ans. Là, elle pèse 20 grammes environ, le poids d'une châtaigne. Elle se stabilise alors jusqu'à la quarantaine. Puis son développement peut à nouveau reprendre sous l'effet du vieillissement et, exceptionnellement, atteindre la taille d'une pomme (150 g), voire d'un pamplemousse (200 à 250 g). La prostate est située sous la vessie, précisément dans la zone où celle-ci forme un entonnoir et se poursuit par le canal de l'urètre, qui permet d'évacuer les urines à l'extérieur. Elle entoure complètement la zone de jonction. À l'état normal, elle est élastique et souple et permet la miction sous l'effet de la contraction de la vessie.
Quel est le rôle de la prostate ? Cette glande est impliquée dans la fertilité, puisqu'elle sécrète le liquide prostatique, composant nutritif composé d'enzymes, de sucres, de protéines et de graisses, qui améliore la qualité du sperme. Elle joue aussi un rôle anatomique, puisque, avec sa position stratégique, elle maintient la vessie en place. Elle a enfin un rôle non négligeable dans... le plaisir, puisque c'est autour de la prostate que se situe l'équivalent du « point G » des hommes.

→ La prostate qui s'enflamme (prostatite)

Cette affection touche essentiellement l'homme jeune. C'est une inflammation sévère due à des germes urinaires non transmis sexuellement sauf cas exceptionnel. Elle se manifeste par des frissons, une température élevée et des troubles urinaires aigus (envie fréquente d'aller aux toilettes, brûlures en urinant, douleurs du bas-ventre). Les antibiotiques en viennent à bout, moyennant un traitement prolongé.

→ La prostate qui grossit

Quand la prostate augmente de volume, les conséquences se font vite sentir : envies très pressantes d'aller aux toilettes impossibles à retenir, de jour comme de nuit ; vessie qui se vide moins facilement : il faut « forcer » ; faible jet d'urine, ça prend plus de temps. On a l'impression de passer sa vie aux toilettes (plus de cinq à six fois pendant la journée et deux fois la nuit) ; les mictions répétées traduisent une irritation de la vessie par la prostate, avec une congestion permanente, parfois à l'origine d'infections urinaires récidivantes, ou de l'impossibilité pure et simple d'uriner (rétention aiguë).

L'hypertrophie bénigne de la prostate (HBP), encore appelée adénome de la prostate, touche environ les deux tiers des hommes à partir de la cinquantaine, avec une fréquence maximale aux alentours de 65 ans. Comme son nom l'indique, c'est une maladie bénigne. Elle n'évolue pas en cancer, contrairement à ce que les hommes redoutent. En l'absence de complications, elle n'a aucune conséquence sur l'érection, sauf l'idée que l'on s'en fait.

Trois possibilités d'actions. La première : attendre, surveiller et s'abstenir. Si on a des symptômes modérés, en tout cas bien tolérés, comme c'est le cas pour plus de la moitié des hommes, une simple surveillance biologique et clinique annuelle chez le médecin suffit, avec quelques petits conseils d'hygiène de vie : éviter de faire de longs voyages en voiture ou de rester trop longtemps assis, ne pas se retenir si le besoin se fait sentir, limiter les aliments épicés (à cause d'une congestion supplémentaire de la prostate). Éviter aussi les excès d'alcool et les eaux minérales diurétiques (elles augmentent la fréquence des mictions). Attention à certains médicaments connus pour faire redoubler les ennuis prostatiques (antihistaminiques, certains antitussifs ; de nombreux laxatifs « irritants » ; certains neuroleptiques).

Deuxième possibilité : suivre un traitement lorsque les troubles urinaires sont gênants, mais sans complication particulière ; il suffit de prendre au choix des produits de phytothérapie à effet décongestionnant anti-inflammatoire ; des alpha-bloquants, habituellement utilisés pour dilater les vaisseaux, qui ont aussi le pouvoir de relaxer les muscles ; des inhibiteurs de la 5 alpha-réductase (type finastéride) qui limitent la multiplication des cellules prostatiques, avec un inconvénient non négligeable, parfois, la chute de la libido.

Dernière possibilité : la chirurgie. Elle est indiquée lorsque les médicaments n'ont pas suffi ou qu'il y a des risques de complications au niveau de la vessie ou des reins (une prostate trop grosse peut finir par gêner le fonctionnement des reins, voire les détruire). Elle donne des résultats tout à fait spectaculaires dans les semaines qui suivent l'intervention. Toutefois, elle peut entraîner des effets indésirables comme l'éjaculation rétrograde (vers la vessie au lieu de l'extérieur) dans 70 à 80 % des cas. Les rapports sexuels n'en sont pas affectés si le médecin a bien pris soin d'expliquer le phénomène auparavant.

→ La peur du cancer de la prostate

Le cancer de la prostate frappe généralement au-delà de 65 ans (mais peut tout de même survenir chez l'homme jeune et on en rencontre de plus en plus dès 40-45 ans). Chaque année, 40 000 à 50 000 nouveaux cas sont diagnostiqués. Les facteurs de risques connus sont un père ayant déjà eu un cancer de la prostate, ou une mère ayant eu un cancer du sein, par ailleurs l'origine africaine ou antillaise est souvent retrouvée. La maladie évolue lentement, sans symptômes visibles, pendant longtemps. Lorsque les signes urinaires existent, ils peuvent évoquer un banal adénome, ou se traduire par du sang dans les urines, des douleurs du bas-ventre ; il y a parfois des troubles de l'érection. Généralement, on découvre le cancer au cours d'une visite de routine chez son médecin.

La prostate ressemble un peu à un œuf dans son coquetier et se subdivise en deux zones bien séparées. L'adénome touche l'œuf, le cancer, le coquetier. Lorsque la partie cancéreuse est bien localisée, elle est éliminée purement et simplement à l'aide d'une intervention chirurgicale voire d'une radiothérapie externe. C'est-à-dire que le coquetier et l'œuf sont retirés. La prostatectomie radicale est le traitement le plus fréquemment envisagé. Il présente toutefois un risque pour l'érection : comme le nerf érecteur de la verge est posé sur une bandelette, elle-même incrustée sur le coquetier, le nerf peut être sectionné, rendant l'homme impuissant, c'est pourquoi les chirurgiens sont très vigilants. Sans être sectionné, il peut être étiré ou lésé, ce qui entraîne des troubles de l'érection réversibles. Quelques semaines après la chirurgie, le médecin peut prescrire l'injection de produits vasodilatateurs au niveau de la verge (Edex®, Caverject®) pour oxygéner les corps caverneux et permettre progressivement une reprise de l'activité sexuelle. Celle-ci pourra être soutenue par la suite par des produits comme Viagra®, Cialis®, Lévitra®. Comme la prostate (et donc le cancer de la prostate) grossit sous l'effet de la testostérone, l'hormonothérapie anti-testostérone s'avère intéressante pour stopper l'évolution de la tumeur, lorsqu'elle est détectée plus tardivement. Dans ce cas, le traitement entraîne des effets secondaires gênants : bouffées de chaleur, chute de la libido, etc. La curiethérapie est le traitement le plus récent. Cette technique consiste à implanter de très petits grains d'iode radioactifs dans la tumeur, ce qui la détruit localement ; la prostate n'est pas retirée et la vie sexuelle demeure active dans la majorité des cas.

Bien que les études montrent les avancées de la curiethérapie comme traitement du présent et de l'avenir, il n'en demeure pas moins que, pour le moment, les patients opérés chirurgicalement semblent plus nombreux à retrouver une vie sexuelle plus satisfaisante, à moyen et à long terme.

Les examens complémentaires

De même que les femmes se font régulièrement faire un frottis pour détecter un éventuel cancer du col de l'utérus, les hommes, dès 50 ans (voire dès 40 ans, en cas de cancers de la prostate dans la famille), devraient consulter leur médecin (généraliste) ou un spécialiste (urologue) pour un dépistage du cancer de la prostate, qu'ils présentent ou non des troubles de la miction. Au moins deux examens sont indispensables : le toucher rectal et le dosage PSA.

Le toucher rectal

La prostate est si proche du rectum qu'il est facile d'apprécier sa consistance, son volume, sa souplesse à l'aide d'une exploration avec le doigt. L'homme est penché en avant, allongé sur le dos ou le côté, le médecin introduit dans le rectum un doigt muni d'un gant jetable. Ce simple examen permet d'évaluer la taille de la glande, sa consistance, sa souplesse. Le plus souvent, une simple hypertrophie bénigne est retrouvée. En cas de cancer, le médecin sentira des zones dures sur la prostate.

Le dosage PSA (*Prostatic Specific Antigen*)

Il se résume à une banale prise de sang qui recherche une éventuelle inflammation. En cas de cancer, le taux d'antigènes prostatiques peut atteindre des chiffres records, car l'inflammation est maximale. On confirme généralement le diagnostic par une biopsie sous guidage échographique.

L'échographie

Elle permet de visualiser la prostate et de mesurer sa taille ; elle montre aussi la vessie et son aptitude à bien se vider, ce qui donne une indication sur le bon fonctionnement du rein. Si l'image de la prostate est homogène, c'est bon signe, si elle est irrégulière (forme et densité), il faut pratiquer des examens plus poussés pour éliminer l'éventualité d'un cancer.

L'urographie intraveineuse

On injecte dans le bras un produit iodé. Au cours de son élimination, il permet de visualiser tout l'appareil urinaire et l'uretère en particulier. En cas d'anomalie (uretère de gros volume parce que comprimé par la prostate), le médecin optera pour le retrait chirurgical de la prostate.

La biopsie

Elle consiste à faire un prélèvement de tissu en vue d'une analyse des cellules afin de déterminer leur nature cancéreuse ou pas. On introduit dans le rectum un « crayon » bourré de fibres optiques, émettant des ultrasons. L'image échographique, visionnée sur un écran, permet à l'urologue de guider l'aiguille vers la partie suspecte et de prélever alors de minuscules fragments. Seuls les résultats de la biopsie permettent de poser – ou pas – le diagnostic de cancer. Les autres moyens permettent seulement de le suspecter.

ÉPILOGUE

Quatorze clés pour se comprendre

1. Pour qu'un homme fonctionne, il doit être rassuré d'abord, stimulé ensuite. Et la réassurance passe avant tout par la connivence et la complicité. Finalement, c'est vrai aussi pour les femmes.

2. Les mots d'amour calment les maux d'amour.

3. L'absence de désir ne veut pas dire l'absence d'amour.

4. Un homme peut avoir une érection sans désir et désirer sans avoir d'érection.

5. Pour surmonter une difficulté sexuelle, il faut d'abord *avoir envie d'avoir envie* pour soi. Si une femme se contente de vouloir faire plaisir à son partenaire, elle n'aura pas l'énergie nécessaire pour surmonter tous les obstacles.

6. Avec le « tout ou rien », on n'obtient rien. Quelques petites concessions à l'autre limitent sa frustration et évitent que celle-ci ne revienne en boomerang compliquer davantage la relation.

7. La réconciliation avec soi-même ou les retrouvailles avec le corps de l'autre ne peuvent se faire que par petites avancées. C'est en divisant la difficulté qu'on arrive à la surmonter.

8. Pas « tout, tout de suite ». En amour et dans le couple, l'évolution vers l'autre se bâtit progressivement, avec de nécessaires régressions et piétinements pour aller au final vers un mieux salutaire.

9. Lorsque le couple est en crise, la coupe est pleine, la moindre goutte d'eau peut faire déborder le vase. Donc dédramatiser et relativiser...

10. Veut-on régler des comptes ou régler la situation ?

11. Lorsqu'on voit le bout du tunnel, on est presque à la fin du problème, mais on n'est pas sorti d'affaire pour autant C'est alors qu'il faut déployer le plus de vigilance et d'énergie. Courage.

12. « Aide-toi et la thérapie t'aidera. » Le thérapeute peut mettre sur les rails de la guérison, mais c'est au patient d'avancer de manière active sur cette voie.

13. On peut aussi avoir une vie de couple épanouie sans relations sexuelles. En ce cas, le lien passe par d'autres investissements.

14. Il est illusoire de chercher à transformer l'autre pour qu'il ressemble au partenaire idéal dont on a rêvé. Un homme fonctionne comme un homme et une femme comme une femme, la richesse du couple se nourrit de cette complémentarité.

Adresses et infos utiles

Pour trouver un sexologue

Association inter-hospitalo-universitaire de sexologie : 22, cours Pierre-Puget, 13006 Marseille – http://www.aihus.fr.

Société française de sexologie clinique : 32, avenue Carnot, 75017 Paris – 01 45 72 67 62 – http://www.sfscsexo.com.

Syndicat national des médecins sexologues : http://www.snms.org.

Pour trouver un psychosomaticien

Société française de gynéco obstétrique psychosomatique – sfgops@gmail.com.

Pour trouver un thérapeute de couple

Association française des centres de consultation conjugale : 44, rue Danton – 94 270 Le Kremlin-Bicêtre – 01 46 70 88 44 – http://www.afccc.fr.

Pour trouver un hypnothérapeute

Association française pour l'étude de l'hypnose médicale : http://www.hypnose-medicale.com.

Institut de médecine psychosomatique, d'hypnose clinique et de thérapie brève : www.hypnose.org.

Pour trouver un urologue

Association française d'urologie : 12, rue de la Croix-Faubin – 75577 Paris Cedex 11 – 01 44 64 14 85 – http://www.uro-france.org.

Pour trouver un andrologue

Société d'andrologie de langue française, qui publie la liste de ses membres partout en France : http://www.salf.fr.

Pour trouver un chirurgien

Société française de chirurgie plastique reconstructive et esthétique et Société française des chirurgiens esthétiques et plasticiens : http://www.plasticiens.org.

Pour toutes les questions sur la sexualité, la contraception, l'IVG

Un site Internet, pour éclaircir ses notions sur le cycle menstruel, la contraception, mais aussi connaître l'actualité dans ce domaine et poser des questions : http://www.pilado.com.
Un site dédié au préservatif : http://www.jcapote.com. Une adresse canadienne ciblée jeunes, pleine d'astuces et d'infos.
Fil santé jeunes : 0 800 235 236. Numéro anonyme et gratuit, accessible de 8 h à minuit. http://www.filsantejeunes.com.
Numéro vert de la Ville de Paris, Écoute sexualité-contraception : 0 800 803 803. De 9 h 30 à 19 h 30 tous les jours et le samedi de 9 h 30 à 12 h 30. Ce service est géré par le Mouvement français pour le planning familial.

Numéro vert contraception / IVG : 0 800 105 105. Mis en place par la DRASS de la région PACA. Des conseillères conjugales et familiales du Planning répondent du lundi au vendredi de 9 h à 12 h, de 14 h à 19 h et le samedi, de 9 h à 12 h.

Les autres plates-formes téléphoniques régionales d'information :
Alsace : 03 89 42 42 12
Aquitaine : 0810 025 025 (n° azur)
Auvergne : 04 73 75 01 62
Bourgogne : 03 80 29 52 23
Bretagne : 0800 800 648 (n° vert)
Centre : 0800 881 904 (n° vert)
Champagne-Ardenne : 0820 331 334 (n° indigo)
Corse : 04 95 50 54 18
Franche-Comté : 03 81 81 48 55
Île-de-France : 01 47 00 18 66 et 0800 803 803 (n° vert)
Languedoc-Roussillon : 04 67 99 33 33
Limousin : 0810 025 025 (n° azur)
Lorraine : 0810 122 128 (n° azur) ou 03 87 69 04 77
Midi-Pyrénées : 0800 80 10 70 (n° vert) ou 05 61 77 50 77
Nord-Pas-de-Calais : 03 20 15 49 32
Basse-Normandie : 02 31 82 22 22
Haute-Normandie : 02 35 73 74 88
Pays-de-Loire : 0800 834 321 (n° vert)
Picardie : 03 22 72 22 14
Poitou-Charentes : 05 49 44 46 46
Provence-Alpes-Côte d'Azur : 0800 105 105 (n° vert)
Rhône-Alpes : 0810 810 714 (n° azur)

Association française pour la contraception : 01 60 15 31 98 – http://www.contraceptions.org. Demande de renseignements, contraception, pilule du lendemain, IVG, etc.
Institut national de prévention et d'éducation pour la santé (Inpes), établissement public placé sous la tutelle du ministère des Solidarités, de la Santé et de la Famille : http://www.protegetoi.org.
Pour choisir sa contraception en connaissance de cause, toutes les infos du ministère de la Santé et de l'Inpes, avec les particularités et avantages de chaque méthode, leur prix et comment les obtenir : http://www.choisirsacontraception.fr.
Pour la pilule ou la contraception d'urgence, renseignements auprès du Mouvement français pour le planning familial : 4 square Saint-Irénée, 75011 Paris – 01 48 07 29 10 – http://www.planning-familial.org.

En cas de doute sur une IST, on peut consulter son médecin, se rendre dans un dispensaire, dans un centre antivénérien, un centre de dépistage anonyme et gratuit, à l'hôpital (dans un service de dermatologie ou d'infectiologie).
Hépatite info service : 0 800 845 800. Permet de s'informer sur toutes les hépatites, oriente et soutient. 7 jours sur 7, de 8 h à 23 h. Communication gratuite.
Sida info service : 0 800 840 800. Aide à évaluer son risque de contamination en cas de doute et donne l'adresse du centre de dépistage anonyme et gratuit le plus proche de chez soi. 7 jours sur 7, 24 h sur 24, en France métropolitaine, dans les DOM-TOM et à Mayotte. La communication est gratuite. À noter que de nombreux CDAG dépistent aussi l'hépatite B.

Site Internet de l'association Aides : www.aides.org. Fournit des flashs info et offre la possibilité de poser des questions.
Site de l'Institut de veille sanitaire : http://www.invs.sante.fr. Pour toutes les données statistiques notamment.
Institut Alfred-Fournier. Dépistage gratuit du HIV, des virus de l'hépatite B et C ; information et prévention des MST ; dispensaire antivénérien : 25 bd Saint-Jacques, 75014 Paris – 01 40 78 26 00 – www.institutfournier.org.

En cas d'urgence ou besoin de poser une question à un médecin

www.docteurclic.com, le site de l'urgence par excellence.
Que faire, où aller, est-ce grave ? drclic.com répond à toutes les questions que l'on se pose en urgence et donne la marche à suivre sans pour autant se substituer au médecin. Avec aussi la plus importante base de données médicale sur Internet à destination du grand public : plus de 5 000 sujets sur les maladies, les traitements, les symptômes de la vie courante, les médicaments. On y trouve des tests en ligne, des conseils sanitaires pour les voyages, des actualités. Pour obtenir l'adresse d'un généraliste ou d'un spécialiste proche de chez soi, il suffit de taper la sienne. Une équipe de médecins répond personnellement et en tout anonymat aux questions posées.
Ce site possède le double label de qualité HON (*Health on the Net*) et HAS (Haute Autorité de santé).

Pour tout ce qui concerne la famille

Textes de loi, divorce, concubinage, violence, contraception, reconnaissance de paternité, pension alimentaire, garde des enfants, travail, formation, etc. Des infos au Centre national d'informations et de documentation des femmes et des familles : 7 rue du Jura, 75013 Paris. Pour obtenir les coordonnées des 114 CIDF départementaux : http://www.infofemmes.com.

Indications bibliographiques

Francesco Alberoni, *L'Érotisme*, Ramsay, 1987.

Élisabeth Badinter, *Fausse Route*, Odile Jacob, 2003.

Nathalie Bajos et Michel Bozon, *Enquête sur la sexualité en France*, La Découverte, 2008.

Dr Marc Bonnard et Dr Michel Schouman, *Histoires du pénis*, Le Rocher, 1999.

Alain Braconnier, *Le Sexe des émotions*, Odile Jacob, 1996.

Lucien Chaby, *Hommes, femmes, sexuellement compatibles ?*, Le Pommier, 2002.

Tracey Cox, *Sexus Feminitus*, Larousse 2007.

Didier-Jacques Duché, *Histoire de l'onanisme*, PUF, « Que-sais-je ? » n° 2888, 1994.

Sarah Finger, *Les Perversions sexuelles*, Ellipses, 1998.

Dr Bernard Fonty, Jacques Huguenin, *Les pères n'ont rien à faire dans la maternité*, First Éditions, 2003.

Michael Gurian, *Ce qu'il y a de formidable chez les garçons*, Albin Michel, 2002.

Serge Hefez, Danièle Laufer, *La Danse du couple*, Hachette Littératures, 2002.

Shere Hite, *Le Nouveau Rapport Hite*, Robert Laffont, 2002.

Marie-Christine Laznik, *L'Impensable Désir*, Denoël, 2003.

Darian Leader, *A quoi penses-tu ?, Les incertitudes de l'amour*, Odile Jacob, 1997.

Dr Gérard Leleu, *Le Traité du désir*, Flammarion, 1997.

Gérard Mermet, *Francoscopie 2003*, Larousse, 2003 ; *Francoscopie 2005*, Larousse, 2005.

Françoise Millet-Bartoli, *La Beauté sur mesure*, Odile Jacob, 2008.

Sylvain Mimoun (sous la dir. de), *Le Petit Larousse de la sexualité*, Larousse, 2007.

Janine Mossuz-Lavau, *La Vie sexuelle en France*, La Martinière, 2002.

Willy Pasini, *Les Nouveaux Comportements sexuels*, Odile Jacob, 2003.

Allan et Barbara Pease, *Égaux mais si différents*, First Éditions, 2003.

Frédéric Ploton, *Trouver le grand amour sur Internet*, First Éditions, 2002.

David Servan-Schreiber, *Guérir*, Robert Laffont, 2003.

Brenda Venus, *Secrets pour séduire une femme*, Presses du Châtelet, 1997.

REMERCIEMENTS

Toute notre reconnaissance à Muriel Chaperon-Mimoun et Loïc Étienne, premiers « testeurs » de ce guide. Avec leurs questions et leurs suggestions toujours pertinentes, ils nous ont permis de clarifier notre propos et d'aller au plus profond de notre réflexion. Merci encore pour leur relecture attentive au Dr Daniel Zarca, chirurgien gynécologue sénologue, au Dr Marie Veluire, gynécologue psychosomaticienne, au Pr François Haab, chef du service d'urologie (hôpital Tenon, Paris).

Merci aussi à
Dr Jean-Marc Bohbot, andrologue, directeur du service Infections sexuellement transmissibles à l'Institut Alfred-Fournier (Paris) ; Muriel Chaperon-Mimoun, psychanalyste et hypnothérapeute ; Dr Robert Cohen, pédiatre (Paris) ; Dr Sophie Conquy, urologue médicale (hôpital Cochin, Paris) ; Pr Pierre Costa, chef du service d'urologie à l'hôpital Gaston Doumergue (Nîmes) ; Boris Cyrulnik, neuropsychiatre et éthologiste ; Christiane Der Andreassian, conseillère conjugale au Planning familial ; Dr Pierre Desvaux, andrologue, angéiologue (hôpital Cochin) ; Dr Sylvie Epelboin, gynécologue obsté-

tricienne (hôpital Saint-Vincent-de-Paul, Paris) ; Dr Marc Espié, chef du service de sénologie de l'hôpital Saint-Louis, Paris ; Dr Loïc Étienne, médecin des urgences ; Pr David Khayat, chef de service de cancérologie (hôpital Pitié-Salpêtrière, Paris) ; Maryvonne Pasquereau, juriste au Centre national d'information et de documentation des femmes et des familles ; Pr Édouard Zarifian, psychiatre humaniste qui avait accompagné de ses conseils et encouragé la première édition.

Table des questions

Sur la vie de couple

Sur le couple en crise

Sur la fidélité

Sur la jalousie

Sur les complexes

Sur le sexe et son anatomie

Sur les érections

Sur le sperme

Sur les signes supposés de virilité

Sur les poils

Sur les odeurs

Sur la peau

Sur les bizarreries de la nuit

Sur la sexualité en général

Sur la physiologie de l'homme

Sur les rêves et les fantasmes

Sur l'âge et l'amour

Sur les relations avec sa partenaire

Sur les femmes et leur fonctionnement

Sur les positions

Sur la sodomie

Sur la masturbation

Sur les films pornos et les sites « hot »

Sur les dopants sexuels et les drogues

Sur l'homosexualité

Sur les troubles de l'éjaculation

Sur l'impuissance ou les troubles de l'érection

Sur le désir

Sur les sexologues

Sur la contraception

Sur la sexualité pendant la grossesse et après la naissance

Sur les IST, leurs signes et leurs conséquences

Sur les modes de transmissions des IST

Sur le sida en particulier

TABLE

Des mêmes auteurs

Ados, amour et sexualité, version garçon,
Albin Michel, 2001

De Sylvain Mimoun

Ce que les femmes préfèrent...,
Première enquête sur le désir sexuel féminin,
Albin Michel, 2008

Petit Larousse de la sexualité (sous la dir. de),
Larousse, 2007

La Dysfonction érectile (avec Marc Zerbib),
Éditions LP, 2007

Des maux pour le dire,
J'ai Lu, 2003

La Sexualité masculine (avec Lucien Chaby),
Flammarion, 2000

L'Univers masculin (avec Élisabeth Chaussin),
Le Seuil, 1999

Traité de gynécologie psychosomatique,
Flammarion, 1999

La Consulation psychosomatique,
Les Empêcheurs de penser en rond, 1999

DE RICA ÉTIENNE

6-12 ans, l'âge incertain,
Hachette Littératures, 2000

Mais qu'est-ce qu'il a dans la tête ? (avec Harry Ifergan),
Hachette Littératures, 1999

Impression CPI Bussière en avril 2009
à Saint-Amand-Montrond (Cher)
Éditions Albin Michel
22, rue Huyghens, 75014 Paris
www.albin-michel.fr

ISBN : 978-2-226-18761-1
N° d'édition : 25813 – N° d'impression : 091120/4
Dépôt légal : mai 2009
Imprimé en France